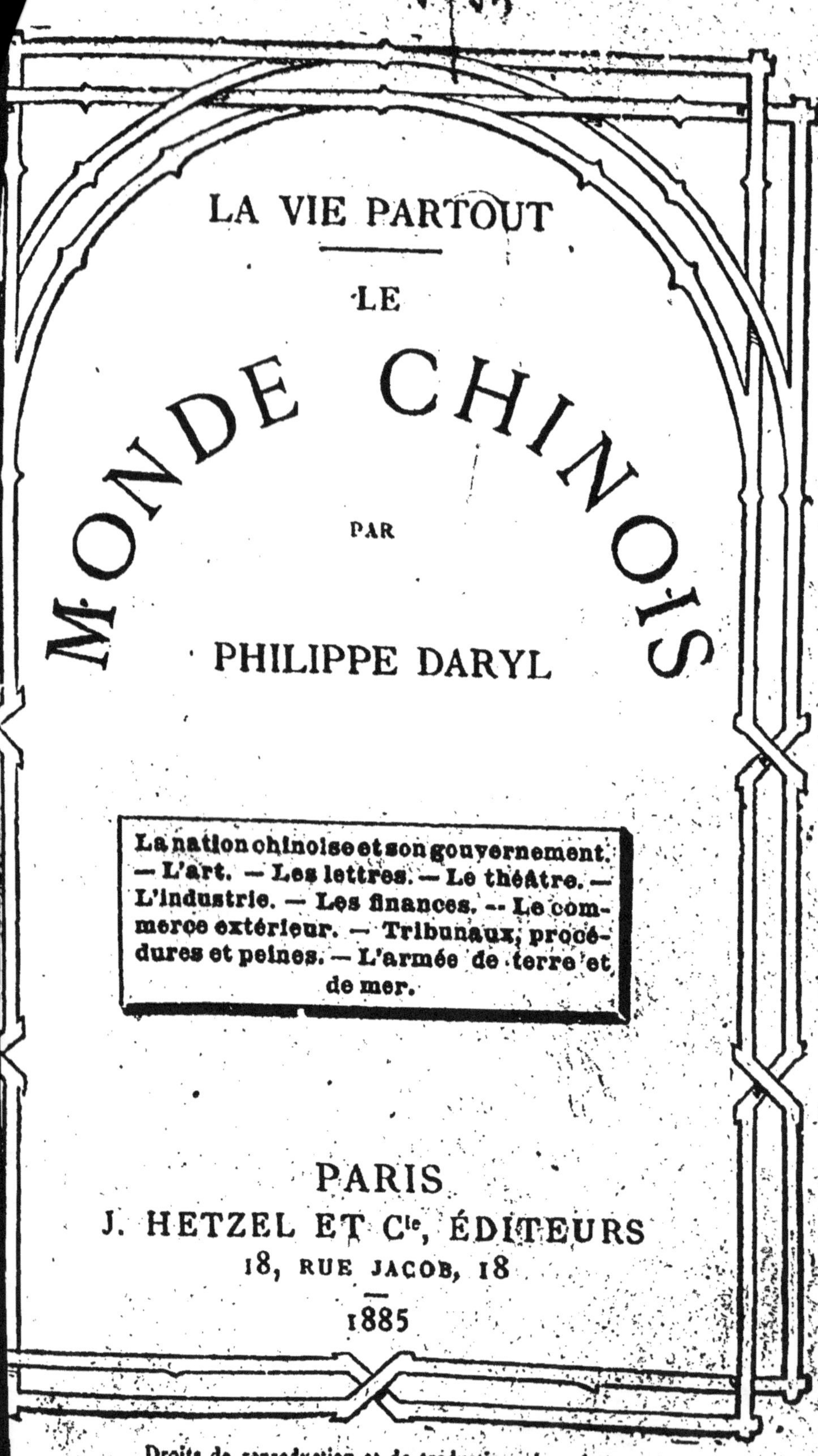

LA VIE PARTOUT

LE

MONDE CHINOIS

PAR

PHILIPPE DARYL

La nation chinoise et son gouvernement.
— L'art. — Les lettres. — Le théâtre. —
L'industrie. — Les finances. — Le commerce extérieur. — Tribunaux, procédures et peines. — L'armée de terre et
de mer.

PARIS

J. HETZEL ET Cie, ÉDITEURS

18, RUE JACOB, 18

1885

LE MONDE CHINOIS

LA VIE PARTOUT

LE

MONDE CHINOIS

PAR

PHILIPPE DARYL

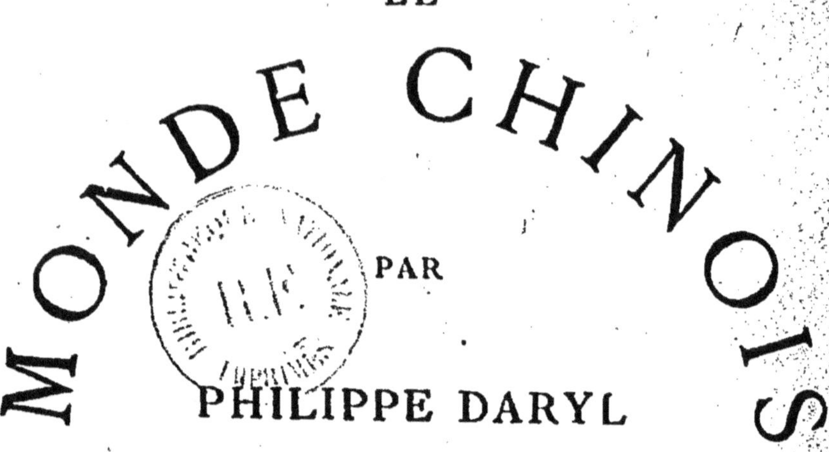

La nation chinoise et son gouvernement. — L'art. — Les lettres. — Le théâtre. — L'industrie. — Les finances. — Le commerce extérieur. — Tribunaux, procédures et peines. — L'armée de terre et de mer.

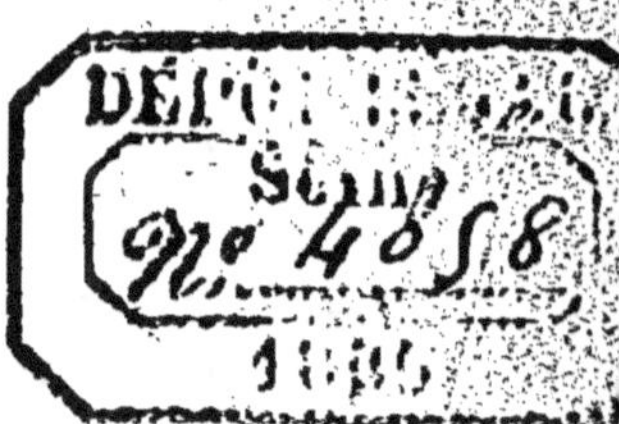

PARIS

J. HETZEL ET Cie, LIBRAIRES-ÉDITEURS

18, RUE JACOB, 18

1885

INTRODUCTION

Les événements ont des leçons que rien ne supplée:
Personne en Europe ne soupçonnait avant 1866, ni
même avant 1870, le réel degré de puissance latente qui
couvait sous l'organisation militaire de la Prusse. Cette
organisation, pourtant, n'avait rien de secret et mûrissait au grand jour, tout près de nous. Il nous était loisible de l'étudier. Elle s'offrait en quelque sorte à notre
jugement et se manifestait dans nos expositions mêmes
par des engins de guerre nullement invisibles à l'œil
nu. Il n'y avait qu'à passer le pont de Kehl pour la voir
fonctionner. En dépit de tout, nous ne savions pas la
regarder, et il ne fallut rien de moins que d'immenses
désastres pour nous dessiller les yeux.

On ne peut être surpris qu'après nous être fait sur
notre plus proche voisine des illusions aussi complètes,
nous nous en fassions de pareilles sur la plus lointaine
et la plus fermée des agglomérations humaines. Il est
certain pourtant que la Chine d'aujourd'hui n'est plus la
Chine d'il y a vingt ans, ni même d'il y a quatre ou
cinq ans. Il est évident qu'un « facteur » important,
jusqu'à ce jour enfermé entre sa grande muraille et le
Pacifique, est en train de se produire sur la scène du
monde. Il est manifeste que l'Empire du Milieu, si longtemps réfractaire à la civilisation générale, veut désor-

mais prendre entre les nations la place qui convient à une masse compacte de quatre cents millions d'hommes.

Le moment est venu d'étudier sa condition présente.

Si nous voulons bien connaître la Chine, ce n'est pas à nos propres lunettes seulement qu'il faut recourir, c'est à l'expérience de tous ceux qui, dans ces derniers temps, l'ont approchée et pratiquée. Pour la géographie, ce travail a déjà été fait chez nous par Elisée Reclus — on sait avec quelle autorité, quelle puissance d'information et quelle hauteur de style. Il n'y aura rien à ajouter tant que le grand atlas de la Chine, par F. von Richtofen, en quarante-quatre feuilles, n'est pas terminé. Pour l'histoire, la langue et la littérature, les éléments abondent, plus encore en France qu'à l'étranger, et ce n'est pas dans la patrie d'Abel Rémusat, de Stanislas Julien, de Bazin aîné, de Pauthier, qu'on peut se plaindre d'être mal renseigné sur ces matières. Mais, pour les institutions, les mœurs et les ressources actuelles, c'est surtout à l'Angleterre, aux Etats-Unis, à l'Allemagne, à la Russie qu'il faut nous adresser[1].

---

1. En première ligne, nous y trouvons le grand ouvrage de l'Américain Wells Williams, « The middle Kingdom », le plus complet qui ait été écrit sur la Chine; les deux gros volumes de F. von Richtofen; les charmantes études cantonaises de l'archdeacon Gray; les *Chinese classics* du Dr James Legge, publiés à Oxford, sous la direction du professeur Max Müller; les travaux de Dennys, Edkins, Mayers, Balfour, Doolittle, Fergusson; les voyages tout récents de Cooper, Margary, Szechenyi, Ney Elias, Hosie, Baber, Colquhoun; les *Arbeiten des russischen Gesandtschaft zu Pékin* de Zakharow, la *Landwirthschaft von China* de Syrski; le *Chinese Repository*; les réimpressions de la « Gazette de Pékin »; une multitude de monographies publiées dans les cinq ou six dernières années.

Les documents et les témoignages ne manquent certes pas. Ils ne sont pas inaccessibles.

Et pourtant, jamais encore on n'a donné au monde chinois la place qu'il devrait tenir dans les préoccupations de l'Europe savante. On en parle comme d'un réservoir inépuisable de richesses minérales, d'une fourmillante pépinière de colons pour les terres où les bras manquent, d'un immense marché ouvert aux produits occidentaux. Personne ne songe que c'est avant tout un inestimable musée d'archéologie comparée et d'anthropologie. Quoi ! voilà un groupe humain de plusieurs centaines de millions d'êtres, qui, depuis cinq mille ans, vit et se développe aux mêmes lieux, — qui échappe à toutes les aventures, à toutes les catastrophes, à toutes les épreuves des autres races, — qui s'est fait à lui-même la civilisation la plus originale et la plus autonome; — qui a tout découvert, tout expérimenté, tout appliqué en matière de philosophies, de religions, de systèmes sociaux et de lois positives; — ce groupe humain, le plus important du globe par le nombre, peut-être par le génie pratique, certainement par la cohésion et par la durée, possède des annales qui sont les plus vieilles de toutes : il plonge directement ses racines dans les âges préhistoriques, pour présenter encore à nos yeux, par un phénomène unique, la floraison de ses soixante siècles... Et l'Europe hésite à comprendre qu'elle doit désormais chercher dans ces archives inexplorées, dans ce champ si vaste, dans ce sol sans rival, les secrets inédits du passé et les lois générales de l'avenir?... Elle fouille Rome et la Grèce, elle fouille le bassin du Nil, celui du Jourdain, celui du Tigre et de l'Euphrate, et elle néglige, plus encore que celui du

Gange, celui du Yang-Tze-Kiang?... Il est temps de sortir de nos étroits horizons, de nous dire qu'un peuple de quatre cent millions d'individus, aussi ancien que l'humanité, ne saurait être dédaigné ni par la science ni par la diplomatie. Les mêmes raisons qui nous font entretenir des écoles d'archéologie près des ruines du Parthénon ou des Thermes de Caracalla exigent que nous en ayons une autre dans la patrie de Confucius. Il devient indispensable que de jeunes générations de savants, instruits dans les langues de l'Orient et les procédés modernes de recherche, aillent s'établir en Chine et y rassemblent, soit à la surface du sol, soit au-dessous, les éléments d'une reconstitution historique. Pour douter de l'utilité, de la nécessité d'une telle enquête, il faudrait oublier l'enjambée gigantesque qu'un demi-siècle de grattages en Asie-Mineure et en Égypte a déjà fait faire à la science de l'Homme.

En attendant ces travaux, force est bien de se réduire à exposer les résultats d'études plus modestes, plus élémentaires et, pour ainsi dire, préparatoires. On se propose de les dépouiller et de les analyser ici, dans un esprit purement scientifique, en laissant au lecteur lui-même le soin de formuler ses conclusions.

LE MONDE CHINOIS

On sait que nous donnons à la Chine un nom de pure fantaisie. Les habitants du pays ne l'ont jamais désignée par cette appellation, qui paraît être dérivée du nom de la dynastie des Tsin, d'où les Hindous avaient fait *Tsina* et les latins *Sinenses*. Chi-Houang-Ti, le fondateur de cette dynastie, remplissait l'Asie de sa gloire. C'est lui qui refoula les Tartares vers le Nord et bâtit la Grande Muraille pour arrêter leurs incursions. Il mourut environ deux cent cinquante ans avant l'ère chrétienne. Les Chinois n'emploient pas non plus l'expression de « Céleste-Empire », qui est passée en usage parmi nous, pour indiquer leur pays : elle s'applique chez eux à toute la terre, et non pas seulement aux provinces chinoises. Le nom dont ils se servent habituellement est celui de *Tchoung-Kouok* ou Empire du Milieu, dû soit à ce que les domaines feudataires sont venus se grouper autour des plaines de la Chine propre, soit à ce que les habitants de ces plaines considéraient leur pays comme la grande puissance centrale du globe, autour de laquelle les autres États jouaient simplement le rôle de satellites : opinion assez justifiée, à tout prendre, par l'immense étendue de cet empire et par la durée de son hégémonie. Quand nous nous laissons aller à considérer comme le centre de l'univers le petit astre infime qui s'appelle la Terre, cette prétention est à coup sûr beaucoup plus saugrenue que celle des Chinois dans leur rayon d'action séculaire. Eux-mêmes ils se désignent comme les « Enfants de Han » ou les « Hommes de Tang » deux de leurs plus fameuses dynasties. Les tribus nomades qui habitent entre la mer Caspienne et la Chine lui donnent le nom de Cathay ou « Pays des Fleurs », « Royaume Fleuri »; et, comme c'est à travers ces tribus que passait, avant la découverte du cap de Bonne-Espérance, tout le trafic des caravanes avec l'extrême Orient, c'est par cette appellation que la Chine a d'abord été connue de l'Europe moderne.

La Chine propre s'étend entre le 18e et le 41e degré de latitude nord, le 100e et le 126e degré de longitude orientale. Sa superficie dépasse deux millions de kilomètres carrés, ce qui fait l'empire d'un seul tenant le plus vaste du globe. Elle est égale à la moitié de celle de l'Europe, à sept fois celle de la France, à quinze fois celle de la Grande-Bretagne. Si l'on y joint les territoires contigus de la Mandchourie, de la Mongolie, du Turkestan, du Kouldja, du Kokonor, du Tibet et de la Corée, qui en dépendent, on arrive à un total de kilomètres carrés plus que triple, égal au douzième environ de la superficie continentale du globe. La population de ces immenses étendues est impossible à évaluer exactement et n'a jamais été que partiellement dénombrée. Celle de la Chine propre était en 1842 de 536 millions d'habitants, d'après un recensement très minutieux, fait par *feux* et *portes*. Les statisticiens considèrent qu'elle a énormément baissé depuis cette époque, à raison des guerres civiles ou étrangères, des terribles famines et des désastres sans nom qui ont ravagé ces magnifiques provinces. Mais il est difficile de croire qu'elle ait diminué de moitié, comme le veut Hippisley, et l'on doit admettre avec la majorité des auteurs qu'elle ne peut guère être présentement inférieure à 400 millions [1]. Ce qu'il y a de sûr, c'est qu'elle est des plus denses, surtout dans les bassins admirablement fertiles du Hoang-Ho et du Yang-Tze-Kiang, et que son chiffre total est supérieur à celui de toutes les nations européennes réunies.

Cette population très mélangée, composée de variétés presque aussi différentes entre elles qu'un Scandinave peut l'être d'un Italien ou d'un Espagnol, n'en forme pas moins un groupe absolument distinct dans l'humanité. On le désignait autrefois sous le nom de *Mongol*,

---

1. Le recensement de la population se fait tous les ans en Chine, par des moyens très précis. Les familles et les personnes de toute condition ont des chefs qui en contrôlent exactement le nombre et le communiquent à l'administration. Il n'y a pas de raison pour que ces calculs ne soient pas au moins aussi exacts que les statistiques européennes du même ordre. Mais depuis plusieurs années le gouvernement chinois n'en publie plus le résultat, sans doute parce qu'il est peu satisfaisant comme indice de la prospérité générale.

et peut-être faut-il regretter l'abandon de ce terme, qui, sans valeur bien précise en lui-même, avait au moins le mérite de spécifier les nations de l'Asie orientale.

Ce n'est pas une race, à proprement parler, c'est un croisement de races, où quelques traits frappants pour nous — l'élévation des zygomas, l'écrasement des os du nez, l'abaissement corrélatif de l'angle interne des yeux — semblent dominer et nous font croire à un facies caractéristique. La couleur jaune de la peau, qu'on a longtemps crue une marque essentielle de la race, n'est même pas générale : on trouve, selon les latitudes, des Chinois blancs, bruns ou jaunes. La qualité des cheveux est peut-être un caractère plus spécifique. Ils sont en général d'un noir d'encre, rudes, épais et forts. Jadis les Chinois se désignaient eux-mêmes sous le nom « de *Li-Min*, hommes aux cheveux noirs ». S'il faut en croire Lockhart et Wallisch, leur système nerveux serait beaucoup moins sensible que le nôtre. Dans les hôpitaux de Chang-Haï et de Canton, ils supportent avec impassibilité les opérations les plus douloureuses.

Si ce n'est pas une race, c'est incontestablement une nation — la plus antique, la plus compacte, la plus durable, la plus nombreuse à la fois que le monde terrestre ait jamais vue.

Depuis des milliers d'années, ce peuple formé d'éléments mongols, mandchous, birmans, malais, tibétains, turcomans — sans doute aussi d'éléments autochtones dont les tribus errantes des Miaotze et des Si-Fan sont peut-être le dernier vestige — ce peuple vit dans le bassin du fleuve Bleu et du fleuve Jaune, s'y développe, grandit, parle la même langue, a les mêmes annales. Ces annales sont les monuments historiques les plus anciens de l'humanité; on y trouve jusqu'à la mention précise d'événements astronomiques antérieurs à tout autre point de repère certain dans la nuit du passé, et dont l'observation seule suppose une civilisation déjà très avancée plusieurs siècles avant que les Chaldéens nous léguassent la mention d'un passage de Vénus sur le soleil. Cette civilisation n'est pas seulement la première en date, c'est aussi la plus féconde : la géométrie, la taille des pierres, le tissage des étoffes, le zodiaque, la boussole, l'imprimerie, la poudre à canon, nous sont venus d'elle — ou tout au moins ont été découverts par elle bien avant d'être retrouvés par les Égyptiens, les Arabes ou les *quattrocentisti*. Phénomène sans analogue dans l'histoire : cette civilisation, après avoir donné tout ce qu'elle avait en elle, après être arrivée à sa maturité, n'a pas disparu comme les autres. Elle est restée stationnaire, mais elle a résisté à l'action du temps, elle a traversé les siècles, ignoré les révolutions et les cataclysmes qui balayaient ses sœurs cadettes de l'Occident, la civilisation des Assyriens et des Grecs, celle des Pharaons et des Carthaginois, celle des Romains et des Arabes, comme celle des Hindous, des Aztèques et des Incas. Et aujourd'hui, après cinq ou six mille ans, peut-être après dix mille, elle s'offre entière et debout, affaiblie sans doute, mais toujours vivante, à notre curiosité!

Ce privilége unique, l'Empire du Milieu l'a dû surtout à sa position géographique, aux barrières que d'un côté les océans, de l'autre les massifs montagneux et les déserts de l'Asie centrale ont mises entre le monde et lui. Mais il n'en constitue pas moins de nos jours une exception aussi singulière que pourrait l'être parmi nous une colonie de l'âge mégalithique, l'exemple le plus extraordinaire qui ait jamais existé d'un développement politique, scientifique et artistique purement original, continu, définitif, et pour comble persistant.... Aussi est-il permis de s'étonner que l'archéologie, ayant à sa disposition un pareil champ d'études, n'y porte pas presque exclusivement et pour longtemps sa plus grande somme d'efforts.

Reclus fait remarquer avec raison que, dans ses limites naturelles, la Chine proprement dite présente une grande unité géographique. On peut dire d'une manière générale que ses montagnes s'abaissent et se ramifient de l'ouest à l'est, en ouvrant partout des chemins faciles aux populations qui remontent de la mer vers l'intérieur; d'autre part, les deux grands cours d'eau ont leur orientation parallèle à l'équateur, de sorte que les migrations primitives ont pu se faire, de proche en proche, le long des deux fleuves, sans que les colons eussent à souffrir d'un changement de climat. Enfin, la côte orientale de ces immenses bassins est seule baignée par la mer. Elle est bordée d'un nombre d'îles qui ont valu au chef de l'empire un de ses titres les mieux justifiés, celui de « souverain des dix mille îles ».

Au point de vue du climat, la Chine correspond assez bien à l'Europe occidentale. La chaleur y est seulement un peu plus forte en été et le froid un peu plus vif en hiver. Dans ce climat généralement tempéré, mais qui se rapproche vers le sud des moyennes tropicales, on trouve une flore extraordinairement riche et où les formes de l'Inde viennent se mêler aux plantes d'aspect européen.

La canne à sucre et la pomme de terre, le chêne et le bambou, y croissent côte à côte. Les espèces ligneuses sont très nombreuses, quoique la Chine n'ait pour ainsi dire pas de forêts. Les essences résineuses surtout sont des plus variées. Toutes les espèces arborescentes de la Méditerranée s'y montrent avec la plupart des arbres à feuilles caduques, tels que les tilleuls, les frênes, les sycomores, les érables. Dans la série des arbustes, le laurier-rose et le myrthe s'associent à un nombre prodigieux d'autres plantes remarquables par l'éclat de leurs fleurs ou l'élégance de leur feuillage. Le camélia, le jasmin, l'azalée, la glycine, nous sont venus de Chine. Quant à la faune de ce pays, elle diffère profondément de celle de l'Europe occidentale. Sur deux cents espèces de mammifères, on n'en compte qu'une dizaine qui soient à la fois européennes et chinoises. Les oiseaux européens sont plus nombreux en proportion dans la faune chinoise, puisqu'on en trouve un cinquième environ, soit 146 sur 764. Pour les poissons des fleuves et des lacs de la Chine, à l'exception de l'anguille, ils diffèrent tous des nôtres.

L'Empire du Milieu est politiquement divisé en dix-huit provinces. Chacune de ces provinces se subdivise en préfectures, arrondissements et districts. La préfecture et l'arrondissement ont toujours pour chef-lieu une ville fortifiée; le district se compose d'un certain nombre de villages groupés autour d'une ville à marché.

La forme du gouvernement est la monarchie absolue, de droit divin. Le souverain se considère comme le représentant des dieux sur la terre et il est accepté comme tel par les peuples. Ses titres habituels sont

« Fils du Ciel », « Seigneur des dix mille années »,
« Impérial suprême ». On le croit communément en rapports personnels avec les puissances célestes. Il n'en est
pas moins assisté, pour l'expédition des affaire tempo-
relles, de cinq ministres d'Etat qui composent le Conseil
Impérial et se réunissent tous les matins, de quatre à
six heures, sous sa présidence au moins nominale. Ces
cinq ministres principaux sont eux-mêmes assistés
d'une grande chancellerie, dont le siège est au *Tsong-
Li-Yamen* (d'où le nom qu'on lui donne en Europe,
comme on dit *Downing street* pour le cabinet anglais,
ou le *Quai d'Orsay* pour le ministre des affaires étrangères), et de six conseils spéciaux, ou *Lou-Pou.*

Le premier de ces *Lou-Pou* a le département de l'intérieur. Il choisit et nomme les fonctionnaires de tout
ordre dans les provinces, les préfectures, les arrondissements et les districts. Une de ses sections a la garde du
sceau; une autre, les archives; une troisième est un
véritable bureau de l'esprit public, rédige et fait afficher
les proclamations impériales, imprimer la *Gazette de
Pékin,* journal officiel et unique de l'empire. Le second
Lou-Pou a le département des finances, lève les impôts
et dispose du revenu. Le troisième est un ministère des
cultes et des traditions : il pourvoit à l'entretien des
temples, à la conservation des rites, à l'accomplissement des cérémonies publiques, qui jouent un grand
rôle dans la vie nationale. Le quatrième *Lou-Pou* a le
département de la guerre et règle tout ce qui touche aux
forces de terre et de mer. Le cinquième est le ministère
de la justice; le sixième, celui des travaux publics.

Chacun de ces conseils spéciaux a un président responsable devant les premiers ministres. Les décisions d'un département ne sont soumises au chef nominal de l'Etat qu'après avoir été discutées en conseil impérial. En somme, la Chine, monarchie autocratique dans la forme, est véritablement sous le régime des comités. Mais les décisions de ces comités, toujours présentées sous forme d'humble avis à Sa Majesté, ne deviennent exécutoires qu'après avoir été promulguées par le souverain, en encre rouge (vermillon impérial) et sous le grand sceau.

A côté de cet organisme dirigeant, mais sujet à des changements de personnes, comme tous les gouvernements sublunaires, deux autres conseils spéciaux incarnent en quelque sorte la conscience nationale et la continuité historique. Le premier, ou *Tou-Cha-Youn*, est le bureau des censeurs. Il est composé de commissaires généraux fréquemment délégués dans les provinces pour inspecter le fonctionnement des divers services et en faire leur rapport. Le second, ou *Tsong-Pin-Faou*, tient registre des naissances, mariages et décès de la famille impériale, et surveille la conduite de tous ses membres. Un des plus curieux privilèges de ce bureau est de soumettre fréquemment aux divers conseils d'État des rapports détaillés sur les qualités et les défauts qui peuvent faire de chacun des fils du souverain régnant un candidat plus ou moins désirable à la dignité impériale. Ces rapports sont soumis au chef de l'État si le cabinet le croit utile. Et comme l'empereur a le droit de désigner son successeur, en le choisissant même en dehors de sa famille, s'il le juge à propos, l'importance théorique de cet usage peut paraître assez grande. Dans la pratique, il sert uniquement à éliminer le fils aîné au profit d'un fils cadet, quand pour un motif quelconque le cabinet ou le souverain jugent la mesure opportune.

Les provinces, comme le gouvernement central, sont sous le régime des comités, c'est-à-dire que chaque fonctionnaire principal, et le nombre en est grand, est toujours flanqué d'un conseil. Il en est de même dans les préfectures, arrondissements, districts et villages. La conséquence de cet état de choses est une grande autonomie, à tous les degrés de l'organisation sociale, depuis la famille ou *clan*, qui est à la base, jusqu'au souverain, qui est au sommet; mais en même temps un prodigieux développement d'écritures et de paperasses.

Le principe fondamental de la Constitution chinoise est l'admission de tous à tous les emplois publics, par voie de sélection, c'est-à-dire de concours successifs. Ce serait un principe excellent s'il était sérieusement appliqué; la vie officielle, comme celle du pèlerin de Bunyan, deviendrait, par la force des choses, une vie d'études constantes et d'efforts soutenus, aboutissant à une perfection au moins relative. Mais en Chine comme ailleurs, les longues études, étant chose coûteuse, sont à peu près exclusivement réservées aux fils de famille. D'autre part, il est bien vrai qu'il faut subir des examens et sortir victorieux d'un concours pour avancer en grade dans la hiérarchie administrative; mais il ne s'ensuit pas nécessairement que les examens soient probants ou que le plus digne sorte vainqueur de la lutte. Un diplôme s'achète, au besoin; un comité de présentation n'est pas toujours incorruptible; et, le salaire des fonctionnaires de tout ordre, étant absolument dérisoire dans l'Empire du Milieu, il est admis en Chine, comme dans tout l'Orient, que ce salaire s'augmente, dans une large mesure, des dons plus ou moins volontaires du public. Aussi la vénalité des juges et des administrateurs s'étale-t-elle effrontément chez les « Fils de Han ». C'est la grande plaie sociale qui est à la base de tous les maux et qui a pour résultat de mettre en réalité le gouvernement du pays aux mains d'une ploutocratie.

Mais telle est la force d'un principe juste, même quand il est incomplètement appliqué, que le système de la sélection maintient malgré tout un certain niveau intellectuel, une certaine vitalité et une énergie très appréciable dans le corps des mandarins. L'infiltration des mérites éclatants s'y fait en dépit des obstacles et suffit à lui donner l'éternelle jeunesse. S'il n'est pas toujours un vrai savant, le fonctionnaire chinois est au moins condamné à le paraître. Il n'en faut pas plus pour imprimer à ce régime un caractère tout particulier. C'est par excellence le gouvernement des lettrés; — ce que serait chez nous le gouvernement des professeurs et des docteurs de tout ordre, en admettant qu'il fût possible à l'occasion de se procurer à prix d'or les diplômes d'une université complaisante.

Quand on parle de la science chinoise, le mot doit, cela va sans dire, être entendu dans un sens analogue à celui qu'il aurait eu en Europe vers le quinzième siècle. Il ne signifie pas que le lettré de l'Empire du Milieu ait la plus légère teinture d'une foule de choses que sait, de nos jours, un élève de seconde : il indique simplement un certain degré de culture spéciale à la

Chine et qui comprend l'étude des livres classiques, de la morale, de la langue, de l'histoire, du cérémonial et de la philosophie naturelle. Mais, il importe de le remarquer, au point de vue pratique et particulièrement au point de vue politique, l'effet de cette culture est à peu près le même que le serait une instruction plus conforme à nos idées modernes. Ce qui donne au cerveau humain une puissance particulière, c'est moins la qualité propre des études ordinaires que l'habitude même de ces études. Il y a entre tous les hommes supérieurs, quelle que soit la spécialité qu'ils ont approfondie, musique, littérature, mathématiques ou médecine, voire même théologie et mythologie, une certaine ressemblance et comme une sorte de fraternité. Il serait absurde de croire que, parce que la culture d'un lettré chinois diffère absolument de la nôtre, cette culture n'a pas une valeur positive et même échangeable. Il a fait ses humanités d'une manière autre que nous, voilà tout. S'il nous était donné d'assister successivement à une réunion du sacré-collège tenue au Vatican, puis à un conseil impérial au Palais-Défendu, nous trouverions, selon toute apparence, les mêmes mœurs, les mêmes manières de raisonner et les mêmes façons d'agir.

Avec cette différence, pourtant, que Koung-Fou-Tsé, ou, comme nous l'appelons communément Confucius — le grand inspirateur de la philosophie et de la législation chinoises — fut avant tout un *positiviste*, pour ne pas dire un *saint-simonien*, d'il y a trois mille ans. La Chine d'aujourd'hui est restée son œuvre et tout y porte l'empreinte de son enseignement. Or, ce penseur et ce politique, mort neuf ans avant Socrate et cinq cent cinquante et un ans avant Jésus-Christ, avait posé en principe qu'*il ne faut pas s'occuper de l'origine des choses*, et substitué le culte de l'humanité matérielle à celui du surnaturel. Sa religion purement civile, son culte des morts, les cérémonies mêmes qu'il avait réglées pour célébrer toutes les circonstances importantes de la vie, marquent de reste son dédain de la métaphysique et des choses spéculatives. Il ne promettait pas aux petits et aux humbles le royaume du ciel, il se préoccupait exclusivement de leur donner ici-bas le bien-être. S'il prêchait l'humilité ou la modestie, c'était en haine des aristocrates de tout ordre. « Le sage est toujours sur le rivage et l'insensé au milieu des flots ; l'insensé se plaint de n'être pas connu des hommes, le sage de ne pas les connaître. » — « Ne vous affligez pas de ce que vous ne parvenez point aux dignités publiques ; gémissez plutôt de ce que peut-être vous n'êtes point orné des vertus qui pourraient vous rendre digne d'y être élevé. » S'il recommandait la douceur, c'était parce qu'elle allège le fardeau de la classe la plus nombreuse et la plus pauvre, où il voyait la source unique des richesses et de la prospérité de l'État : « Un bon cœur penche vers l'indulgence ; un cœur étroit ne dépasse pas la patience et la modération. » A ses yeux, la morale n'est qu'une branche de l'économie sociale, et celle qu'il développe, rigoureusement conforme à ses idées sur la nature des choses, est exclusivement rationnelle. Pour lui, le progrès ne consiste pas dans la marche de l'humanité vers un but idéal, mais dans l'accroissement du nombre des hommes, de leur puissance collective et de leur participation individuelle aux douceurs de la vie. Il a le culte du nombre; il est autoritaire et communiste; au delà de la terre et de l'homme, il ne voit rien, ou du moins déclare ne rien connaître. « Ki-Lou demanda comment il fallait servir les esprits (les âmes) et les génies. Le philosophe dit : — Quand on n'est pas encore en état de servir les hommes, comment pourrait-on servir les esprits et les génies? — Permettez-moi, reprit alors le disciple, de vous demander ce que c'est que la mort. — Le philosophe dit : — Quand on ne sait pas ce que c'est que la vie, comment pourrait-on connaître la mort? » Et d'emblée, il revient au chapitre des qualités qui distinguent un homme vertueux : « Conduisez-vous toujours avec la même retenue que si vous étiez observé par dix yeux et montré par dix mains. » — « La vertu qui n'est pas soutenue par la gravité n'obtient ni poids ni autorité parmi les hommes. » Ce qui fait écrire à un autre de ses disciples et commentateurs, Tse-Lou : « — On peut souvent entendre notre maître parler des qualités qui caractérisent un homme distingué par ses vertus et ses talents; mais on ne peut obtenir de lui qu'il parle sur la nature de l'homme et sur la *voie céleste...* »

Il est bien vrai que les « Fils de Han » ont à côté de ces enseignements ceux du Bouddha et de Lao-Tseu, dont la tendance est précisément contraire, et qui offrent un refuge aux âmes assoiffées d'idéal, — le plus large sans aucun doute, le plus complet et le plus séduisant qui ait jamais été construit par l'imagination humaine. La grandeur véritablement surprenante de cette triple religion officielle de l'Empire du Milieu est précisément qu'elle ne laisse aucun tempérament, aucun appétit physique, intellectuel ou moral, excommunié de son action. Mais le caractère dominant de la philosophie et des institutions chinoises n'en est pas moins le profond naturalisme dont les a marquées Confucius, et c'est ce naturalisme qui a imprimé à l'esprit gouvernemental de l'Empire du Milieu sa tournure éminemment pratique.

Nulle part les précautions les plus minutieuses n'ont été mieux prises pour assurer le bonheur du grand nombre. Si ce bonheur n'est pas une réalité dans la Chine contemporaine, c'est que tout dégénère et que les hommes sont toujours inférieurs à leur philosophie. La Chine de Confucius, plus qu'aucun autre peuple au monde, a eu son âge d'or, immédiatement après être sortie de ses mains. Les abus se sont fait jour, ont étouffé de nobles institutions sous leur végétation parasite. Mais le monument politique du sage n'en est pas moins resté le plus majestueux que la terre ait jamais connu. Revenons au détail de son ordonnance.

Le *Kioung-Ki-Chou* ou Conseil impérial a été organisé vers 1730. C'est présentement ce qui correspond le mieux à un cabinet ministériel, et le corps le plus influent du gouvernement chinois. Il peut être composé de quiconque est désigné pour y siéger par le bon plaisir du souverain; mais ses membres sont toujours ou des princes du sang, ou des chanceliers du Tsong-Li-Yamen, ou des présidents et vice-présidents de l'un des six grands départements. Le nombre de ses membres est variable, et le *Livre Rouge* n'en donne jamais la liste. Autant qu'on peut le savoir, ils ont été, dans ces derniers temps, au nombre de quatre, avec le prince Koung pour président; mais tout récemment (février 1885), la présidence serait passée aux mains du prince Khing, assisté de sept dignitaires, tous acquis à la politique de progrès incarnée dans Li-Hong-Tchang. La composition de ce cabinet est toujours un indice des tendances dominantes à la cour. Le titre de ceux qui en font partie signifie « Grands ministres dirigeant la machine nationale »; les lois constitutionnelles indiquent leur fonction comme étant « d'écrire les édits impériaux et d'étudier tout ce qui est d'importance à la nation et à l'armée, pour aider le souverain dans la conduite de la machine de l'État ». Dans la salle du Palais-Défendu, où ces premiers ministres se réunissent tous les matins, ils ne s'assoient jamais que sur des nattes ou des coussins, personne n'ayant le droit de prendre une chaise en présence de l'empereur, même au cas où cette présence est purement fictive.

Quant au grand secrétariat, ou *Nui-Koh*, il se compose de quatre *ta-hio-tzé*, ou chanceliers, et de deux aides-chanceliers, ayant sous leurs ordres dix lettrés auxiliaires.

Les hauts dignitaires du cabinet et du secrétariat sont familièrement appelés *Koh-Lao*, c'est-à-dire « vieux de la chambre du conseil ». Le nom de *mandarin*, qu'on leur applique généralement, est un mot d'origine européenne (du portugais *mandar*, commander), dont les étrangers seuls se servent pour désigner en Chine et dans les pays voisins les fonctionnaires de tout ordre, depuis un préfet jusqu'à un éclusier.

Au-dessous des grands départements ministériels, se trouvent d'autres comités secondaires. Le *Li-Fan-Yuen*, ou Office-Colonial, a le gouvernement des provinces vassales, règle les émoluments des fonctionnaires de ces provinces, leurs visites à leur cour, leurs récompenses et leurs punitions, « de manière à déployer la majesté et la justice de l'État. » C'est une importante section du gouvernement, de laquelle relèvent toutes les tribus nomades ou non de la Mongolie, de l'Ili, du Kokonor et du Cobdo.

La *Tung-Ching-Szé*, ou « Cour de Transmission », est un corps de six fonctionnaires qui a pour mandat de recevoir, d'enregistrer et de soumettre à qui de droit les requêtes des autorités provinciales ou les appels de leurs justiciables.

La *Ta-Li-Szé* est une véritable cour d'appel et de cassation des causes criminelles ou autres qui n'ont pas leur dernier ressort aux chefs-lieux provinciaux.

La *Han-Lin-Yuen*, ou Académie impériale, a pour mandat de « libeller les documents officiels de l'empire, les annales et autres ouvrages ». Elle comprend des professeurs et des élèves qui se préparent aux fonctions publiques. Sir John Davis la compare à notre ancienne Sorbonne, parce qu'elle explique et commente les livres sacrés ; mais c'est en même temps une école des hautes études politiques où l'on s'initie au droit, à l'histoire et à la diplomatique. Elle est dirigée par deux présidents ayant sous leurs ordres vingt agrégés de quatre classes différentes et un nombre indéterminé de gradués. Ces divers fonctionnaires sont formés en collèges distincts, qui se consacrent à des spécialités et se partagent la besogne. La dignité de membre de l'Académie est des plus considérables ; elle assure au titulaire des émoluments sérieux, avec de grandes facilités d'information, et le conduit aux hautes charges : c'est là surtout que le gouvernement se recrute.

Un des services les plus importants est celui du *King-Pao* ou « Bulletin métropolitain », communément appelé en Europe « Gazette officielle de Pékin », le plus vieux journal du monde, car il a été fondé en 911 de l'ère présente et compte près de mille ans d'existence. C'est à peu près la seule source où les patriotes chinois de l'intérieur puissent venir s'abreuver quand ils veulent connaître les affaires de l'État. Sur le littoral, quelques journaux en langue mandarine se sont récemment fondés. Mais ces feuilles ne pénètrent guère dans les provinces. La « Gazette de Pékin » les remplace jusqu'à un certain point. Chaque matin, ce journal sur papier jaune est placardé dans une des cours extérieures du palais. Il est exclusivement composé de documents officiels : rescrits impériaux, extraits de rapports des censeurs, nominations, révocations, mises à l'ordre du jour. Des courriers en emportent des exemplaires dans toutes les provinces ; mais ces exemplaires sont réservés aux représentants de l'administration centrale. Pour l'usage du public, certains imprimeurs sont autorisés à reproduire sur papier rouge tout ou partie du *Bulletin officiel* et à en faire le service à leurs abonnés, mais sous la condition formelle de ne jamais ajouter le moindre commentaire ou introduire le moindre changement. En dépit de ces restrictions, la *Gazette de Pékin* est universellement lue dans tout l'empire, au moins par les classes lettrées, et très vivement commentée quand elle apporte quelque renseignement intéressant. Des milliers de personnes vivent de la reproduction et de la distribution de ces abrégés du *King-Pao*, que le *North China Herald* reproduit régulièrement en anglais, depuis 1872, et a même réimprimé en volumes pour l'usage des lecteurs européens. Comme le fait observer Wells Williams, jamais le peuple romain, au plus beau temps de sa puissance, ne fut aussi bien informé de ses affaires que l'est le peuple chinois.

Parmi les dix-huit provinces de l'empire, il en est quinze qui sont groupées en huit vice-royautés; les trois autres sont directement administrées par des gouverneurs. Chaque vice-royauté ou province est autonome et reste absolument indépendante des autres dans la pratique, aussi longtemps que son chef se conforme aux instructions très minutieuses qu'il a reçues. Le gouvernement central se borne à surveiller son délégué, à s'assurer qu'il remplit bien son mandat, et, s'il en sort, à le mander à Pékin pour rendre ses comptes. Le vice-roi lève son armée et sa flotte, paye la solde (plus ou moins régulièrement), encaisse les impôts, subvient à toutes les dépenses. Hors quelques cas particuliers où les causes criminelles vont en appel ou en cassation devant la cour métropolitaine, il juge en dernier ressort. Mais, d'autre part, il est personnellement responsable du bon ordre dans son territoire. Si des troubles y éclatent, c'est à lui que s'en prend le cabinet, et c'est presque toujours lui qui en porte d'abord la peine. Il a donc tout intérêt à suivre de près la conduite de ses subordonnés. Ces subordonnés, au surplus, ce n'est pas lui qui les nomme ou qui les révoque. Tout ce qu'il peut faire, quand il croit avoir à produire contre eux des griefs sérieux, c'est de présenter sa plainte à la cour de Pékin. Il va sans dire que le sentiment de la responsabilité fait de lui un critique des plus sévères ; aussi n'y a-t-il qu'à ouvrir la *Gazette officielle* pour y trouver les hécatombes quotidiennes de fonctionnaires motivées par les rapports des vice-rois et gouverneurs.

Aux termes de la loi, nul ne doit occuper un emploi public dans sa province natale, et jamais le parent ou allié même éloigné d'un mandarin ne doit servir sous lui. Cette règle paraît être observée avec la plus grande rigueur. Il y a quatre ou cinq ans à peine, la *Gazette officielle* enregistrait un blâme sévère au gouverneur de la province de Kouei-Cheou pour n'avoir pas averti la cour que l'un de ses fils cadets allait épouser la fille d'un intendant du même ressort ; et, comme sanction de ce blâme public, l'intendant était envoyé dans une autre province.

Toutes les fonctions publiques sont données pour un terme de trois ans seulement. Ce système a pour effet de tenir constamment les fonctionnaires en haleine. Mais il leur donne trop souvent le désir de faire rapidement fortune et de s'assurer ainsi contre tout événement. Quand cette fortune est par trop scandaleuse, il arrive qu'elle éveille la jalousie des ministres, qui s'arrangent alors pour en avoir leur part. R. Douglas cite un exemple de ce genre comme étant à sa connaissance personnelle. Hang-Ké, surintendant des douanes à Canton jusqu'en 1859, se retira cette année-là avec une fortune évaluée à 300,000 taëls, c'est-à-dire à deux millions et demi de francs. Or, ses appointements annuels étaient d'environ 20,000 fr., et il n'avait pas dépensé moins de 30,000 à 40,000 fr. *par mois* pendant tout le cours de son existence officielle. Il fut mandé à Pékin et obligé de rendre gorge. En moins de temps qu'il n'en faut pour le dire, un bon tiers de son argent mal acquis avait passé aux mains des secrétaires d'État. J. H. Gray déclare que les fonctionnaires chinois, pris en général, sont la classe la plus corrompue qu'il y ait au monde. Au cours d'un séjour de plus de trente ans en Chine, il n'en a jamais rencontré qu'un seul qui eût mérité et obtenu l'estime ou la vénération de ses administrés. C'était un certain A-Ché-Ong, gouverneur du Kouang-Toung. Quand il quitta son poste, la province entière se leva pour venir lui rendre hommage, lui élever des arcs de triomphe et l'acclamer des noms de *père*, de *bienfaiteur* et d'*étoile*. En général, quand un mandarin passe, le peuple se tait.

Ces fonctionnaires de l'État, ou mandarins, se divisent, comme on sait, en neuf classes, distinguées par des boules ou boutons différents et qui se portent à la pointe du bonnet. La première a le bouton de corail rouge, les autres ont le bouton rose, bleu sombre, bleu clair, le bouton de cristal, le bouton de nacre, le bouton d'or de grande et de petite dimension, le bouton d'argent. Le droit de porter une plume de paon confère une distinction spéciale. Enfin, la couleur et la forme de la robe de soie bleue brodée d'or sont encore des indices du rang officiel. Une tunique violette couvre cette robe. Les manches de la tunique sont très longues; elles se portent relevées, mais en présence de l'empereur elles doivent être rabattues sur les mains, à la manière d'une camisole de force. On attribue généralement cette habitude à la crainte qu'ont les souverains de se voir assassinés par tout homme admis en leur présence; il est probable qu'elle est d'origine persane et elle se trouve en tout cas signalée par les historiens comme existant au temps de Darius. Peut-être n'est-ce qu'une forme orientale de l'usage européen de se couvrir les mains de gants dans les visites officielles. Au devant et au dos de sa tunique, chaque fonctionnaire civil porte en outre un écusson représentant un oiseau aux ailes déployées, qui plane sur une mer en furie et contemple le soleil levant. L'espèce de l'oiseau varie selon le rang.

Il en est de même des broderies d'une espèce de pèlerine qui se porte sur la tunique et qui indique le degré universitaire conquis par le porteur. Enfin, chaque mandarin a autour du cou un collier de 108 grains appelé le *chou-chou* et qui lui rappelle sa qualité de « fils de Han » et de citoyen de l'Empire du Milieu. Sur ces cent huit grains mystiques, soixante-douze représentent autant de pierres précieuses ou de métaux qui se trouvent dans le sol de la Chine et les trente-six autres, les planètes et constellations qui peuplent le ciel de la patrie. A gauche de ce collier, deux fils de perles plus petites rappellent le respect dû aux ancêtres et la piété filiale due aux parents. A droite, un autre fil plus petit est le symbole de la fidélité due au souverain. C'est là le costume officiel et pour ainsi dire uniforme..Mais il y a en outre la robe d'honneur, de couleur jaune comme celle de la famille impériale, et qui est conférée seulement pour services exceptionnels. C'est la plus enviée des distinctions. Un détail gâte cette brillante parure : en Chine comme ailleurs, il paraît que les décorations de tout ordre peuvent s'acheter à beaux deniers comptants. C'est une habitude commune chez tous les bourgeois ou marchands qui ont fait fortune de se procurer à prix d'or le droit d'exhiber tous les attributs du pouvoir. Sans doute, il y a des agences pour leur aplanir toutes les difficultés, moyennant finances.

Tout fonctionnaire chinois a droit à une résidence officielle ou *ya-men*; dans certains cas, cette résidence est très vaste et couvre plusieurs hectares de terrain. Les bureaux en dépendent toujours. Le plafond des salles publiques est ordinairement orné d'écritaux dorés où sont inscrits soit des préceptes empruntés à la philosophie nationale, soit des éloges impériaux conférés aux prédécesseurs du fonctionnaire actuel.

A côté du rang personnel, inséparable de la fonction ou de la dignité littéraire, il y a, dans l'Empire du Milieu, une aristocratie héréditaire et titrée, à laquelle d'ailleurs ses titres ne confèrent aucun privilège particulier. Cette aristocratie se divise en cinq classes, qu'on a jugé à propos, ces derniers temps, d'assimiler aux ducs, marquis, comtes, vicomtes et barons de la vieille Europe. L'assimilation est, cela va sans dire, absolument artificielle. En réalité, les *koung* ou ducs, *haon* ou marquis, *paak* ou comtes, *tzé* ou vicomtes, *nan* ou barons de la Chine, répondent aux cinq éléments de la cosmogonie mongole, l'eau, le feu, le bois, le cuivre et la terre.

Comme il faut s'y attendre dans une hiérarchie aussi régulière, les membres des cinq ordres de la noblesse chinoise s'étagent dans une *precedence* qui rappelle celle de l'aristocratie britannique. C'est ainsi que les *koung* forment trois classes, selon que le titre a été conféré à la famille pour vingt-six, vingt-cinq ou vingt-quatre générations; les *haon*, quatre classes, selon que le titre est valable pour vingt-trois, vingt-deux, vingt et une ou vingt générations, et ainsi de suite jusqu'à la dernière classe des *nan* qui est titrée seulement pour huit générations. On voit qu'entre les honneurs à vie de notre démocratie et les honneurs à perpétuité des féodalités européennes, les « Fils de Han », comme toujours, sont restés dans le juste-milieu. Apparemment ils ont jugé que les qualités héréditaires d'un *kong* pouvaient bien à la rigueur se perpétuer pendant quatre cent cinquante ans, mais qu'il y avait peu de chances de voir celles d'un simple *nan* survivre à l'action de deux siècles.

Au-dessous de ces cinq ordres se trouvent encore deux classes titrées, celle des *ki-tou-vaï*, dont le titre s'applique à trois générations, et celle des *van-ki-vaï*, où il ne va qu'à l'héritier immédiat du dignitaire.

Enfin il y a neuf degrés de titres viagers, chaque degré se divisant lui-même en deux classes, celles des titulaires, ou *ching*, et des vice-titulaires, ou *tsung*. La première classe du premier degré comprend les ministres d'Etat; la seconde, les ministres des six départements; au second degré on trouve les gouverneurs généraux, les gouverneurs et les trésoriers; au troisième, les juges et les commissaires de la gabelle; au quatrième, les *tou-taï* et les préfets; au cinquième, les sous-préfets, le directeur de l'Observatoire impérial, les médecins ordinaires de l'empereur et les sous commissaires du sel; au sixième, le sous-directeur de l'Observatoire, les chefs de districts métropolitains, les sous-intendants des affaires ecclésiastiques et les lettrés du premier rang; au septième degré, les docteurs en droit, les maîtres des cérémonies et les bacheliers; au huitième, les gardiens de temples de Confucius, les médecins de la maison impériale, les préposés aux marchés, les prêtres du Soleil et de la Lune; au neuvième, enfin, les interprètes siamois, japonais et coréens, les surintendants de police et les artificiers en chef du palais.

Puis viennent les *mi-ya-plou*, c'est-à-dire « ceux qui n'ont pas encore de rang », — les candidats. Ce sont les gardes-trésoriers, les gardes-portes de Pékin, les chefs douaniers, les directeurs des postes et courriers de cabinet.

Dans la hiérarchie militaire, comme dans la hiérarchie civile, il y a neuf classes titrées et chaque classe est divisée en deux catégories, celle des *ching* et celle des *tsung*. Les généraux de la garde sont de la première classe et *ching*; ceux qui commandent des troupes de ligne et les amiraux, de la première classe et *tsung*. Ainsi de suite jusqu'aux bas officiers commandant un petit poste, qui sont de la neuvième classe et *tsung*.

Chacun de ces titres peut s'acheter, comme à peu près tout en Chine. Mais, quand un dignitaire a reçu de l'empereur celui qui lui est attribué, il a le droit de le faire précéder du préfixe *shaou*, qui indique cette circonstance.

Par une coutume touchante, le père participe toujours aux honneurs conférés à son fils : il prend donc le titre comme lui, mais dans ce cas avec le préfixe *foung*, pour en affirmer l'origine.

Le système tout entier de la constitution chinoise est éminemment patriarcal. L'empereur est le père; les fonctionnaires sont les « anciens », responsables dans les provinces, départements et districts; le chef de famille gouverne son clan. Si l'on recherche pourquoi ce système, qui se retrouve à l'origine de presque toutes les sociétés humaines, a persisté à travers les siècles et jusqu'à nos jours dans l'empire du Milieu, on trouve la raison du phénomène dans le régime de surveillance constante et de responsabilité mutuelle qui cimente toutes les parties de l'édifice social. Chacun, depuis le fonctionnaire le plus élevé jusqu'au travailleur le plus humble, se sent si irrévocablement pris dans les mailles du filet officiel, qu'il ne peut même pas avoir l'idée d'en sortir par un effort individuel. La condition du Chinois de toute classe peut se comparer à celle que créerait à un homme, dès sa naissance, l'affiliation à une société secrète immuable, implacable, omnipotente, omnisciente. Il sait que l'œil du gouvernement est partout, et qu'il est impossible de lui échapper. Toute son éducation tend du reste à lui enseigner que l'ordre établi est naturel et excellent, antant qu'indestructible. Il sait que de temps immémorial les choses ont marché ainsi, et il n'a pas de raison de supposer qu'elles puissent jamais changer. Naturellement résigné et laborieux, comme le bœuf, il courbe la tête et laboure son sillon. Un des agents les plus énergiques de cette patience paraît être la conviction générale, et autant qu'on peut le savoir assez justifiée, que, si les violations de la loi sont fréquentes chez les fonctionnaires de tout ordre, il n'y a presque pas d'exemple que tôt ou tard l'injustice ne reçoive pas son châtiment.

Non que la loi assure aucun *droit* positif au citoyen. Elle est muette sur ce point. Mais elle est très minutieuse sur les *devoirs* du fonctionnaire public et il y a par conséquent beaucoup de chances pour que le fonctionnaire public tombe un jour ou l'autre sous son application. Ce code général, qui a pour titre *Ta-Tsing-Liou-Li* ou « Loi statuaire de la grande et pure dynastie », se réimprime tous les cinq ans. Dans sa forme présente, il date de l'année 1647 et de l'établissement de la dynastie mandchoue. Les sept sections dont il se compose sont relatives aux matières constitutionnelles, civiles, fiscales, religieuses, pénales et aux travaux publics. Il est précédé d'un préambule où sont développés les principes et les définitions du droit chinois : on y trouve la description des cinq pénalités ordinaires, la classification des crimes et délits, les règlements relatifs aux classes privilégiées, le détail des qualités et vertus indispensables à un bon serviteur de l'État.

Le jésuite Gabriel Magalhaens, qui avait étudié ce code avec soin, à la fin du dix-septième siècle, remarquait avec beaucoup de justesse que ses auteurs ont pris à tâche de ne rien oublier et de prévoir tous les cas possibles d'injustice. « Aussi peut-on être certain, dit-il en substance, que la nation chinoise serait la mieux gouvernée de toutes, si la conduite et la probité de ses fonctionnaires répondaient à l'esprit de ses lois... Malheureusement, ils ne songent qu'à tromper leurs chefs, à frauder le code et le souverain : ils savent le faire avec tant d'adresse, introduire dans leurs mémoires justificatifs des expressions si douces, si honnêtes et si respectueuses, présenter des arguments en apparence si plausibles, que les plus odieux mensonges s'imposent comme des vérités... Mais la dépravation et la méchanceté des magistrats n'altère en rien l'excellence et la perfection des lois chinoises. »

II. — L'Empereur.

Tout en Chine se fait au nom de l'empereur. Il est la fontaine du pouvoir, du rang et des honneurs. Parmi les titres qu'on lui donne, il faut mentionner ceux de « très auguste et très élevé », « céleste », « sage », « infini en vertus et science », « sacré », « Fils du Ciel ». Ses officiers se définissent comme étant « au-dessous de son tabouret ». Lui-même, il s'appelle « Nous », l' « Homme solitaire », l' « Homme unique », le « Prince toujours seul ». Son palais est la « Cour des audiences », la « Neuvième Entrée », la « Maison d'Or », l' « Avenue écarlate », la « Salle rose », le « Pavillon défendu », le « Palais cramoisi », le « Degré de pierres précieuses », « l'Escalier d'or », le « Portail méridien », le « Grand Intérieur ». Contempler sa face, c'est voir « celle du Dragon ». Le trône est « le Siège du Dragon » et le « Meuble divin ». Son emblème est un dragon à cinq pattes, qu'il porte brodé sur tous ses vêtements, et qu'il serait sacrilège de reproduire ailleurs.

Rien de ce qui peut investir la personne de l'empereur d'un caractère unique et sacré n'est négligé à la cour de Chine. Tout ce qui sert à son usage est de couleur ou de forme spéciale. La porte extérieure de son palais ne peut être franchie qu'à pied; partout il a ses voies, ses allées, ses issues réservées; le trône, ou même une simple étoffe jaune jetée sur un fauteuil, reçoit les mêmes hommages que lui-même; ses lettres ou écrits arrivent dans les provinces les plus lointaines au milieu des génuflexions et des nuages d'encens. Il mange toujours seul et seulement de huit espèces de mets réservés à son auguste estomac. Invisible à tout ce qui n'est pas de son entourage immédiat, il n'accorde audience aux ambassadeurs étrangers qu'en des circonstances solennelles, et alors, s'il faut en croire la *Gazette officielle*, ces diplomates sont tellement frappés de terreur et de respect, que « leurs genoux s'entrechoquent et fléchissent sous eux, qu'ils tombent la face contre terre et n'auraient même pas la force de se relever, si l'introducteur ne remontait leur courage par des paroles flatteuses ».

En sa qualité de représentant du Ciel sur la terre, l'empereur a droit aux mêmes honneurs que les dieux mêmes. Quiconque est admis en sa présence doit se prosterner sur les genoux et sur les mains, frapper la terre du front et répéter cette cérémonie autant de fois qu'il gravit une marche pour arriver au pied du trône. C'est ce qu'on appelle le *Ko-Taou*. On voit que les Chinois sont logiques jusqu'au bout. Leur sentiment monarchique ne se contente pas à peu de frais, comme celui qui agonise en Europe. Il réunit sur une seule tête toutes les traditions historiques d'une nation de quatre cents millions d'hommes, toutes les majestés du pouvoir absolu, tous les prestiges d'une triple religion indigène, — et cette tête, il la veut touchant jusqu'au Ciel. L'empereur est l'émanation même et le ministre des puissances surnaturelles. Il a une action directe sur les pluies, les vents et les tempêtes. Il peut amollir le cœur des hommes, féconder le sein de la Terre et dompter les éléments, aussi aisément qu'il fait, d'un signe, tomber une tête. On l'adore comme roi, comme pape et comme dieu. Le crime de lèse-majeté ne consiste pas seulement à l'offenser, pas seulement à le toucher, — mais à le *voir*.

Le présent empereur est le neuvième de la dynastie mandchoue ou Très Pure. Né en août 1871, il se trouve encore en état de minorité. Aussi le gouvernement est-il nominalement placé sous la régence de l'impératrice An. Le nom de cet enfant est Tsaï-Tien. Ce nom est réputé trop sacré en Chine pour être articulé ou écrit en caractères ordinaires. Tsaï-Tien a succédé, le 12 janvier 1875, à son cousin et prédécesseur immédiat Tung-Chi, mort sans héritier direct. On n'était pas d'accord au palais pour décider qui serait appelé au trône, quand le conseil des princes du sang, réuni sous la présidence de l'impératrice-douairière, mère du défunt empereur et veuve de Hien-foung [1], arrêta subitement son choix sur son neveu, fils du prince Tchun, et âgé de trois ans et demi. Le motif déterminant de ce choix, c'est qu'en élevant au trône un fils du prince Koung, qui venait en première ligne dans l'ordre naturel d'hérédité, on aurait condamné cet homme

---

1. L'impératrice douairière, veuve de l'empereur Hien-foung et mère de Tung-chi, avait déjà exercé la régence pendant la minorité de son fils. Elle n'avait eu, avec lui, qu'une fille, décédée en 1875. Elle mourut elle-même en 1881, laissant la régence à sa co-adjutrice l'impératrice An, qui a eu pour principal conseiller, jusqu'à ces derniers temps, le prince Koung (né en 1831).

d'État à la retraite, à raison de son étroite parenté avec le souverain et des prescriptions formelles de la loi chinoise à cet égard. On prit donc le fils d'un prince qui ne jouait aucun rôle effectif dans le conseil de famille et consentait d'avance à se condamner désormais à l'obscurité. L'accession du nouvel empereur n'entraînerait ainsi aucun changement essentiel de personnes.

Le petit bonhomme fut tiré de son berceau au milieu de la nuit, et, tout ensommeillé comme il était, salué du titre de *Ouang-Ti*, qui l'investit d'un pouvoir absolu sur le tiers ou le quart de l'humanité vivante. Selon l'usage adopté pour les papes de Rome et les empereurs de la Chine, on lui conféra aussitôt un nom nouveau, qui sert à désigner son règne, celui de *Kouang-Su*, ou « Illustre Héritage. »

Le jeune empereur étant sur le point d'accomplir sa quatorzième année, on ne tardera pas à le marier. Il sera, à cette occasion, pourvu simultanément de neuf femmes, dont la première aura le titre d'impératrice, tandis que les huit autres auront celui de reines. Le choix de ces neuf épouses officielles est exclusivement basé sur leur beauté, et voici comment on y procède.

L'impératrice douairière tient une réception où sont invitées toutes les dames ayant rang à la cour : celle qui, de l'avis général, paraît la plus belle, est désignée pour le titre d'impératrice ; les huit accessits de beauté obtiennent le titre de reines. Celles qui suivent sont nommées aux postes de dames d'honneur. La plupart des femmes du *zenana* ou harem impérial sortent, par conséquent, des classes titrées. Mais il arrive que des filles parties des rangs les plus humbles de la population obtiennent l'accès du harem et finissent même par s'élever à la dignité d'impératrice. On en cite une entre autres qui vendait des fruits à la porte du palais quand elle fut remarquée par l'empereur Taou-Kouang et devint bientôt mère de celui qui devait être Hien-Foung. Le dernier prix de beauté qui ait été couronné de la dignité impériale a été proclamé dans la *Gazette officielle* du 11 mars 1872. C'était la femme du défunt empereur Tung-Chi. La proclamation, faite au nom des deux impératrices régentes, annonçait qu'une jeune dame nommée A-Lou-Té venait d'être choisie pour partager les joies et les peines du Fils du Ciel. Elle était — ajoutait le *Journal officiel* — fille de Chung-Chi, un des agrégés du collége Han-Lin, de rang égal à celui d'un préfet de département. Pour le dire en passant, ce Chung-Chi était le fils d'un général nommé Chaï-Chang-Ha, qui fut dégradé en 1853 pour n'avoir pas pu venir à bout des insurgés Taï-Ping, et dont la maison, confisquée par le gouvernement, sert actuellement de *Tsong-Li-Yamen*. On voit que sa petite-fille prenait bien sa revanche. La mère d'A-Lou-Té était elle-même la fille de feu Tou-Ou-Houa, le fameux prince Tcheng qui se trouvait, à la fin du règne de Hien-Foung, à la tête du parti hostile aux étrangers, et que renversa en 1861 le coup d'État préparé par le prince Koung et l'impératrice douairière. Tous les amis de Tou-Ou-Houa furent décapités : seul, il obtint la faveur insigne de mettre fin à ses jours par le suicide d'honneur.

Outre ses neuf épouses officielles, le Fils du Ciel entretient généralement un grand nombre de concubines, qu'il choisit selon son caprice. Les unes et les autres habitent le *zenana* et sont confiées à la garde des eunuques de Sa Majesté. Ces eunuques, ayant seuls accès dans les appartements intérieurs, jouent fréquemment un rôle important dans la politique chinoise. Quant à l'impératrice, elle est censée profondément étrangère aux affaires publiques; mais elle n'en a pas moins parfois une influence prépondérante. Tel fut notamment le cas de la régente, mère du feu souverain Tung-Chi, qui avait conquis la faveur de son mari et de toute la famille impériale en découvrant et faisant réprimer à temps une conspiration tramée contre l'empereur dans le conseil des ministres.

Les populations de la Chine, qui regardent l'empereur comme représentant le Ciel, voient volontiers dans l'impératrice une sorte d'incarnation de la Terre. A ce titre, on lui suppose un pouvoir spécial sur la nature. Une de ses fonctions consiste à surveiller le culte des divinités qui président à la naissance et à la prospérité des vers à soie. Elle a aussi pour devoir de surveiller dans le harem la fabrication de certaines étoffes destinées au culte.

III. — L'agriculture, la tenure des terres et le cadastre.

L'agriculture occupe le premier rang parmi les arts et métiers de la Chine. La cérémonie annuelle du labourage effectuée par les mains impériales est le symbole de l'importance que les législateurs de l'empire du Milieu accordent à cette opération. En même temps qu'elle occupe et nourrit l'immense majorité des habitants, elle fournit par l'impôt la principale source du revenu public. Une longue expérience a appris aux gouvernants que les classes agricoles sont autrement faciles à régir que les grandes agglomérations industrielles ou militaires. Enfin la Chine est sur d'immenses étendues un des sols les plus fertiles du globe et les plaines doucement ondulées qui bordent ses fleuves semblent faites de toute éternité pour les grasses moissons. Il s'en faut, pourtant, que toutes les bonnes terres soient cultivées, dans l'Empire du Milieu. Le manque de capitaux, l'ignorance des procédés de drainage, ailleurs le peu de sécurité des récoltes, exposées aux incursions des tribus nomades ou des bandes organisées de brigands locaux, arrêtent en bien des cas le développement de la richesse agricole.

La terre est généralement tenue en toute propriété par des clans ou familles qui s'en partagent les produits. Cette propriété est garantie par l'État en échange d'une taxe annuelle, d'un droit de mutation et d'un impôt local qui se paye soit en journées de travail, soit en numéraire. Le propriétaire est inscrit sur les registres du district, et reçoit un « papier rouge » qui lui sert de titre. La taxe annuelle est assez forte et s'élève pour les bonnes terres jusqu'à 17 ou 18 fr. par hectare.

Mais quand on la compare au chiffre de la population, cette taxe paraît minime, puisqu'elle est à peine d'un franc par tête. Pour le droit de mutation, il est si exorbitant (près du tiers de la valeur du sol en capital) que la plupart du temps on s'arrange pour ne pas le payer, en évitant de faire enregistrer la vente : on constate alors le contrat sur un simple « papier blanc » qui s'ajoute au titre originel de propriété, et entraîne dès lors la responsabilité pour la taxe annuelle. On voit ainsi des « papiers rouges » qui se sont greffés de vingt ou trente « papiers blancs » successifs, correspondant à autant de ventes. A la condition que le détenteur possède, avec ces actes sous seing privé, le titre original et qu'il paye régulièrement sa taxe, il n'a pas à craindre de se voir troublé dans sa possession.

Avec l'esprit pratique qui les caractérise, les Chinois ont ainsi trouvé, bien avant l'Australie et la vieille Europe, un système qui rend la propriété foncière aussi échangeable qu'un titre de rente. Le prêt sur hypothèque est également usité dans l'empire du Milieu; mais, pour que l'acte soit valable, il faut que le prêteur ait pris possession nominale de la terre et se soit déclaré responsable des taxes : sauf le cas de stipulation contraire, l'emprunteur peut toujours se libérer, à une époque quelconque, s'il en a le moyen ; mais la prescription est acquise après trente ans. On ne peut s'empêcher d'être surpris en retrouvant ainsi, au fond de l'extrême Orient et de la civilisation la plus distincte de la nôtre, les chiffres mêmes inscrits dans nos codes. Faut-il donc croire que les lois civiles sont en certains cas plus spontanées que rationnelles et naissent véritablement de la nature des choses ?

Le prix des bonnes terres est d'à peu près 2,000 ou 3,000 francs l'hectare. Il est rare, pour les motifs indiqués plus haut, que les ventes projetées soient annoncées par affiches. En général, elles sont seulement indiquées sur des bulletins analogues à ceux qu'on distribue dans nos rues et que les intermédiaires de la vente se chargent de faire circuler. Voici la traduction d'un de ces bulletins :

« La famille Chéang possède une propriété rurale sise à Poun-tong sur la rive gauche du fleuve et la met en vente. Cette propriété se compose de 224 acres, mesure impériale d'aujourd'hui, et est affermée à un certain Ching-Y-Chak au prix annuel de 1,400 taëls d'argent. Le prix que la famille Chéang demande de sa propriété est de 21,500 taëls d'argent. L'acheteur aura en outre à payer 200 taëls pour les frais inévitables de transfert, et, selon l'usage, le vin qui sera bu à cette occasion. Que toute personne désirant faire cet achat vienne en personne chez moi, en ayant soin d'apporter la présente annonce. La propriété comprend neuf étangs à poissons et nénuphars. Autour de ces étangs croissent de nombreux arbres fruitiers. Elle est aussi arrosée par trois ruisseaux où la marée remonte et enclose d'un mur de pierres. Fait un heureux jour du 6ᵉ mois de la 7ᵉ année du règne de Tung-Chi. »

Au point de vue de la qualité, les terres de l'Empire du Milieu se divisent en deux grandes variétés, les terres *brunes* et les terres *jaunes*. Celles-ci, que les Chinois appellent *houang-tou* et que von Richtofen désigne sous le nom de *löss*, constituent un des caractères spécifiques des provinces du Nord. Elles sont disposées en couches verticales, parfois de deux et trois cents mètres de hauteur, coupées par des brèches soudaines. Ces stratifications tout à fait particulières à la Chine (à moins qu'elles ne se prolongent à l'ouest, vers l'Asie centrale) ne semblent pas, quand on les voit de haut, rompre les lignes molles et onduleuses du paysage. En réalité, elles condamnent les routes ou sentiers à suivre leurs méandres et présenteraient des obstacles très sérieux soit à l'établissement des lignes ferrées, soit à de grandes opérations militaires. Richtofen divise la Chine propre en pays du löss et pays du non-löss. Cette division est parfaitement justifiée par la différence des cultures et des produits dans les deux régions.

En Chine comme en France, la propriété est extraordinairement divisée, et le petit cultivateur dépense tout son effort à lui faire rendre la plus grande somme possible de produits. Les « Fils de Han » sont des maraîchers merveilleux. En Australie et aux États-Unis, leurs émigrants ont depuis longtemps, et d'emblée, pris le monopole du jardinage potager, comme ils ont celui du blanchissage [1]. Les outils nationaux sont en général des plus simples, et n'ont probablement pas changé depuis des milliers d'années. Mais les chinois savent en tirer le meilleur parti possible, ils ne ménagent jamais leurs peines et arrivent souvent, la fertilité naturelle du sol aidant, à des résultats prodigieux. Parmi les animaux domestiques qui prêtent leur concours au laboureur chinois pour tirer sa charrue primitive, il ne faut pas seulement compter, comme chez nous, le bœuf, le cheval, le mulet et l'âne, mais en certains cas, la chèvre et jusqu'au mouton. L'arrosage des rizières est le triomphe de l'agriculteur du Céleste Empire : il y est plus habile encore que celui de la Lombardie, et avec ses seaux de bambou, sait combiner une multitude de systèmes d'irrigation toujours admirablement appropriés aux ressources dont il dispose. Pour la fumure, il prépare, avec la terre de bruyère, des gâteaux d'un transport facile, et qu'il dépose au pied même de la plante cultivée. Il n'a garde de jeter dans ses fleuves ou d'envoyer à la mer ce qui peut servir à féconder la terre, et dans les villes, dans les rues, sur les routes, recueille toujours avec soin les immondices susceptibles de se transformer en engrais. Le riz est le grand objet de la culture nationale. Puis viennent le coton, dans le bassin du Yan-Tze-Kiang ; le chanvre, l'indigo, le mûrier, la

1. Et celui de la profession de barbier. Le *shampooing* (art de savonner à grande eau la tête et les cheveux) nous est venu très récemment de la Chine, par les États-Unis et l'Angleterre. Nos pères se contentaient de se brosser la tête, qu'ils avaient même la fâcheuse habitude de se couvrir de graisse, sous le nom de « pommade. »

canne à sucre, dans les provinces méridionales; enfin le thé et l'innombrable famille des plantes oléagineuses, sans compter le maïs, le tabac, le cassis, etc.

Dans le Sud, il n'est pas rare que les terres donnent deux récoltes par an, l'une de blé ou d'orge, l'autre de riz. Mais, dans le Centre et dans le Nord, les saisons étant à peu près aussi marquées qu'en Europe occidentale, l'époque des récoltes tombe dans les mêmes mois. Ce qui montre bien que les Chinois proprement dits ont véritablement le don de l'agriculture, c'est que dans la Mongolie ils ont graduellement pris possession de toutes les terres et de toutes les exploitations, tandis que les habitants du pays continuent de se livrer à la garde des troupeaux.

La culture de l'arbre à thé est une des plus importantes de la Chine, où elle occupe un très grand nombre de bras, spécialement entre le 22e et le 33e degré de longitude. Dans les provinces de Fokien, de Kiang-Sou, de Hounan et de Houpé, presque toutes les fermes ont leur plantation de thé. Avec des soins spéciaux, on arrive à la faire prospérer même dans les provinces du Nord et dans celle de Kouang-Tong, qui est tout à fait tropicale; mais là cette culture est exceptionnelle. Le thé est un arbuste à feuilles persistantes, assez semblable au myrte. On l'élève par boutures obtenues en semant la graine sur des lits de terreau étalés dans des corbeilles, et qu'on repique en plein champ, de préférence au flanc d'un coteau. Le traitement de cette graine est un des plus délicats que nécessite aucune culture. Elle est contenue dans une petite coque qui mûrit en octobre. Aussitôt qu'on l'a recueillie, on commence par la faire sécher au soleil, pour la conserver dans le sable jusqu'au mois de février; vers cette époque, on la mouille pendant vingt-quatre heures, pour la faire ensuite sécher à une température égale et douce, et cette double opération se répète alternativement jusqu'à ce qu'enfin la germination commence. C'est alors qu'on fait le semis en corbeilles, ce qui permet d'exposer les boutures au soleil pendant quelques heures chaque jour, et de les mettre pour la nuit à l'abri des gelées blanches. Enfin, quand les pieds ont acquis une hauteur de 7 à 8 centimètres, on procède au repiquage en les espaçant de 1 mètre 25 centimètres environ. C'est seulement au bout de la troisième année qu'on récolte les feuilles; vers la neuvième année, l'arbuste est devenu si faible, qu'il est ordinairement nécessaire de l'arracher. La hauteur moyenne des plantations est d'un mètre.

Elles ont l'aspect le plus soigné, le plus élégant, et avec leur sombre feuillage toujours vert, ressemblent plutôt à des cultures d'agrément qu'à des champs de rapport. La fleur de thé, qui n'est jamais recueillie, contrairement à une légende très accréditée en Europe, est petite, blanche et sans parfum : elle n'est pas sans analogie avec celle du camélia, et les Chinois n'ont qu'un seul mot pour désigner ces deux arbustes : *thé* est le nom qu'on leur donne à Amoy; à Chang-Haï, on les appelle *dzo*; à Fou-Tcheou, *ta*; à Pékin, *cha*. Il y a trois cueillettes de feuilles par an : la première en avril, la seconde en mai, et la troisième en juillet. C'est celle d'avril qui donne les produits les plus estimés. Cette cueillette doit toujours se faire avec le plus grand soin : d'abord, il importe de ne pas fatiguer l'arbuste, soit en

le secouant, soit en le dépouillant d'un trop grand nombre de feuilles à la fois; puis, ces feuilles elles-mêmes
doivent être traitées délicatement pour ne pas perdre
leur précieux arome. Les jeunes filles chargées de ce
travail ont toujours soin de se laver les doigts avant de
se mettre à la besogne; elles prennent les feuilles une à
une et les déposent en de fines corbeilles de la plus
grande propreté. Il est rare qu'une bonne ouvrière puisse
en faire, dans sa journée, plus de dix à douze livres. Si
l'on négligeait pendant une saison de procéder à la
cueillette, les feuilles deviendraient aussitôt grossières
et impropres à l'usage habituel : il ne resterait plus qu'à
arracher l'arbuste dégénéré.

Le thé de la première cueillette, le plus recherché de
tous, s'appelle *pe-koe*, ou « chevelure blanche », à cause
du léger duvet qui couvre la feuille encore incomplètement développée. Dans le commerce, on distingue les
diverses sortes de thé par les noms de Congou, Sou-
chong, pekoe-fleuri, ou-long, pekoe-orangé et thé
vert. Ces désignations n'indiquent pas des provenances
distinctes, comme on le croit généralement, mais des
modes de manipulation différents. Le cong-ou, par exemple, se compose de feuilles ordinaires séchées d'abord au
grand air, puis laissées à l'humidité de la nuit sous de
larges pièces de toile, de manière à subir un commencement de fermentation analogue à celle des foins coupés.
Cette fermentation a pour effet de les noircir en quelques heures. C'est dans cet état qu'elles sont reprises par
les ouvrières, froissées et brisées dans la paume de leurs
mains, séchées de nouveau et enfin soumises au grillage
au-dessus d'un feu de braise. Ce grillage, très léger,

s'opère dans des sas qu'on agite constamment sur le feu. Quand les feuilles l'ont subi, on les crible, en ayant soin d'enlever à la main toutes les nervures qui résistent à ce traitement, et enfin on les met en caisses doublées de papier. Le sou-chong se prépare par des procédés analogues, mais la couleur en est plus rougeâtre et les feuilles en sont beaucoup plus irrégulières. Le pekoe-fleuri se compose de bourgeons qu'on fait simplement sécher au grand air, puis griller sur un feu très doux. L'oul-ong est alternativement mouillé, séché et grillé à trois reprises différentes avant d'être mis en caisse. Le pekoe-orangé est d'abord séché et grillé légèrement, puis mêlé à des fleurs de jasmin et gardé pendant plusieurs mois en caisses avant d'être séparé de ces fleurs, et soumis à un grillage définitif. Le thé vert se prépare en soumettant d'abord les feuilles, à peine cueillies, à la chaleur d'un feu de charbon, pendant deux ou trois minutes, dans des bassines de fer; on les froisse alors dans les mains, puis on les remet au feu pour deux ou trois heures, mais en ayant soin de les agiter constamment, et même de les rafraîchir à l'aide d'un éventail.

Exemple curieux des changements de valeur auxquels sont soumis les produits du sol, par l'effet des prélèvements parasites, des frais de transport et des droits de douane : la livre de thé cotée 3 ou 4 francs en Europe n'est payée que 10 centimes au producteur chinois. Quand elle arrive au consommateur français ou anglais elle a donc vu son prix originel multiplié par 30 ou 40.

La culture du mûrier est, avec celle du thé, une des plus anciennes de la Chine, d'où elle nous est incontestablement venue. Le *Chu-King* la mentionne 2204 ans avant notre ère, et le *Wei-Ki* attribue à Houang-Ti l'invention du tissage de la soie, 400 ans environ avant cette époque. L'introduction de ce produit en Europe date probablement de la conquête de la Perse par Alexandre-le-Grand. La soie y était apportée dès lors par les caravanes de l'Asie centrale. Mais, pendant des siècles, on crut en Occident qu'elle était directement tissée avec la fibre des feuilles, comme en témoigne le vers bien connu des *Georgiques* :

Velleraque ut foliis depectant tenuia Seres.

La soie était alors si chère, que l'empereur Aurélien refusait d'en acheter de quoi faire une robe à sa femme. Les premiers œufs de bombyx furent importés à Constantinople par les moines nestoriens de la Perse, sous le règne de Justinien.

Presque toutes les fermes de l'Empire du Milieu ont leur magnanerie, où la sélection des meilleures «graines» de vers à soie et l'élève des cocons sont l'objet des soins les plus assidus. Ces établissements ont été fort bien étudiés, en 1841, par la commission technique envoyée à la Chine par le gouvernement français, et dont les travaux furent, en 1848, l'origine d'une exposition spéciale, ouverte à Saint-Étienne. Depuis cette époque, l'élève des vers à soie et surtout le dévidage des cocons ont fait en France des progrès qui placent notre industrie séricicole fort au-dessus de celle des Chinois. Mais nos agriculteurs et nos tisseurs ne sauraient oublier que, sur ce point, les Fils de Han furent leurs maîtres.

En Chine, comme chez nous, il n'est pas rare que les

cultures de mûrier soient entièrement distinctes des magnaneries, et les vers à soie élevés dans des proportions modestes par des personnes qui achètent la feuille nécessaire.

La culture du cotonnier, actuellement très répandue dans l'Empire du Milieu, n'en est pas originaire. Elle paraît lui être venue, au xie siècle de l'ère présente, de Khoten, dans le Turkestan, où la plante pousse à l'état sauvage. La légende veut que son introduction ait été principalement due à une dame Kouang, qui aurait fait de grands efforts pour mettre cette culture à la mode dans la province de Kiang-Sou, et y aurait pleinement réussi, comme Parmentier parvint chez nous à acclimater la pomme de terre.

La maison rustique du Chinois, comme celle de l'Européen, a sa basse-cour, qui comprend les oies, les poules et les canards. Le porc y joue aussi un rôle d'autant plus important qu'avec la volaille et le riz il forme la base de l'alimentation du grand nombre. Mais, de plus que nous, les Chinois ont le poisson domestique ou *kia-you*. Ce poisson, qui compte de nombreuses variétés, appartient au genre cyprin et se retrouve dans les viviers de toutes les fermes de l'empire. Il est herbivore, grossit rapidement, atteint en quelques mois des dimensions considérables, peut naître, se développer et se reproduire dans les eaux stagnantes; sa chair est des plus agréables; il joue un rôle très important dans l'alimentation de toutes les classes. En France, Dabry de Thiersant et Soubeyran en ont étudié l'élevage dans un beau livre. Ce n'est pas d'ailleurs uniquement à ces espèces domestiques que les Chinois donnent leurs soins : depuis la plus haute antiquité, ils pratiquent le repeuplement des fleuves et rivières par la pisciculture; comme ils sont aussi les inventeurs de l'*aquiculture*, c'est-à-dire de l'art de faire produire à l'eau tout ce qu'elle peut fournir d'utile ou de profitable à l'homme. L'incubation artificielle, spécialement celle des œufs de canard, est connue dans l'Empire du Milieu de temps immémorial et très largement pratiquée en des établissements spéciaux. On y connaît aussi un art qui nous manque, celui de préparer les œufs de conserve. Il est vrai que nous n'avons ni le bambou ni le cèdre, qui jouent un rôle important dans cette opération de chimie domestique. Les pigeons de toute espèce abondent en Chine et sont employés au transport des messages commerciaux et maritimes.

La tenure du sol a passé en Chine, au cours de quatre ou cinq mille ans, par les transformations les plus diverses. Il n'y a, pour ainsi dire, pas de système d'appropriation que les Fils de Han n'aient expérimenté, depuis le communisme pur et la nationalisation du sol jusqu'au régime de la propriété parcellaire. Ces révolutions, qui offrent le champ d'études le plus fécond à la physiologie de la propriété foncière, ont été analysées avec le plus grand soin par Syrski. On peut les résumer comme suit :

1ʳᵉ période. — La terre est la propriété des « cent familles. » Tout homme valide et participant à la défense commune a droit à une part du sol labourable.

2ᵉ période. — Vers le xiiᵉ siècle avant J.-C., l'Empereur et les grands s'approprient le sol en apanages et fief, mais chaque homme valide garde son droit à la culture de la parcelle nécessaire à son entretien, et en beaucoup de cas, des étendues de sol restent indivises pour chaque groupe de huit familles. C'est l'ère « communale » analogue à celle du *mir* en Russie; on en trouve des traces partout en Chine, mais spécialement en Corée.

3ᵉ période. — Vers le ıvᵉ siècle avant J.-C. les groupes de huit familles ayant multiplié dans des proportions inégales, la répartition du sol n'est plus satisfaisante : certaines communes n'ont pas assez de terres, d'autres en ont trop. Par une transformation insensible, la commune disparaît en même temps que le régime féodal; le paysan devient propriétaire, échange et vend sa terre, la transmet par héritage. (C'est la transformation que les économistes promettent à la Russie contemporaine.)

4ᵉ période. — Les riches rachètent les terres et forment de vastes domaines; le paysan ne peut plus vivre et se transforme en esclave. Jacqueries et guerres serviles, qui durent plus de dix siècles. Tantôt la dynastie s'appuie sur les classes laborieuses, tantôt sur les riches. Au ıxᵉ siècle de l'ère actuelle Wang-Mang promulgue un édit aux termes duquel le sol tout entier est désormais propriété impériale, et nul ne pourra détenir plus d'un *tsin*, (un peu plus de cinq hectares) ou occuper plus de huit esclaves; les excédents feront retour à la couronne et seront transmis aux communes selon leurs besoins; la vente des terres est interdite.

5ᵉ période. — Les riches reprennent le dessus; la grande propriété se reconstitue. Alors surgit, au xⁱᵉ siècle, sous l'empereur Tchent-Soung, un réformateur socialiste, Ouan-Gantch, qui, devenu premier ministre, abolit la propriété individuelle (1069 après J.-C.).

L'État est le seul maître du sol et le répartit entre les travailleurs selon leurs besoins; les industries elles-mêmes doivent faire retour à l'État et les capitalistes lui faire remise de leurs fonds dans le délai de cinq années. En dépit d'une opposition formidable, ce régime s'établit et dure pendant quinze ans. Mais Tchent-Soung meurt, et aussitôt les choses reprennent leur ancien cours.

6ᵉ période. — Invasion mongole : une nouvelle féodalité s'établit. Non seulement les Mongols s'emparent des terres, mais ils prétendent substituer partout les pâturages aux cultures et refouler les Chinois vers le Sud. Cette tentative même soulève les populations agricoles, qui repoussent les Mongols au delà de la Grande Muraille et reprennent possession du sol.

7ᵉ période. — C'est la présente. Régime de la petite propriété, très souvent indivise sous la dictature des aînés entre les membres d'une même famille ou d'un village. Traces du régime communal; quelques grands domaines cultivés à *demi-profits* par des métayers. Dans les provinces du littoral, les plus fertiles, la moyenne des propriétés n'est guère que d'un hectare. Le détenteur a le droit de la vendre ou de la céder : à sa mort les fils ont le droit d'en réclamer le partage. Si la terre reste en jachère trois ans de suite, elle fait retour à l'État. Les communes, les temples, les écoles, les hôpitaux ont des propriétés qui leur sont affectées. L'État en a aussi, pour ses colonies pénitentiaires. La couronne n'en possède guère que dans les provinces extérieures.

Le cadastre de l'Empire du Milieu est fort exactement

tenu. Il comprend le dénombrement, l'arpentage et la répartition de toutes les terres, imposables ou non, et constitue la XIe section du *Hoei-Tien* ou Registre des statuts administratifs, tenu par le ministère des finances (*Hou-Pou*).

Avant de donner le recensement des terres, ce régistre indique les positions de Pékin, des dix-huit provinces et des principaux lieux de ces mêmes provinces, en degrés de longitude et de latitude, ces derniers comptés par la hauteur du pôle. Toutes les terres, cultivées ou non, sont portées aux rôles de ce cadastre général. Elles y forment plusieurs divisions :

1° Le *champ du peuple*, comprenant toutes les terres possédées en propriété perpétuelle, avec droit de vente et de cession pour le détenteur; 2° Les *terres apanagères*, distribuées, du temps des premiers Ming, à des étrangers, pour pourvoir à leur subsistance; 3° Les *champs des colonies militaires*; 4° Les *terres des foyers*, c'est-à-dire dont l'impôt se paye par foyer; 5° Les *terres des bannières*, concédées pour l'entretien des « hommes de bannière »; 6° Les *champs fertiles*, dépendant du domaine privé et affermés par l'empereur contre un revenu en nature; 7° Les *champs donnés gracieusement par le souverain*, anciennes terres de bannière qui ont fait retour à l'État par la dispersion des concessionnaires et qui ont été distribuées au peuple; 8° Les *terres des bergers* ou pâturages; 9° Les *terres d'inspection*, anciens haras impériaux qui ont fait retour au peuple; 10° Les *champs communaux*; 11° Les *champs des études*, dont le produit est affecté aux écoles; 12° Les *champs de secours*, affectés à des établissements d'assistance publique;

13° Les *champs des grands roseaux*, ou terres maréca-
geuses, lais de mer et de fleuves.

Tous ces terrains sont mesurés avec soin. Cinq *tchi* ou
pieds font un *are*, ou *koung*; deux cent quarante *koung*
font un *méou* ou arpent; cent *méou* font un *king*. Le
king est un carré de 190 mètres de côté.

Les registres du gouvernement donnent la répartition
des terres dans les diverses provinces. Voici, à titre
d'exemple, celle du *Kan-sou* :

Champs du peuple.	113.176 *king*	70 *méou.*
Terres des colonies militaires	96.412 —	43 —
Terres apanagères (concédées autre-		
fois à des étrangers).	13.418 —	12 —
Terres destinées à entretenir des com-		
munautés.	1.849 —	40 —
Terres d'inspection.	1.764 —	62 —
Terres des *fan* ou étrangers limi-		
trophes	906 —	63 —
Champs des études	313 —	45 —

Plus, 216.514 parcelles formant chacune moins d'un *méou.*

Les impôts et charges publiques sont également
répartis dans tout l'Empire. Ils sont soumis à des lois.
Chaque particulier doit déclarer exactement le nombre
des contribuables qui dépendent de lui, et la quantité
de ses terres, pour que les uns et les autres soient distribués en *ko* et *tseu* (matière contribuable et matière
imposable). Les délinquants sont passibles du fouet.

L'impôt comprend : l'impôt foncier ou *ti-fou*; l'impôt
personnel ou *ting-fou*; le fermage payé pour les terres
de bannière ou *tsou*; le droit sur les marchandises ou
choui; le tribut ou *houng* des populations extérieures.

IV. — L'industrie.

Les industries proprement dites qui occupent le plus grand nombre de bras sont celles de la soie et des cotonnades, des métaux, des poteries d'art et communes, la briqueterie, l'ameublement en bambou, la papeterie: enfin, la pêche fluviale et maritime. La condition de l'ouvrier chinois, prise en général, ne paraît pas malheureuse. Ses besoins sont des plus minimes : il vit avec quatre sous par jour et en gagne aisément plus de vingt. « En dépit de ses terribles exigences, dit Thompson, le travail, même pour le plus pauvre ouvrier, a des moments d'interruption. Alors, assis sur un banc ou tout simplement par terre, il fume et cause tranquillement avec son voisin, sans être le moins du monde troublé par la présence de son excellent patron, qui semble trouver dans les sourires et dans l'heureux caractère de ses ouvriers des éléments de richesse et de prospérité... La plupart des ateliers sont aussi, pour les ouvriers qui les occupent, une cuisine, une salle à manger et une chambre à coucher. C'est là que sur leurs bancs les ouvriers déjeunent; c'est là et sur les mêmes bancs que, la nuit venue, ils s'étendent pour dormir.

C'est là aussi que se trouve tout ce qu'ils possèdent : une jaquette de rechange, une pipe, quelques ornements qu'ils portent à tour de rôle et une paire de petits bâtons de bois ou d'ivoire. Mais, de tous leurs trésors, le plus précieux qu'ils portent avec eux consiste dans une bonne provision de santé et un cœur satisfait. » Herbert Gille dit de son côté : « Un séjour de huit années en Chine m'a appris que les Chinois sont un peuple heureux parce qu'il est sobre et infatigable au travail. Le nombre des êtres humains qui souffrent du froid et de la faim est relativement bien moindre qu'en Angleterre. La condition des femmes dans les classes déshéritées y est aussi bien meilleure que celle de leurs sœurs d'Europe. Les maris qui battent leur compagne sont inconnus en Chine ; jamais elle n'est soumise à de mauvais traitements et jamais on ne la voit outragée de paroles grossières, comme elle l'est trop souvent dans les pays occidentaux. »

A côté de ces tableaux riants de la condition des classes laborieuses dans l'Empire du Milieu, on regrette de constater que l'esclavage y subsiste encore, et dans ses formes les plus hideuses. Il n'est guère de famille riche ou simplement aisée qui ne possède une vingtaine d'esclaves, quoiqu'il soit très facile de se procurer d'excellents domestiques libres. Le prix d'un esclave varie naturellement suivant son âge, sa force et sa beauté. En temps de paix et de prospérité, ce prix monte jusqu'à cinq ou six cents francs et au dessus ; mais, en temps de guerre ou de famine, les familles surchargées d'enfants vendent leurs fils et leurs filles pour une poignée de riz. Gray cite des bandes de maraudeurs qu'il a vues de ses yeux offrir des jeunes filles en vente à raison de vingt francs par tête. Il a vu aussi à Canton un père qui s'était ruiné au jeu vendre ses deux garçons au prix de quatre cent vingt-cinq francs. En général, avant de consommer l'achat, on prend l'esclave à l'essai pendant un mois. Ce qu'on tient surtout à savoir avec certitude, c'est qu'il n'est pas atteint de la lèpre, et dans ce but on le soumet toujours à une épreuve particulière: l'esclave est conduit dans une chambre noire et une flamme bleue est promenée devant sa face. Si sa peau prend alors un reflet verdâtre, on en conclut que sa santé est bonne : si le reflet est plutôt rouge, on estime qu'il est atteint de la terrible maladie.

L'esclavage est perpétuel et héréditaire. Les misérables tombés dans cette affreuse condition n'ont même pas le droit de décider du sort de leurs enfants, et c'est seulement à la seconde génération que l'affranchissement est de droit, si l'esclave a pu amasser de quoi racheter sa liberté. Ils ne peuvent pas non plus ester en justice. Enfin le maître a sur eux droit de vie et de mort, et l'on peut dire tous les droits, même celui de livrer son esclave à la prostitution publique. L'esclave est hors la loi.

Il arrive fréquemment qu'il prend la fuite. Il est alors signalé de tous côtés par des placards indiquant son âge, sa figure, son costume, l'adresse de son maître et la récompense promise à qui le ramènera au logis. Ces placards se voient à tout instant sur les murs des villes chinoises ou sur la poitrine des crieurs publics qui les promènent à la façon des *sandwich-men* de Londres et de Paris.

D'autre part, la condition de l'ouvrier libre prise en général et en temps normal, peut être plus heureuse que celle du salarié européen, par la raison que son outillage est encore rudimentaire et qu'il en possède presque toujours la propriété. Mais, comme en Occident avant la Révolution française, d'autres obstacles se dressent devant lui. Les corps de métiers sont fermés et n'admettent pas d'intrus. Les travailleurs de chaque profession forment une véritable caste, jalouse de son monopole, intolérante et dure. Les crises amenées soit par les famines et les troubles civils, soit par la surabondance de la population, sont fréquentes. Enfin, la loi de l'offre et de la demande est aussi impitoyable en Chine qu'ailleurs, et les premières nécessités de la vie ont beau coûter seulement quelques sapèques, il n'est pas toujours possible de gagner ce pauvre salaire. La grève est un argument suprême auquel l'ouvrier chinois a parfois recours. Il y apporte alors son obstination caractéristique, son point d'honneur spécial, son mépris de la mort, et *il se laisse mourir de faim* plutôt que de céder. Dans un ordre d'idées analogue, on voit parfois le débiteur, harcelé, surmené par le créancier, aller se pendre à sa porte, en manière de vengeance raffinée et de suprême protestation.

Au premier rang des industries nationales, il faut mettre celle de la soie. Elle occupe un très grand nombre de bras, toutes les classes riches ou aisées n'employant que ce tissu pour leurs vêtements. L'importance de la consommation qu'en fait la Chine pourra être jugée par ce seul fait qu'une exportation annuelle de 400 millions de francs en soies grèges ou manufacturées, n'a pour ainsi dire pas d'influence appréciable sur les prix de l'intérieur. Dans toutes les grandes villes il y a un marché aux cocons, et les tisseurs de soie se trouvent partout. Mais le grand centre de l'industrie est à Canton. C'est là que se tissent les plus belles soieries, spécialement les étoffes brochées et les satins, les rubans dont les élégantes du Royaume-Fleuri se servent en guise de bas, et aussi les soies mélangées ou *pungee* et *sen-chaou*. Les gazes de soie ou grenadines les plus renommées se font à Fang-Yang, sur le Grand Canal. Le métier à tisser des Chinois ressemble beaucoup à celui dont se servait tout l'Occident avant le perfectionnement de Jacquard. Il est mis en mouvement par deux hommes, dont l'un lance la navette, tandis que l'autre, assis sur le haut de la machine, manœuvre les tiroirs. Ordinairement ce métier est la propriété de l'ouvrier, qui se fait aider par un apprenti. En certains cas, il appartient à un petit fabricant qui en possède cinq ou six, et les dispose sur un des côtés de sa boutique : l'autre côté est occupé par un comptoir, où il vend en personne ses produits.

L'industrie des cotons de la Chine, longtemps célèbres dans le monde sous le nom de *nankins*, est aujourd'hui en décadence. Le tisseur indigène ne peut pas lutter contre le bas prix des cotonnades anglaises. Aussi désarme-t-il graduellement. Ce seul fait suffirait à montrer quelle doit être la politique commerciale de l'Europe vis-à-vis de l'Empire du Milieu : elle consiste uniquement à lui offrir des produits de première nécessité, à un bon marché qui défie la concurrence. Or, pour atteindre ce résultat, il ne suffit pas de s'ouvrir les provinces chinoises : il s'agit avant tout de réduire au minimum les prix de revient par des abaissements d'impôt, de frais de transport et de droits d'entrée.

La laine et le cuir ne jouent qu'un rôle des plus restreints dans l'économie domestique du Fils de Han. Il emploie la toison de ses rares troupeaux à la fabrication des feutres pour semelles; il tisse des tapis de poil de chameau; avec la peau du bœuf, du veau, de la chèvre et du mouton, il double ses souliers, et parfois (dans le Nord) ses habits; il manufacture des harnais, des selles, des brides, des fourreaux de sabre, des chapeaux de mariniers. Parmi les petites industries populaires, il faut mentionner le rapetasseur ambulant, qui promène un panier à ouvrage contenant des morceaux de cuir, de soie et de coton. Il s'arrête dans la rue auprès des barbiers en plein vent, et, tandis que le passant se fait raser la tête, il lui pose pour quelques sapèques une pièce au coude, un bout de peau au soulier.

L'art du potier est un des plus anciens de la Chine. Stanislas Julien a établi qu'en 2697 avant l'ère chrétienne, sous le règne d'Houang-Ti, il y avait déjà à la cour un surintendant général des poteries impériales. Le tour à façonner l'argile, inventé vers cette époque par Kouen-Oa, ne semble pas avoir été perfectionné depuis cinq mille ans : il se compose, dans la province de Kouan-Toung, d'un disque horizontal en bois, porté sur un pivot vertical, et qu'un enfant, suspendu par les mains au plafond de l'atelier, fait tourner avec ses pieds. Le four du potier est chauffé, selon les districts, soit avec des bûches, soit avec des fagots de petit bois ou de roseaux, soit même avec des mottes d'herbe séchée et comprimée.

La briqueterie occupe un grand nombre d'hommes, les constructions en pierre étant tout à fait exceptionnelles. Les briques chinoises sont faites à la main, dans des moules variés, par les mêmes procédés qui servent en Europe; elles sèchent sous des hangars de bois et de nattes, parfois sous de simples amas de paille, puis sont soumises à la cuisson en des fours plus ou moins perfectionnés, suivant la province. Plusieurs centres de production profitent d'une juste célébrité pour les briques à jour, les briques cellulaires et les charmantes tuiles vernies destinées aux toitures.

C'est assez récemment que les Chinois ont appris à souffler le verre. Pendant quelques années, il se sont adonnés à cet art nouveau avec une ardeur si grande, qu'une bonne partie du verre cassé de l'Europe passait à la refonte dans leurs fourneaux; mais cette importation a cessé d'être rémunératrice depuis que les vitres sont produites à bas prix dans le monde entier, et l'industrie du verrier cantonais se réduit maintenant à souffler des bouteilles et de menus objets de pacotille. Les lunettes, connues et usitées de fort longue date par les Fils de Han, ne sont pas faites de verre, mais taillées dans le cristal de roche ou le « quartz fumé », que les Chinois appellent « pierre de thé. » Ils se servent pour cette taille d'un tour et d'un archet à fil métallique. Ces bésicles, de forme circulaire et d'aspect caractéristique, sont maintenues en place par un cordon noué derrière la tête et qui les presse sur l'arcade orbitaire. Elles coûtent naturellement assez cher. Aussi tendent-elles à disparaître devant les lunettes importées d'Europe, quoique les Chinois pensent avec raison que le cristal de roche est préférable, pour les usages optiques, au verre le plus pur.

Ils connaissent la taille des pierres précieuses, mais la pratiquent rarement. Le diamant, peu estimé des dames chinoises, sert surtout pour percer des trous dans le verre et la porcelaine ; car le raccommodage des poteries est fort usité dans le Royaume-Fleuri, et par des artisans qui pourraient lutter avec les plus habiles ouvriers d'Europe.

Tous les travaux du bois sont exécutés dans la perfection par les Chinois. Les agencements de charpentes, les constructions navales, la fabrication des grillages et jalousies, celle des balustrades et ornements, enfin et surtout celle des meubles, ne laissent rien à désirer. La menuiserie d'art est si belle qu'elle a servi de modèle, dès son introduction en Europe, aux ébénistes français et hollandais du xviiie siècle. Elle est toujours florissante, et les meubles usuels de la maison chinoise, qu'ils soient faits de bois durs ou de pin, de hêtre, d'ormeau, de camphrier, révèlent toujours un ouvrier rompu aux secrets du métier. Quant aux laques de Chine, leur éloge n'est plus à faire.

Il en est de même des vases martelés ou ciselés en or, argent, cuivre et bronze, des filigranes, des émaux cloisonnés ; dans un ordre moins relevé, des clous, vis, gonds et serrures de l'Empire du Milieu. En général, les artistes chinois entendent admirablement le traitement des métaux, quoique leur outillage soit encore primitif, par une conséquence naturelle de leur ignorance en physique et en chimie. L'extraction des minerais de fer, de cuivre, de plomb et de zinc s'opère chez eux par les mêmes procédés que les Grecs et les Romains mettaient en œuvre.

L'or ne sert guère en joaillerie et paraît presque inconnu dans certaines provinces, quoique on l'emploie à profusion dans d'autres, sous forme de dorure. Un alliage connu sous le nom de *peh-tung* ou *argentan*, sert à fabriquer une multitude d'objets pour les usages domestiques ou religieux : il se compose de cuivre, de zinc, de nickel, de fer et parfois d'une faible quantité d'argent. Le métal des gongs est aussi un alliage exclusivement propre à la Chine et qui comprend 80 p. 100 de cuivre fondu et battu, avec 20 p. 100 d'étain.

Les richesses minières de la Chine sont immenses. Le sel, les métaux, la houille sont répandus à profusion dans son sous-sol. Avec les quatre à cinq millions de tonnes d'anthracite ou de houille qu'elle produit actuellement, en dépit de l'aménagement élémentaire de ses exploitations, elle occupe déjà le sixième rang dans cette industrie. Elle arrivera aisément au premier, le jour où elle aura adopté les procédés européens pour l'extraction de ces richesses souterraines. On évalue à *deux cent cinquante mille kilomètres carrés* l'étendue du bassin houiller du Szé-Tchouen ; celui du Hou-Nan est presque aussi considérable et celui du Chan-Si méridional, où la houille se trouve à fleur de terre, est aussi d'une grande importance. Von Richtofen a calculé qu'en supposant toutes les mines d'Europe et d'Amérique épuisées, l'Empire du Milieu pourrait encore suffire à approvisionner le monde d'anthracite pendant des milliers d'années. Encore est-on autorisé à penser que d'immenses gisements sont restés inconnus jusqu'à ce jour. Les procédés européens d'extraction ont tout récemment été introduits à Formose et dans le Peh-Tchi-Li. Partout ailleurs, le mineur chinois atteint les couches d'exploitation par le moyen de puits à étages, reliés de sept en sept mètres par des échelles de bambou. Quelques-uns de ces puits descendent à des profondeurs de cent mètres. Les galeries sont soutenues en certains cas par des ouvrages en bois, mais plus souvent par de simples piliers de houille ménagés dans la couche exploitée. L'enlèvement des produits se fait au moyen de seaux de bambou, guidés par des tubes de même nature.

L'imprimerie, telle qu'elle est usitée en Chine de temps immémorial, se résoud en une véritable gravure sur bois, — quoique les caractères mobiles aient été inventés par le forgeron Pi-Ching plus de cinq cents ans avant Gutenberg. Il les modelait en terre plastique, les durcissait au grand feu, puis les fixait sur des plaques de fer avec un ciment particulier. Ce procédé n'est jamais devenu populaire, et c'est aussi très exceptionnellement que l'empereur Kang-Hi, et plus tard Kien-Loung, ont fait fondre des types de cuivre ou de plomb pour les publications officielles. Le mode d'impression ordinaire, celui qui sert pour les classiques, les encyclopédies et les innombrables ouvrages à bas prix répandus dans toute la Chine, consiste en trois ordres d'opérations successives. On commence par tracer à l'encre et au pinceau, sur une feuille de papier mince et comme un manuscrit ordinaire, le modèle de la page d'impression. Cela fait, on la retourne et on applique la face manuscrite sur un bloc de poirier ou de prunier bien uni. La feuille séchée, on l'enlève graduellement par friction avec le doigt mouillé; les caractères seuls restent marqués en noir sur le bois. On les isole au moyen du ciseau, et l'on obtient une planche en relief sur laquelle on peut tirer à la brosse autant d'épreuves qu'on le juge à propos. Les pages ainsi obtenues sont réunies, cousues, brochées ou cartonnées et livrées au libraire. Ce procédé n'est pratique qu'en Chine, où l'usage exige qu'on imprime une seule face de la feuille, et où chaque caractère représente un ou plusieurs mots. Mais il donne des éditions invariables, faciles à lire, très peu coûteuses, et au total est parfaitement approprié à sa destination. Un volume de cent pages, représentant la valeur de trois ou quatre cents pages européennes, se vend en Chine de vingt à trente centimes. On peut avoir les neuf classiques pour deux à trois francs, le grand dictionnaire de Kang-Hi, en 21 volumes in-8°, pour quinze à vingt, l'*Histoire des Trois Etats*, en 21 volumes in-12, pour cent sous.

Le meilleur papier de Chine est fait de fibres de bambou trempées, pilées au mortier, réduites en pulpe et mises au moule. Les papiers inférieurs contiennent une plus ou moins forte proportion de coton, ou même en sont entièrement composés. Dans les provinces du Nord, où l'on n'a ni bambou ni coton, on remplace les matières premières par l'écorce d'une espèce de mûrier, pour fabriquer un gros papier d'emballage qui sert aussi pour garnir les fenêtres en guise de vitres. Mais le papier translucide de Corée est généralement préféré pour cet usage, que l'introduction du verre européen tend d'ailleurs de plus en plus à faire disparaître.

Des millions de Chinois vivent de l'industrie des transports par eau et de la pêche fluviale ou maritime. Les procédés qu'ils mettent en œuvre pour prendre et conserver le poisson sont absolument les mêmes qu'en Europe; mais il en est un qui leur est spécial : il consiste à se servir, en guise d'auxiliaires, de cormorans privés qui plongent sur un signal, saisissent leur proie et la rapportent au maître. Chaque pêcheur de rivière ou de lac en emploie généralement cinq ou six, qui l'accompagnent sur un radeau remorqué par sa barque. Il a soin de leur mettre au col un anneau qui les empêche d'avaler le poisson et qu'il retire seulement pour leur permettre de prendre leur dîner, quand les pauvres bêtes l'ont gagné par un travail de plusieurs heures. Les pêcheurs du littoral maritime sont organisés par décuries et centuries solidaires et soumis à des règlements très étroits; le tonnage de leurs bateaux, la quantité de sel qu'ils peuvent emporter pour saler le poisson, le nombre de jours consécutifs qu'ils ont le droit de passer à la mer, — tout est prévu par la loi. Chaque patron doit avoir son nom lisiblement écrit sur ses voiles; il doit faire renouveler sa licence tous les six mois et reconnaître un chef responsable. Toutes ces précautions n'empêchent pas la piraterie et la contrebande de fleurir sur les côtes de Chine; elles ont seulement pour effet de remplir les poches des mandarins qui s'en font les complices.

Il faut dire qu'ils ne sont peut-être pas les auteurs de ces règlements, tout en en profitant. L'association domine la vie industrielle des Chinois. Elle se retrouve partout, et sous les formes les plus imprévues. Non seulement les métiers se constituent toujours en véritables *guildes*, et il n'y a pas un maçon, un charpentier, un tisseur, un forgeron, un médecin, un professeur,

— voire un mendiant, — qui ne se rattache à une corporation distincte et n'en reconnaisse l'autorité; mais dans la vie ordinaire, soit à la ville, soit aux champs, les Chinois s'associent constamment, d'une manière définitive ou provisoire, pour travailler, pour s'amuser, pour acheter et pour vendre, pour produire et pour consommer. Tantôt il s'agit de se procurer un meuble, une vache ou un bateau; tantôt, d'ouvrir un comptoir, de s'assurer contre le chômage ou la maladie, de se prémunir d'un beau cercueil, de se grouper en vue d'une mesure de police ou pour résister à un fonctionnaire puissant... Aussitôt une association se forme; elle choisit ses chefs; elle adopte ses règlements et les observe. Nulle part, l'esprit de coalition, en vue d'un but commun, n'est plus répandu, et nulle part la liberté d'association n'est plus complète.

Le gouvernement chinois ne demande qu'une chose à ces sociétés, c'est de n'être pas *secrètes* et de pas avoir de visées politiques. Encore ne se montre-t-il sévère que s'il s'agit des deux puissantes associations connues sous le nom de la *Triade* et des *Brûleurs d'encens*. La première de ces sociétés secrètes a joué un grand rôle dans l'insurrection des Taï-Ping et dans divers autres mouvements survenus depuis le commencement du siècle. Répandue par toute la Chine, connue dans le Nord sous le nom de *Société du Nénuphar*, dans les provinces maritimes et dans l'archipel indien sous celui de *Société de la Triade*, ailleurs sous d'autres noms encore, la *Ligue du Thé pur*, l'alliance des *Trois Précieux, le Ciel, la Terre et l'Homme*, etc., elle paraît avoir été principalement dirigée contre la domination Mandchoue, tout en inscrivant sur son programme diverses réformes religieuses ou sociales. Des mesures très rigoureuses ont été portées contre elle au répertoire des lois de l'empire, en 1845 d'abord, puis en 1868, après l'écrasement définitif des Taïping. Aussi, depuis cette époque, n'a-t-on guère entendu parler de la redoutable société. Mais son organisation était si forte, et le nombre de ses adhérents si grand, que selon toute apparence elle subsiste encore, probablement sous des noms multiples et sous des dehors variés. L'association secrète des *Brûleurs d'encens*, où l'on a voulu reconnaître une branche de la Franc-Maçonnerie, à cause de quelques analogies de procédure et d'esprit, est plus pacifique dans ses visées que celle de la Triade. Elle est également composée d'adversaires de la dynastie Mandchoue, et très mal vue du monde officiel. On ne lui permet ni d'élever des temples ou des lieux de réunion, ni de se produire en corps dans les rues ou d'exhiber ses insignes. Mais en dépit de ces restrictions, elle se maintient vivace au cœur de la société chinoise et peut-être y jouera-t-elle quelque jour un rôle important, dans le sens du progrès et des réformes.

V. — L'éducation et les sciences.

L'éducation d'un petit Chinois commence à six ou sept ans sous un maître élémentaire. Il est rare que le père se charge de ce soin; quant à la mère, elle ne pourrait même pas le plus souvent lui apprendre à lire. Cette éducation ne se compose pas seulement des premiers éléments de l'instruction, elle inculque à l'enfant des principes parfaitement définis de morale, de propreté personnelle, de politesse, et s'applique surtout à lui donner des habitudes de travail méthodique. L'école est ordinairement une salle fort simple que le maître prend à loyer pour cet usage, et où il réunit une vingtaine d'élèves. La rétribution qu'ils lui payent varie de 2 à 5 fr. par mois, selon sa réputation. Il arrive aussi que cinq ou six familles aisées, habitant le même quartier, se réunissent pour assurer à leurs enfants l'attention exclusive d'un précepteur. Ces maîtres élémentaires sont en général des candidats malheureux qui n'ont pu réussir à obtenir au concours l'accès des fonctions publiques, et qui se rejettent sur l'enseignement public comme sur une ressource suprême. Dans les villages, la rétribution scolaire ne dépasse pas 5 ou 6 fr. par an, mais elle se complète alors d'offrandes en nature.

Quand le choix d'un maître a été arrêté, l'étiquette chinoise, respectueuse des droits de la science, exige que les conditions pécuniaires soient traitées et arrêtées entre la famille et l'instituteur par l'intermédiaire d'un ami commun. On signe alors un contrat, et cet événement capital dans la vie de l'enfant est célébré par un grand dîner, suivi dans les maisons aisées d'une représentation théâtrale. L'élève se présente alors à l'école muni d'un présent en argent pour le maître et d'une carte de visite signée par son père ou son tuteur. Il commence par saluer l'autel de Confucius qui préside à toutes les études, puis s'avance vers le maître et lui offre son hommage avec sa carte de visite et son présent. Enfin il prend place au pupitre qui lui a été réservé. L'anniversaire de la mort et de l'inhumation de Confucius, celui de la mort et de l'inhumation de Tsong-Kit, l'inventeur des lettres chinoises, sont des jours de congé, avec quelques autres fêtes nationales : comme chez nous, il y a des vacances à l'occasion du premier jour de l'an et en automne. La férule est fort en honneur dans les écoles chinoises ; elle est en bambou et le maître s'en sert avec une grande libéralité.

La méthode suivie dans ces classes ressemble beaucoup à celle qui est en usage chez les Arabes. Elle consiste essentiellement à faire répéter à haute voix et en chœur à tous les élèves deux ou trois versets du rudiment, jusqu'à ce qu'ils les sachent sans faute. Ce rudiment ou « Trimètre classique » se compose de mille soixante-huit mots et de cinq cent trente-quatre caractères arrangés sur cent soixante-dix-huit lignes doubles. Il enseigne que l'homme est naturellement bon, mais fatalement voué à devenir mauvais s'il ne s'applique pas à l'étude, fait ressortir l'importance des devoirs filiaux et fraternels, et conclut par une sorte de programme des matières dont la connaissance est indispensable, accompagné d'une liste des livres nécessaires et d'un résumé de l'histoire nationale.

Quand l'élève s'est bien assimilé ce rudiment, il aborde de la même manière l'étude du « Livre des noms » qui le familiarise avec les désignations de clan ou famille les plus répandues, et en même temps avec quatre cent cinquante-quatre substantifs d'un usage fréquent et qu'il importe de distinguer, dans l'écriture, de tous leurs analogues phonétiques. Enfin il arrive au « Millénaire classique », ou « Livre des mille mots, » qui l'initie à la connaissance de mille caractères d'écriture, ayant tous un signe distinctif et une signification spéciale. Chacun de ces livres s'attache à puiser ses commentaires ou ses exemples dans l'histoire nationale et à exciter l'émulation de l'enfant, en lui montrant toujours l'homme studieux arrivé par le travail aux plus hautes fonctions de l'État.

Quelques exemples pourront donner une idée du *Thsien-Tsen-en* ou *Livre des mille mots :*

« 1 à 4. *Thien*, ciel; *hiouen*, bleu; *ti*, terre; *hoang*, jaune. Le ciel est bleu, la terre est jaune.

« 5 à 8. *Yu-tcheou*, l'univers; *hong*, vaste; *hoang*, désert. Au commencement du monde, l'univers était vaste et désert.

« 9 à 12. *Ji*, soleil; *youeï*, lune; *ing*, plein; *tse*, décliner. Quand le soleil a dépassé le point de midi, il décline vers le couchant ; quand la lune est dans son plein, elle décroît.

« 13 à 16. *Chin*, mansions (solaires ei lunaires) ; *sieou*, constellations ; *lie*, ranger ; *tchang*, étendre. Les mansions célestes ont une place marquée ; les constellations sont répandues dans le ciel.

. . . .

« 249 à 252. *Hiao*, doué de piété filiale ; *tang*, il faut ; *kie*, épuiser ; *li*, force. Un fils, doué de piété filiale, doit faire tous ses efforts pour servir ses parents.

. . . .

« 401 à 408. *Kien*, ferme ; *tchi*, tenir ; *ya*, droit ; *thsao*, résolution ; *hao*, beau ; *thsio*, fonction publique ; *tseu*, de soi-même ; *mi*, lier. Si vous tenez fermement une résolution droite (c'est-à-dire si vous persévérez dans une conduite vertueuse), de brillantes charges vous arriveront d'elles-mêmes.

. . . .

« 905 à 908. *Tchou*, tuer ; *tchan*, décapiter ; *tse*, brigand ; *tao*, voleur. On tue et l'on décapite les brigands et les voleurs.

. . . .

« 997 à 1000. *Yen*, particule finale ; *tsaï*, particule de doute ou d'admiration ; *hou*, particule interrogative ; *ye*, sorte de point final.

« Explication des noms propres :

« *Li*, beau, gracieux ; *kiang*, fort ; *she*, encre ; *hoa*, fleur ; *kouang*, grand, vaste ; *khi*, soie mince ; *tsin*, dompter ; *han*, margelle d'un puits ; *yen*, oie ; *chi*, pierre ; *kiu*, grand ; *kiun*, juste, etc…, etc… »

Suivant les annales des Liang, Tcheou-Hing-Sse,

l'auteur du *Livre des mille mots*, était surnommé Sse-Houan. Il était né à Hiang, dans l'arrondissement de Tchin. L'empereur ayant choisi mille caractères différents dans l'ouvrage de Wang-I, célèbre calligraphe, ordonna à Hing-Sse de les classer de manière à en faire un texte suivi et de les mettre en vers. Après avoir pris connaissance de ce travail, il en fut extrèmement satisfait et récompensa Hing-Sse en lui donnant de l'or et des pièces de soie.

On lit d'autre part dans le *Thaï-Ping-Kouang-Ki* ou Encyclopédie chinoise :

« L'empereur Wou-Ti de la dynastie des Liang (502-549 de notre ère), enseignait lui-même à écrire aux jeunes princes de sa famille. Il ordonna à In-Tie-Chi de calquer dans l'ouvrage de Ta-Wang (le même que Wang-I), mille mots différents sur autant de morceaux de papier séparés, puis de faire disparaître leur disposition primitive, en les brouillant pêle-mêle. Après quoi, l'empereur appela Hing-Sse et lui dit :

« — Excellence, comme vous avez du talent et de l'imagination, je vous prie de mettre en vers ces mille caractères.

« Hing-Sse s'acquitta de ce travail en une seule nuit, mais tous ses cheveux devinrent blancs. L'empereur lui accorda de riches présents. »

Cet ouvrag n'a pas cessé, depuis douze cents ans, d'être le premier livre élémentaire qu'on met aux mains des petits Chinois. Il leur sert pour apprendre en même temps à lire et à écrire.

D'autres livres qui parlent par des illustrations sont dans toutes les mains. Tel est le *Cheng-U-Siang-chaï* ou

Livre des saints préceptes impériaux. Ces préceptes sont tirés d'un ouvrage publié par ordre de Kang-Hi, le second souverain de la présente dynastie : il se rapportent à l'Amour filial, à l'Amour fraternel, à la Paix avec les voisins, aux Travaux agricoles, à l'Économie, à l'importance de l'Instruction, au Devoir de payer les Taxes, etc...

Voici, pris au hasard, quelques-uns des sujets illustrés :

— Yun-Fou, se repentant après une vie de désordres, demande à un prêtre comment il pourrait faire pour voir le Bouddha face à face. Le prêtre lui dit : « Retournez chez vous, et vous le verrez sous la forme d'une personne en pantoufles et vieux manteau. » Yun-Fou revint chez lui et aperçut sa mère dans le costume susdit. Dès lors il fut un modèle de piété filiale.

— L'empereur Ming, de la dynastie des Tang, met le le feu à sa barbe en préparant une potion pour son frère malade; en dépit des prières de ses serviteurs, il persiste à achever l'opération.

— La belle et vertueuse veuve Chan, après avoir coupé ses cheveux pour se débarrasser de l'importunité des prétendants, finit par se couper le nez pour atteindre plus sûrement ce résultat.

— Liang-Hong témoigne le plus grand respect et la plus tendre affection à sa femme Woung-Kouang, devenue vieille et laide.

— Un fils dévoué, arrivé aux plus hautes dignités de l'État, lave en personne le linge de son vieux père.

— Le prince Woun-Wan (de la dynastie des Chaou),

était un si bon fils, qu'il ne manquait pas d'aller chaque jour à la porte examiner les provisions de bouche destinées à son père, avant de les laisser entrer.

— Pang-Yuen sert sa belle-mère (première épouse de son père), avec plus de respect encore que sa propre mère (seconde épouse).

L'éducation primaire se complète par la lecture du *Hiao-King* ou « Canon du devoir filial «, qui est un abrégé des conversations de Confucius avec son disciple Tsang-Tsan, et du *Siao-Hioh*, qui traite des devoirs généraux et rappelle les dires et les préceptes des plus grands sages de la Chine.

Ces préceptes, le fils de Han les retrouve à chaque pas, au cours de sa vie, sous forme de tablettes, de devises accrochées, suspendues, affichées partout où il y a un mur, une place vide, un plafond à décorer. L'Empire du Milieu devient ainsi une vaste bibliothèque gratuite, un colossal musée d'inscriptions publiques, comme devraient l'être tous les pays civilisés. Et le respect naturel du Chinois pour la parole écrite est si grand que ce respect s'étend jusqu'au papier imprimé, le lui fait traiter avec soin, presque avec religion, partout où il le rencontre.

C'est seulement après avoir suivi ce cours d'études élémentaires que l'enfant destiné à une éducation plus complète peut entrer dans un collège. On en trouve dans la plupart des villes. Ces établissements peuvent habituellement donner place à deux cents élèves, instruits par trois ou quatre professeurs. On y apprend l'art de la composition et par-dessus tout celui de la calligraphie, extraordinairement important dans une langue où des milliers de nuances inexprimables de vive voix trouvent leur expression dans l'écriture.

Il y a six écritures chinoises différentes : la plus élégante et la plus usuelle porte le nom de *kiai-chou*; les autres sont l'écriture primitive, directement dérivée de l'hiéroglyphique; l'écriture officielle ou *le chou*; l'écriture cursive, employée pour les notes et billets sans importance; le *tsaou-tzé*, qui est une sorte de sténographie rudimentaire; enfin le *sung-ti*, qui sert seulement en imprimerie. L'importance que les Chinois donnent à l'écriture s'explique dans une certaine mesure par les difficultés mêmes de cet art, qui devient sous leur pinceau un véritable dessin graphique; il s'explique aussi par les intentions et les nuances qu'ils mettent dans leur calligraphie. A tort ou à raison, le sens de ces nuances exprimées par un trait ou un accent, nous manque entièrement. Il y a là un développement esthétique purement oriental, et que le lettré de la *Revue des Deux-Mondes*, Tcheng-Ki-Tong, a fort bien expliqué. C'est même, pour le dire en passant, à peu près la seule partie de son apologie qu'il soit possible d'accepter sans réserves. Après avoir résumé les règles minutieuses que les calligraphes chinois donnent à leurs élèves pour leur apprendre à tracer les pleins et les déliés, il ajoute : « Les traits qui se croisent en tous sens..., toutes ces lignes droites, courbes, expriment et représentent les tours multiples de la pensée avec tout le fini d'une œuvre artistique. Il y a dans cette méthode d'écriture un avantage qu'on ne peut constater en Occident que pour les langues parlées. Aux yeux des Européens, la beauté d'une langue réside dans le son, et il n'est pas rare d'entendre vanter l'harmonie d'un mot ou même d'une phrase. Mais ces manières d'être des mots ne se représentent pas par l'écriture. Les mots sont muets et n'ont que des relations orthographiques. L'énergie ou la douceur des lettres ne modifiera en rien le sens d'un mot : il aura toujours la même valeur, et, s'il en change jamais, ce sera par un artifice de style... Si un auteur parvient, à force d'habileté et de bonheur, à trouver un tour particulier qui satisfera l'esprit, il emporte avec lui son secret, et quiconque voudra s'en servir ne sera qu'un plagiaire. Nous, nous ne perdons pas ainsi nos trésors; nous les conservons; ils vivent dans nos caractères, et, une fois créés, ils font leur tour de Chine... L'orateur est au-dessus de l'écrivain : Pourquoi? Parce que la vie est dans le son. Eh bien! c'est cette vie qui réside dans les signes de notre écriture : ils ont non seulement un corps, mais une âme qui peut leur donner la chaleur et le mouvement. » On s'explique, après avoir lu ces lignes, que le lettré chinois soit avant tout un calligraphe et que dans la littérature romanesque des Fils de Han, le héros soit toujours un jeune docteur possédant le talent d'écrire en caractère impeccables, avec la rapidité de la pensée. Si, chez nous, le style c'est l'homme même, chez les Chinois, c'est l'écriture qui est le style.

Dans quelle proportion les Chinois des diverses classes participent-ils à l'éducation primaire et classique? C'est ce qu'il est à peu près impossible de savoir. Les témoignages sur ce point varient absolument selon les milieux où se sont portées les recherches. Il est certain que dans les villes l'instruction élémentaire est beaucoup plus répandue que dans les campagnes; mais il n'est pas moins certain que, là comme ailleurs, des millions de Chinois sont absolument illettrés. A Macao, il paraît que la moitié des habitants sait lire ; ailleurs, c'est à peine si la proportion des hommes qui ont reçu l'instruction primaire est de vingt, de dix, et même de cinq et de deux pour cent. Il est assez curieux que nulle part l'enseignement élémentaire ne comprenne ni arithmétique, ni géographie, ni sciences naturelles. Cela montre bien la priorité que le législateur chinois a toujours donnée, dans l'éducation, à la morale pratique. Quand un jeune homme se destine au commerce ou à tout autre profession nécessitant la connaissance des nombres et de leurs propriétés, il a recours à un répétiteur qui lui explique ces mystères.

Il va sans dire que la préparation aux examens et concours qui ouvrent l'accès des fonctions publiques nécessite des études spéciales. Ces études se font, soit sous la direction de maîtres particuliers, soit dans les écoles supérieures établies à cet effet aux principaux chefs-lieux. Il y a quatre degrés universitaires qui confèrent des droits et privilèges à celui qui les a obtenus. Celui de *siou-tsai* ou « talent dans sa fleur », qui est le premier et répond à notre baccalauréat, exempte son détenteur de toute peine corporelle et lui donne accès aux concours triennaux du second degré. De tout temps on a pu s'en procurer le diplôme au prix d'un millier de francs, et, dans les dernières années, le prix est tombé à deux ou trois cent. Le concours pour le second degré ou *ku-jin*, qui a lieu simultanément tous les trois ans dans les dix-huit capitales de province, est beaucoup plus sérieux et suppose chez ceux qui en sortent vainqueurs une réelle culture. Il répond, si l'on veut, à notre licence. Le troisième degré, de *tsin-zé* ou docteur, s'obtient également au concours, mais seulement à Pékin, où la lutte s'ouvre tous les trois ans entre les licenciés. Enfin, le degré supérieur, de *han-lin* ou académicien, est plutôt un office, car ceux qui l'atteignent, toujours au concours, ont une fonction définie dans l'État et reçoivent un salaire à ce titre.

Tous ces concours portent d'ailleurs exclusivement sur les livres moraux que le lettré chinois lit et relit sans cesse, dont il approfondit le sens et qu'il se met en état de réciter ou d'écrire de mémoire : *La grande étude*, l'*Invariable milieu*, le *Livre de l'obéissance filiale*. Il est exactement, à cet égard, dans l'état mental des lettrés occidentaux du moyen âge, qui ne sortaient pas d'Aristote.

Ed. Biot a porté sur l'ensemble de l'instruction publique en Chine, un jugement des plus justes : « L'enseignement chinois, dit-il, est à la vérité fondé en principe sur la lecture et l'explication d'un petit nombre de textes anciens, et, en cela, il est proprement *littéraire*. Mais il a, en outre, un caractère intellectuel, résultant de ce que ces textes sont considérés comme contenant tous les les documents essentiels de la morale, de la philosophie et de la législation, en un mot l'ensemble des droits et des devoirs. Sans doute, le choix d'une pareille étude, comme épreuve des esprits, a de quoi surprendre, lorsqu'on voit que les ouvrages qui en sont l'objet sont écrits dans une langue différente de l'usuelle, sans caractères alphabétiques, d'une structure imparfaite, dénuée de formes grammaticales rigoureusement définies, et, par cet ensemble de circonstances, peu accessible à la masse de la population. Aussi la compréhension complète de ces textes classiques ne s'acquiert-elle que par de longs efforts dont peu d'individus sont capables. Mais la double difficulté qu'il faut vaincre pour les lire et pour en bien pénétrer le sens ou les applications est supposée exercer au plus haut degré les diverses facultés de l'esprit chez ceux qui les étudient. Aussi l'inégalité de leur succès, constatée par des concours réguliers, sert-elle comme une sorte de caractère spécifique pour marquer la portée de leur intelligence et désigner le rang que chacun peut légitimement atteindre dans les emplois publics, pour l'utilité de l'État... Cette adoption du savoir classique comme critérium universel de la capacité des candidats... a substitué les droits viagers de la classe lettrée aux privilèges héréditaires des familles nobles, qui ont eu aussi leur époque de puissance exclusive en Chine, comme dans notre Europe et dans tous les autres pays du monde. Elle a eu pour effet, ou au moins pour but, de grouper les plus fortes intelligences autour du souverain. »

La tournure d'esprit toute pratique des Chinois leur inspire un profond dédain des sciences abstraites, et, par une conséquence naturelle de ce dédain, ils ont fait peu de progrès dans les sciences appliquées. C'est surtout en comparant leur civilisation à la nôtre qu'on peut se rendre compte de l'importance des méthodes fondamentales et de l'immense service que les penseurs de notre dix-septième siècle ont rendu à l'humanité.

Le système d'arithmétique des Chinois est le décimal. Mais, comme leurs chiffres ont une valeur absolue et non point relative à leur place, il est fort difficile de s'en servir pour marquer les phases d'une solution. Aussi a-t-on le plus souvent recours à une machine à compter, ou *souan-pan*, composée d'un cadre dans lequel des balles mobiles glissent sur des tringles. Une de ces tringles est réservée aux unités, l'autre aux dizaines, la troisième aux centaines, etc. L'usage de cet appareil est assez commode pour les calculs très simples, mais ne peut guère être d'un grand secours aux savants. Il semble pourtant que les Chinois s'en soient contentés jusqu'à l'époque où ils ont été initiés aux chiffres et aux méthodes que les Européens tiennent des Arabes. Il y a maintenant en Chine des traités complets sur toutes les branches des mathématiques. La géométrie y était connue dès la plus haute antiquité. L'algèbre est venue de l'Inde. Les beaux travaux de Schlegel ont établi, il y a dix ans déjà, que l'astronomie primitive est bien originaire de la Chine, et qu'elle a été empruntée par les anciens peuples occidentaux à la sphère chinoise.

L'année de l'Empire du Milieu est lunaire, mais le commencement en est réglé par le soleil. Les astronomes qui l'ont déterminée divisent le zodiaque, ou Route Jaune, en vingt-huit constellations, ou « domiciles lunaires », dont les signes n'occupent pas des espaces égaux, mais des lots inégaux de 1 à 31 degrés. Il semble que la connaissance des cieux, au lieu d'avancer en Chine depuis les temps préhistoriques, n'ait fait que rétrograder; car les Fils de Han de nos jours se font sur ce sujet les idées les plus puériles. Ils croient que la terre est une surface plane, mesurant en tous sens mille cinq cents milles, et qu'autour d'elle le soleil, la lune les étoiles accomplissent leur révolution à la distance de quatre mille milles. Cette mesure se rapproche de celle du rayon terrestre, et Chalmers en a conclu, non sans vraisemblance, qu'elle avait dû être calculée sur la hauteur variable du soleil à des latitudes différentes. C'est d'ailleurs dans un but exclusivement astrologique, c'est-à-dire politique, que les Chinois observent les phénomènes célestes, en particulier les éclipses et les comètes. On a recueilli dans leurs annales des observations de ce genre remontant à plus de deux mille années avant notre ère.

L'almanach joue, en effet, un rôle considérable dans la politique et dans la vie privée de la Chine. Comme la *Gazette impériale*, il est officiel, publié à Pékin par les soins du gouvernement et regardé comme au moins aussi important que la *Connaissance des Temps* de notre Bureau des Longitudes. C'est le ministère des Rites qui en a la rédaction. Il est interdit, sous les peines les plus sévères, de le contrefaire ou d'en publier des imitations. Les jours et les heures y sont classés en heureux et malheureux, de manière à servir les intérêts ou les fantaisies du gouvernement, qui s'assure sur les esprits, par ce monopole, une action dont il serait difficile d'exagérer l'importance. Des éditions à bon marché de ce livre cabalistique, aux prix de trois à dix sous, sont dans toutes les mains. Pas un Chinois ne s'aviserait de s'en passer et de courir ainsi le risque d'entreprendre quoi que ce soit sous une mauvaise étoile.

Dans l'almanach officiel, chaque jour lunaire a son nom, et les dates favorables ou défavorables à l'accomplissement de certains rites ou à l'exécution de telle ou telle entreprise sont notées avec soin. Par exemple, tel jour se trouve sous l'influence de la constellation de *Kog-Sing*, qui consiste en sept étoiles figurant un dragon. C'est un signe propice entre tous : heureux les gens qui marient leur fille, qui achètent une terre, posent la première pierre d'une maison, entament ou concluent une affaire commerciale à cette date fortunée. Mais quiconque enterre ce jour-là un parent ou un ami, ou visite une tombe, peut être certain d'être frappé de quelque malheur avant l'expiration de la troisième année. Au contraire, la constellation de *Kong-Sing*, qui figure aussi un dragon, est réputée un signe défavorable. Acheter une terre, louer une maison ou marier sa fille ce jour-là serait le comble de l'imprudence.

Il va sans dire que les comètes, les éclipses et les tremblements de terre exercent, dans l'opinion des Chinois, une influence bonne ou mauvaise, non seulement sur les individus, mais sur les nations et les empires. C'est une habitude générale, pendant les éclipses du soleil et de la lune, de monter sur les toits et de battre tous les gongs et les tambours disponibles, pour épouvanter les chiens de l'empyrée qui vont « manger » l'astre du jour ou de la nuit. Les comètes surtout sont regardées comme ayant une influence néfaste. En 1858, au moment où tout permettait de croire à la conclusion d'un traité durable entre la Chine et les négociateurs anglo-français, une comète fit son apparition : il n'en fallut pas plus pour que dans toutes les villes du littoral les familles riches émigrassent en masse vers l'intérieur, convaincues que les hostilités allaient être reprises.

Les frais de publication de l'almanach impérial sont si lourds que chaque province avance la somme nécessaire pour l'édition destinée à ses fonctionnaires ; la distribution des volumes donne lieu à une des cérémonies les plus pompeuses de l'année.

Les astrologues forment d'ailleurs une corporation très nombreuse dans chaque ville d'importance, et pourtant ils ne sont jamais sans travail. Pas un mariage ne se conclut ou ne se célèbre, pas un voyage ne s'entreprend, pas un travail quelconque ne se commence sans que l'astrologue ait été appelé à désigner le jour et l'heure les plus propices. S'il s'agit d'un mariage, en particulier, les horoscopes sont consultés avec soin, et l'on voit par les signes qui ont présidé à la naissance des futurs conjoints si l'union promet ou non d'être heureuse.

En géographie générale, les Chinois sont aussi ignorants qu'en astronomie. Mais les cartes qu'ils possèdent de leur pays sont relativement bonnes, ayant été dressées de 1708 à 1718 par les jésuites français, sur des données précises, et gravées en cuivre à Paris par ordre du roi. Ces belles cartes, dont les feuilles ne mesurent pas moins de trente à quarante mètres carrés, ont servi depuis lors à tous les géographes chinois. Sur le reste du monde, ils ont des données fort confuses ; ils ignorent l'existence des continents américain et africain, placent la Russie à leur frontière nord et font de la France, de l'Angleterre, du Portugal, de l'Allemagne, de l'Inde, de Luçon et de Bokhara une chaîne d'îles disposée sur leur ouest, tandis que le Japon, les îles Liou-Tcheou, Formose, Siam et Java en forment une autre à l'est.

En anatomie, les Chinois sont très peu avancés, la dissection des morts étant contraire aux idées courantes. Ils ne font aucune distinction entre les veines et les artères, et croient que le cerveau comprend à sa base un réservoir de moelle; pour eux, le larynx traverse les poumons pour arriver au cœur; ces poumons eux-mêmes sont composés de six lobes ou feuilles et suspendus à l'épine dorsale. Le milieu du thorax est le siège de la faculté respiratoire; la joie et la douleur en émanent; aussi faut-il le protéger avec un soin particulier contre toute injure. Le cœur gît sous les poumons et gouverne tout dans l'économie. C'est le siège de la pensée. Le péricarde qui l'enveloppe s'étend jusqu'aux reins. Plusieurs canaux le mettent en communication avec la rate et le foie, mais la fonction de ces canaux est un mystère. L'intestin communique également avec le cœur, et d'autre part avec la vessie. Quant aux reins, ils sont en rapports directs par d'autres canaux avec la moelle épinière : celui de droite est « la porte de vie » et joue un rôle primordial dans les fonctions de reproduction.

L'ostéologie est des plus simples : le bassin, le crâne, l'avant-bras et la jambe forment chacun un os unique; l'ensemble des os n'a dans l'économie du corps humain que l'importance d'une charpente inerte, comme pourrait l'être un squelette de bois ou de fer. Quant à la manière dont le sang arrose les diverses parties du corps, elle est fort obscure; mais on suppose généralement que, parti des doigts et des orteils, il remonte les membres jusqu'au tronc, pour gagner par infiltration ou autrement le cœur, le poumon et les autres viscères. Des théories diverses ont cours sur la nutrition et les fonctions générales ; mais elles se rattachent toutes à des rapports plus ou moins bien définis de ces fonctions avec les cinq métaux, les couleurs, les saveurs et les planètes, sans oublier le *yin* et le *yang*, ou principe mâle et principe femelle, qui dominent la philosophie naturelle des Chinois.

En médecine, c'est le pouls, tâté à différentes places, qui règle tout. On croit qu'il peut indiquer jusqu'au sexe d'un enfant à naître. Les pulsations du poignet gauche, par exemple, révèlent à une main exercée l'état de l'intestin ; celles du coude, l'état des reins ; celles du poignet droit, l'état du poumon et de l'estomac, etc... La maladie est toujours due à l'état d'hostilité des deux principes *yin* et *yang*, à la présence des humeurs peccantes ou à l'influence des mauvais esprits. Pour combattre ces causes, il importe d'appliquer le remède à l'endroit particulier de la peau qui leur correspond ; aussi la surface du corps est-elle décrite avec le plus grand soin et les instructions thérapeutiques sont-elles toujours très minutieuses.

Comme toujours, d'ailleurs, les Chinois sont beaucoup plus avancés dans la pratique médicale que dans la théorie. Leurs traités contiennent sur ce point, à côté d'un fatras de prescriptions cabalistiques, une masse imposante de faits expérimentaux où nos savants eux-mêmes pourraient trouver à glaner.

Lockhart a traduit un traité chinois d'obstétrique qu'il considère comme un véritable chef-d'œuvre. D'autres travaux pathologiques, signalés ou analysés par Dabry, dénotent une grande finesse d'observation et parfois une véritable érudition. Il semble que l'art de guérir soit en pleine décadence dans le Céleste-Empire depuis que le collège médical de Pékin ne fonctionne plus comme corps enseignant. Ses membres, qui étaient jadis désignés au concours, achètent maintenant à beaux deniers comptants leurs privilèges et distinctions. Aussi la pratique de la médecine est-elle tombée aux mains des prêtres et des empiriques de toute catégorie. Les classes pauvres ne connaissent comme guérisseurs que les charlatans de la place publique. Quant aux familles riches, elles s'adressent naturellement aux médecins en renom, mais ces médecins ne sont guère, pour la réalité des connaissances, au-dessus de leurs humbles confrères. Ils ont au moins, paraît-il, la franchise d'avouer leur impuissance quand le cas leur semble désespéré : il n'est pas rare alors de les voir examiner avec la famille assemblée, en présence du malade même, s'il ne conviendrait pas de consacrer à l'achat d'un beau cercueil le prix des médicaments jugés inutiles.

L'art de la pharmacie est en effet très florissant, autant qu'il peut l'être du moins chez un peuple sans aucune notion de physique ou de chimie, et la matière médicale est assez riche. Debeaux, qui l'a étudiée sur place, dit que l'apothicaire tend de plus en plus à remplacer le médecin dans le Céleste-Empire. La tenue irréprochable de l'officine, la prévenance et l'empressement du chef de la maison, les soins minutieux apportés dans la préparation des médicaments, enfin le bon état des drogues et des plantes usuelles sont des motifs plus que suffisants pour expliquer la foule des clients qui se pressent dans les pharmacies de Chang-Haï et de Tien-Tsin. Les Chinois admettent comme base de leur thérapeutique un principe qu'ils appliquent à tout, c'est qu'il n'y a rien d'inutile à l'homme dans la nature. Aussi recherchent-ils toutes sortes de matières organiques, même les plus dégoûtantes, pour en composer des médicaments. Les minéraux, les ossements fossiles, les détritus de tout ordre, entrent dans leur pharmacopée. Mais, par une conséquence logique de cet empirisme éclectique, ils donnent beaucoup de soins à la cueillette des simples et obtiennent souvent d'excellents effets de leur emploi.

Au total, on peut dire sans injustice que si les Chinois sont des lettrés, ce ne sont pas des savants, au sens moderne. Leur antique civilisation a pu rassembler de prodigieux catalogues de faits, inventer et perfectionner presque tous les arts, arriver dans la pratique à des résultats parfois surprenants. Elle n'a jamais su s'élever jusqu'à la généralisation et former le corps de doctrine scientifique d'où sont déjà nées en Occident tant d'admirables applications, et d'où tant d'autres, encore inconnues, doivent nécessairement sortir.

VI. — La Renaissance présente.

Il n'y a pas à se le dissimuler, la Chine est sortie de son immobilité ; elle s'est mise en marche sur la grande route du progrès et de la science. Cette Renaissance incontestable, évidente, tout à fait comparable à celle qui se produisit en France au quinzième siècle, après avoir commencé en Italie dès le treizième, date, dans l'Empire du Milieu, de l'expédition franco-anglaise de 1860 et surtout de la répression finale des Taï-Ping en 1864. Elle a eu sa cause déterminante dans la supériorité des armes européennes, dont les Chinois venaient de faire la douloureuse expérience, et dans les rapports intimes qu'ils établirent après la guerre avec des officiers occidentaux, en les prenant à leur service. Très lente d'abord, limitée à l'adoption de l'armement européen et à la fondation de l'arsenal de Fou-Tcheou, en 1867, sous la direction de M. Prosper Giquel, cette Renaissance n'a pas tardé à s'accentuer et à s'étendre aux autres branches des connaissances humaines. La Chine a compris que l'initiation aux sciences modernes devenait pour elle une question de vie ou de mort. En même temps que ses hommes d'État arrivaient à cette conclusion, les familles du littoral s'apercevaient de plus en plus qu'une éducation européenne constituait pour leurs fils une véritable fortune. Tout candidat qui avait la moindre teinture des arts occidentaux obtenait rapidement un emploi lucratif et voyait grandir sa position sociale. La mode se répandit d'envoyer les jeunes gens en France, en Angleterre ou en Amérique pour s'initier à ces arts. Le gouvernement chinois favorisa ce mouvement en accordant des bourses de voyage et d'études à l'étranger. Un premier détachement de trente élèves fut envoyé en septembre 1872 aux États-Unis; de nouveaux contingents de même force suivirent le premier d'année en année. Tous ces jeunes gens passaient quatre ans en Amérique, de manière à maintenir constamment à l'effectif de cent vingt le nombre des boursiers que le gouvernement chinois y entretenait. Ils étaient répartis entre les principales villes du Connecticut et du Massachusetts, où ils suivaient d'abord des cours d'arithmétique, d'algèbre, de géographie, de dessin, d'histoire, de grec, de latin et d'anglais; puis ils entraient dans les écoles techniques ou les universités pour y poursuivre leurs études. Des contingents égaux ou même supérieurs de boursiers chinois étaient envoyés à Paris, à Londres et plus tard à Berlin. Mais bientôt on reconnut les inconvénients de ce système. Les jeunes gens qui en bénéficiaient étaient naturellement portés à négliger l'étude de leur langue maternelle; ils se trouvaient comme étrangers dans leur pays quand ils y revenaient et se voyaient débordés dans les concours par les concurrents sédentaires. Aussi y a-t-il maintenant une réaction en faveur d'une éducation européenne reçue en Chine même.

Sans cesser d'envoyer des boursiers au dehors, le

gouvernement de l'Empire du Milieu a institué des écoles supérieures ou techniques à Pékin, à Chang-Haï, à Canton et à Fou-Tcheou. Chacune de ces écoles compte une quarantaine d'élèves. Le collège impérial de Pékin, placé sous la direction d'un anglais, le docteur W.-A.-P. Martin, en compte cent, tous boursiers de l'État et destinés à son service. Le corps enseignant se compose de onze professeurs, dont sept étrangers et quatre chinois.

Pour donner une idée de l'activité qui y règne, il suffira de dire que le collège possède six presses, constamment occupées à imprimer les traductions de livres de science français, anglais et allemands, auxquelles maîtres et élèves consacrent une partie de leur temps. Il n'est pas douteux que, sous l'influence de cette diffusion des idées occidentales, les collèges d'examinateurs des départements et districts ne se transforment très rapidement en véritables facultés enseignantes. C'est une question de temps, et il suffira pour accomplir cette révolution que les élèves d'aujourd'hui soient à leur tour devenus des maîtres.

Le système du concours pour l'admission aux fonctions publiques semble destiné à produire tous ses fruits quand l'influence grandissante de la science occidentale l'aura définitivement pénétré et animé d'un nouvel esprit. Nous verrons alors un million d'étudiants chinois s'appliquer aux études scientifiques avec l'ardeur qu'ils apportent actuellement à leurs travaux littéraires.

En 1875, le vice-roi du Fo-Kien, présentement membre du cabinet impérial, proposa d'instituer un concours en mathématiques. Sa proposition ne fut pas adoptée;

mais, quelques jours plus tard, elle fut reprise sous une forme nouvelle c'est-à-dire avec l'adjonction des sciences physiques, par Li-Hong-Tchang, le gouverneur de la province métropolitaine. Quand cette innovation sera définitivement entrée dans les mœurs, elle ne tardera pas à opérer un changement profond à la base même du système, et les conséquences de cette révolution intellectuelle ne sauraient être mesurées à l'avance.

Un des organes les plus actifs de cette rénovation est l'office de traductions établi à l'arsenal Ki-Nay-Nan, à Chang-Haï, sous la direction de M. John Fryers. Depuis sept ou huit ans, cet office a déjà traduit en chinois la plupart des livres européens d'une importance réelle. C'est ainsi qu'en mars 1881 M. Fryers pouvait annoncer à Tyndall que ses « Notes sur la lumière » venaient d'être livrées à l'impression et que les jeunes traducteurs chinois étaient déjà à l'œuvre sur « La chaleur, mode de mouvement » et sur les « Notes en électricité ».

L'arsenal de Chang-Haï, dont relève ce bureau de traduction, est un grand établissement pour la construction des navires de guerre, la fonte des canons et la fabrication des armes. Il emploie environ 1500 ouvriers, tous chinois, à l'exception d'une demi-douzaine de directeurs et de spécialistes. Cet établissement s'est très rapidement développé et paraît destiné à conserver longtemps l'appui et la protection du gouvernement. Un rapport officiel du Ministre des États-Unis à Pékin, adressé au cabinet de Washington, donnait à ce sujet, il y a quatre ans, les détails que voici :

« Je savais qu'une école de sciences et un département des traductions faisaient partie du plan général de cette institution; mais j'étais loin de penser que les travaux de ces traducteurs étaient déjà poussés aussi activement. Il résulte des notes de M. Fryers qu'un nombre considérable d'ouvrages techniques ont déjà été traduits et que le zèle des Chinois employés à ces travaux donne de grandes promesses pour l'avenir. Je veux seulement faire remarquer à ce propos l'activité présente déployée par les Chinois pour se mettre au courant de nos sciences. Vous savez qu'environ 120 jeunes gens sont actuellement entretenus aux frais du gouvernement de Pékin dans les collèges et universités des États-Unis; près de 200 autres sont au même titre en Europe. A Pékin même, le collège fondé par le docteur Martin fait de très grands progrès. A Fou-Tcheou, il y a une école des sciences dépendant de l'arsenal, et une autre à Canton. Tous ces établissements sont subventionnés par le gouvernement. »

Rien n'est mieux fait assurément pour donner aux Chinois une juste idée de la culture occidentale que ces traductions d'ouvrages scientifiques, entreprises sous la direction de M. Fryers. Sous ce rapport, son œuvre est probablement la meilleure qu'on pût entreprendre. Il l'a complétée par la fondation d'un journal scientifique, le *Chinese scientific Magazine*, qui compte déjà, paraît-il, plus d'un millier d'abonnés. Ce n'est pas la seule publication qui se soit fondée en Chine sous l'influence des idées européennes. Deux grands journaux politiques, le *Chun-Pao* et le *Hu-Pao*, sans compter quatre ou cinq autres de moindre importance, s'impriment actuellement en chinois sur le littoral et commencent à pénétrer dans l'intérieur. Le *Chun-Pao* a publié pendant toute la durée de la guerre du Tonkin des télégrammes d'ailleurs assez peu véridiques et a même envoyé un correspondant à Haï-Phong. Ces faits, comme on dit, se passent de commentaires et montrent le travail qui s'opère sans bruit dans l'Empire du Milieu.

Un des obstacles naturels que les Fils de Han rencontrent dans l'assimilation des idées occidentales, c'est que leur langue officielle même — celle de la cour, que tout lettré doit pouvoir parler couramment, quelle que soit sa province — est encore dans l'enfance et a subi de très longue date un véritable arrêt de développement. Le nombre des mots y est très restreint. Morrisson, dans son Dictionnaire, en porte le total à 411, et, si l'on distingue les aspirées, à 533. Le dialecte de Pékin n'en comprend que 397, d'après Wade, celui de Canton 707, et celui de Chang-Haï 660. De plus, beaucoup de sons européens sont absolument impossibles à prononcer pour des lèvres chinoises. Par exemple « flanelle » devient *fat-lan-yin;* « imprenable » se transforme en *im-pi-luk-na-pou-li;* « Français » en *Fo-lan-si,* « Américain » en *Bé-li-hi-en.* Pour toutes les notions nouvelles empruntées à la civilisation occidentale, les Chinois sont obligés de créer des mots composés, qui sont, dans leur idiome monosyllabique, une innovation au moins aussi extraordinaire que les miracles de la science peuvent l'être à leurs yeux. Ils diront : vapeur-air-voiture, vapeur-air-bateau, air-natation-boule, pour rendre : locomotive, steamer, ballon. Un des patois les plus singuliers qui se soient jamais créés pour les besoins du commerce est celui qui se parle à Canton, à Hong-Kong, en général, sur toute la côte, et qu'on appelle *pigeon-english*. C'est un composé de mots anglais et de mots chinois, malais, portugais, également dénaturés. On pourra s'en faire une idée par ce fait que, dans le nom même de cet argot, *pigeon* est une déformation de *business*, affaire.

Les jeunes générations chinoises luttent courageusement contre ces obstacles et elles finiront par en triompher. N'est-ce pas déjà un phénomène bien significatif de voir un Chinois écrire couramment notre langue, collaborer à une de nos grandes revues et plaider non pas seulement en Français, mais en Parisien, *pro domo sua?* Cela seul en dit long sur les progrès acquis et sur les progrès qui vont suivre. Mais il y a bien d'autres symptômes.

En 1879, pour la première fois dans l'histoire, la Chine montrait son pavillon sur le Pacifique. Il y a quelques années à peine, elle prohibait l'émigration de ses enfants : maintenant, ce sont les nations étrangères qui se voient obligées de repousser le flot de l'invasion chinoise, tandis que l'Empire du Milieu affirme le droit de ses sujets à l'hospitalité générale.

Partout, dans le monde civilisé, la cour de Pékin est représentée par d'habiles diplomates. La Chine n'est plus cette nation en décadence qui semblait prête à devenir la proie du premier aventurier venu : elle a pu étouffer une rébellion redoutable et tenir tête successivement à deux grandes puissances européennes. La fortune de la guerre lui a-t-elle fait perdre une de ses provinces éloignées, elle réussit à se la faire rendre en négociant. Non seulement personne ne la regarde plus avec dédain au point de vue militaire, mais elle devient presque un facteur dans la politique européenne et les puissances les plus orgueilleuses ne dédaignent pas de rechercher son alliance. Ses côtes sont garnies de phares et de bouées; ses mines de charbon commencent à être exploitées par les procédés occidentaux; son réseau télégraphique vient de sortir de terre, comme d'un coup de baguette; une compagnie chinoise possède l'une des plus grosses flottes à vapeur qui labourent les mers; des millions de Chinois ne s'habillent plus que d'étoffes européennes; des centaines de jeunes Fils de Han s'instruisent dans tous les arts et toutes les sciences de l'Occident. Sans doute, la Chine n'en est encore qu'à l'apprentissage, mais cet apprentissage est déjà fort avancé et l'on ne peut douter que le plus grand pas ne soit fait.

Il y a dans la tendance marquée de la Chine actuelle vers une politique moderne un élément dont on ne saurait exagérer l'importance : c'est la rivalité du Japon. L'influence occidentale a sans doute fait beaucoup dans cette direction; les Chinois, par des actes d'étourderie ou d'aveuglement, ont souvent obligé les puissances européennes à les traiter avec rigueur et à les obliger à telle ou telle mesure, au fond peu populaire : les nations occidentales peuvent donc avec quelque raison réclamer une part directe dans la Renaissance dont les signes se manifestent en Chine. Mais un élément bien plus actif encore de cette renaissance a été la force de l'exemple japonais. La Chine, il ne faut par l'oublier, voit dans l'Empire du Soleil-Levant son véritable compétiteur, celui qu'elle surveille sans cesse. Or, le Japon est entré dans la voie du progrès avec une telle fougue, une ardeur si grande, que force a bien été à la Chine d'emboîter le pas, sous peine de se voir absolument débordée. Mais maintenant l'impulsion est donnée, le grain est tombé en bonne terre, et l'on peut compter sur une abondante moisson.

Comme le fait remarquer Balfour, un des traits qui permettent le mieux de juger de la prospérité d'un pays est l'état de ses voies de communication intérieure. Les grands fleuves de la Chine, considérés à ce point de vue, les rivières, les canaux et ruisseaux navigables dont le réseau couvre l'Empire du Milieu et en relie toutes les parties par le mode de transport le moins coûteux, sont sans analogues dans aucune partie du monde. La nature a véritablement été prodigue pour les Chinois, et ils ont toujours su tirer parti de ses dons. On peut dire de ce réseau fluvial, tant au point de vue des communications qu'au point de vue de l'irrigation agricole, que c'est le système artériel du pays, la source de sa richesse, peut-être la véritable raison d'être de sa cohésion nationale et de sa longévité absolument unique. Jusqu'à présent, de lourdes jonques, manœuvrées par des moyens primitifs avec une lenteur inouïe, ont seules le monopole du trafic sur le réseau fluvial; toute tentative pour y introduire des moyens de transport plus rapides, et particulièrement l'emploi de la navigation à vapeur, a été formellement repoussée par les autorités locales. Les fonctionnaires provinciaux semblent comprendre à merveille que, le jour où une révolution pareille sera passée dans les faits et où les étrangers pousseront jusqu'au cœur de l'empire leurs machines à vapeur, c'en sera fait des coutumes nationales, des procédés de gouvernement et des abus séculaires. Aussi ne négligent-ils rien pour exciter contre ces inventions diaboliques le fanatisme de leurs administrés, avec l'appui de l'Académie impériale, véritable Conservatoire de l'esprit de routine. Mais il ne serait pas juste d'attribuer les mêmes partis pris à tous les membres influents des classes gouvernantes. Il y a plus de dix ans que Li-Hong-Tchang, pour n'en citer qu'un, a envoyé un jeune ingénieur chinois au Japon pour y étudier sur place le fonctionnement des chemins de fer et l'exploitation des mines par les méthodes européennes. Ce fait seul pourrait suffire à indiquer l'influence prépondérante que la Renaissance japonaise a eue et aura encore sur la Renaissance chinoise.

L'idée qui paraît dominer chez les Chinois intelligents n'est pas précisément de fermer leur pays aux inventions et découvertes occidentales : c'est plutôt d'empêcher que les étrangers ne prennent la direction et ne monopolisent les profits de cette importation. L'histoire du petit chemin de fer de Chang-Haï à Wou-Soung jette un jour très vif sur ce sentiment, assez naturel, il faut en convenir. On connaît les faits. Une compagnie s'était formée à Chang-Haï pour établir un petit chemin de fer suburbain et habituer les habitants du pays à la vue du « cheval de feu ». Cette compagnie avait acheté les terrains nécessaires, sur une longueur de dix-huit kilomètres environ, sans s'expliquer sur ses projets; elle y avait ouvert une ligne ferrée en miniature et la locomotive faisait déjà entendre son sifflet sur cette ligne, quand le vice-roi de la province, intervenant subitement, arrêta l'exploitation, fit rembourser à la compagnie du chemin de fer le prix des terrains achetés et détruisit la voie. Il ne s'en tint pas là : un malheureux paysan qui avait vendu une parcelle de terre à la compagnie, après que les travaux étaient déjà commencés, fut condamné à trois mille coups de bâton, et mourut sous le bambou ; un autre Chinois, qui avait servi d'intermédiaire, reçut en plusieurs acomptes deux mille sept cents coups ; un autre encore se vit assigné treize fois de suite devant les tribunaux locaux, et à chaque comparution eut à payer cent cinquante francs d'amende, pour se voir finalement emprisonné, quand il n'eut plus rien à donner. Enfin, le *tao-tai* de Chang-Haï, un certain Feng, que la compagnie avait probablement acheté, se vit obligé de démentir tous ses actes antérieurs et de révoquer toutes les autorisations données par lui, dans un mémoire adressé au consul anglais et qui est absolument caractéristique.

Ce mémoire expose que la construction du chemin de fer de Chang-Haï à Wou-Soung constitue une atteinte aux droits du gouvernement chinois et une véritable insulte ; que dans tous les pays du monde la faculté d'ouvrir des voies de communication est une prérogative souveraine, et que jamais on n'a vu des étrangers s'arroger le pouvoir d'en établir sans autorisation ; qu'au Japon même les chemins de fer, quoique construits avec des capitaux étrangers, sont restés placés sous la direction du gouvernement. Laisser des gens venus du dehors ouvrir chez elle des lignes ferrées serait de la part de la Chine un acte de faiblesse impardonnable et qui la rendrait la risée de l'univers. En Angleterre même et en Amérique, aucun chemin de fer ne saurait être établi, ni les terres nécessaires achetées dans ce but, sans une autorisation formelle des pouvoirs publics. Quand un étranger s'établit dans un pays qui n'est pas le sien, il doit observer les lois de ce pays, au moins sur les matières où les traités ne lui accordent pas de privilèges spéciaux... Or, non seulement les traités sont muets sur la question des chemins de fer, mais la compagnie n'avait même pas jugé à propos d'expliquer aux autorités locales quel genre de voie elle projetait et dans quel but elle se faisait céder des terres. Dans la demande adressée au *tao-tai*, il n'était question que d'une *route à voitures* et non pas du tout d'une *route à locomotives*. Les promoteurs du projet avaient manifestement cherché à créer une confusion sur leur véritable plan, en ne se servant pas du terme habituel, une *route à chevaux*, etc... etc...

On voit que ce document typique ne conteste pas du tout la valeur ou l'utilité en soi d'un chemin de fer : il conteste simplement le droit que des étrangers ont d'établir une ligne ferrée sur le territoire chinois, en quelque sorte par surprise, et sans l'autorisation formelle du gouvernement. Si courte qu'elle ait été, d'ailleurs, l'expérience a suffi à démontrer que les populations de l'Empire du Milieu ne sont nullement hostiles aux chemins de fer pour des motifs tirés du culte des ancêtres, ou du respect dû soit à la poussière des morts, soit à la terre. Tous les habitants de Chang-Haï et des environs prenaient au contraire un intérêt manifeste aux progrès de la petite ligne de Wou-Soung, et à peine la locomotive commença-t-elle d'y rouler qu'on vit la foule accourir de tout le pays pour contempler ce spectacle, avec un plaisir évident. Balfour, qui en a été témoin oculaire, dit que le concours des spectateurs ressemblait à celui d'une foire et que des hommes, des femmes, des enfants même arrivaient de cent kilomètres à la ronde pour contempler la merveille occidentale. Mais il y a mieux encore : comme conclusion de cette affaire, que pense-t-on que les Chinois aient fait du matériel de ce chemin de fer, après l'avoir racheté à la Compagnie? Ils ne l'ont pas détruit. Ils se sont contentés de l'expédier sur le littoral de l'île Formose, où il sert actuellement à transporter la houille extraite du sol par les procédés européens.

S'il fallait une autre preuve de la facilité avec laquelle les Chinois adoptent les inventions étrangères quand elles ne leur paraissent pas dangereuses pour leur sécurité ou attentatoires à leurs droits, on la trouverait dans l'empressement avec lequel ils ont récemment importé chez eux l'espèce de brouette qui sert de fiacre aux Japonais. Les ateliers indigènes construisent déjà des navires à vapeur de tout tonnage, et l'on voit ces travaux poussés activement sous l'impulsion de personnages aussi influents que Li-Hong-Tchang, Sen-Pao-Chen ou Ting-Si-Tchang. En présence de faits semblables, il est impossible d'admettre que le gouvernement chinois ait une objection sérieuse et définitive à l'établissement des chemins de fer : ce qu'il veut, c'est les garder dans sa main et les construire sans l'intervention des Européens.

Quand on considère sous quel jour les Fils de Han ont vu d'abord les étrangers, peut-on vraiment s'étonner qu'ils aient été depuis deux siècles si réfractaires aux rapports étroits avec le monde occidental? L'Européen leur est apparu sous deux aspects : négociant ou missionnaire. Dans le premier cas, on peut bien croire que le corps des *mercantis* coloniaux, pris en général, ne représentait que très imparfaitement la fleur de l'honnêteté et de la probité occidentale. Dans le second cas, quel usage faisaient les jésuites de l'hospitalité si gracieusement accordée par la Chine? Ils s'immisçaient dans ses affaires et dans ses mœurs, traitaient son culte d'idolâtrie, baptisaient ses enfants à tort et à travers en les détournant des traditions nationales, affichaient hautement la prétention de changer ses coutumes séculaires, de détruire sa philosophie, de bouleverser sa morale... Franchement, il aurait fallu une dose de bonhomie au-dessus de la moyenne pour passer indéfiniment sur de pareils griefs. Les missionnaires, il est vrai, apportaient avec eux certains progrès scientifiques, des instruments d'astronomie, l'art de lever les plans, quelques autres notions nouvelles. Mais, après tout, la civilisation qu'ils représentaient au dix-septième siècle était-elle très supérieure à celle de l'Empire du Milieu? On peut pardonner aux Chinois d'en avoir douté. La science de l'Europe était alors à peine plus avancée que celle des Fils de Han. Elle n'avait rien d'éblouissant et ne s'imposait pas encore par des prodiges comme ceux de la chimie moderne, de la vapeur ou de l'électricité. Et, d'autre part, les missionnaires avaient une soif désordonnée de persécution et de martyre. Il fallait absolument qu'ils se missent en lutte avec toutes les autorités locales; ils n'étaient pas satisfaits qu'ils ne finissent par se trouver à la cangue. Peut-être leur programme politique et religieux exigeait-il impérieusement cette tactique. Encore faut-il admettre que les Chinois ne l'aient pas trouvée de leur goût. Dans l'Empire du Milieu, comme ailleurs, les jésuites dépassèrent le but et n'arrivèrent qu'à se faire expulser. Le malheur, c'est qu'avec eux le gouvernement chinois crut longtemps devoir proscrire tout ce qui les lui rappelait, et que cette aventure ait fait perdre deux ou trois siècles à la civilisation. Très certainement, si les jésuites avaient été de simples missionnaires de la science, le résultat aurait été tout différent. Aujourd'hui, ce sont les Chinois eux-mêmes qui reprennent cette croisade, à leur propre compte : il y a des chances sérieuses pour qu'elle soit couronnée d'un plein succès.

VII. — L'art.

L'art japonais et l'engouement d'ailleurs si légitime dont il jouit présentement en Europe ont fait du tort à l'art chinois. A lire les dithyrambes écrits depuis quinze ou vingt ans sur ce sujet, ne croirait-on pas que les Japonais sont les Athéniens de l'Orient, tandis que les Chinois en sont les Vandales? Rien de plus injuste et de plus superficiel. C'est à peu près comme si l'on s'avisait de célébrer exclusivement les mérites de l'École française au détriment des écoles d'Italie, et de nier le Véronèse, sous prétexte qu'on admire Fragonard. Que le goût occidental, et spécialement le goût français, soient plus particulièrement séduits par les qualités propres aux artistes du « Soleil Levant », c'est ce qu'on peut admettre. Il y a entre ces Parisiens de l'Asie et ceux des bords de la Seine des affinités et des analogies qui expliquent de reste une telle préférence. Qu'on en vienne à oublier entièrement la Chine, pour ne plus voir que le Japon, c'est pousser trop loin le paradoxe. Il est temps de s'en souvenir : l'école du Nippon n'est qu'une branche de l'art chinois, et il n'est presque pas une des qualités maîtresses de ses productions qui ne se retrouve à une date antérieure dans celles de l'Empire du Milieu.

La chronologie seule suffirait à l'établir. Il est certain que la civilisation japonaise est récente, eu égard à sa voisine; certain qu'elle en procède directement; certain qu'elle en a adopté les méthodes et les procédés. Elle s'applique aux mêmes formes, suit les mêmes voies, cultive les mêmes spécialités. Elle a pu perfectionner, affiner ou raffiner; elle n'a rien inventé. Son architecture, sa sculpture, ses papiers peints, ses soies brodées, ses albums, ses écrans, ses bronzes, ses ivoires, ses émaux, ses meubles, ses laques et ses poteries, tout lui vient de la Chine, qui les faisait mille ans avant elle. On peut constater jusqu'à la date de cette contagion, comme on sait chez nous celle de l'arrivée du Primatice; jusqu'au chemin qu'elle a suivi et qui a passé par la Corée, véritable Italie du monde chinois. Ce sont des potiers coréens qu'un prince de Satzma ramenait en 1592 au Japon, après une expédition heureuse, pour les installer à Naesivo-Gava, et qui lui fabriquaient ces belles faïences, aujourd'hui si rares qu'on désigne sous le nom de « vieux Satzma ». Ce sont d'autres Coréens qui s'établirent à Kioto vers la même époque pour y manufacturer la porcelaine proprement dite. La Corée a dans l'histoire de l'art une place unique. Ce surnom, qui veut dire : « Elégance exquise » lui venait de ses merveilleux ouvriers, car sa désignation officielle est Tsio-Sen, « Sérénité du matin ». Jetée comme un pont entre le monde chinois et les hommes du Nippon, elle leur en a transmis les arts.

La céramique surtout. Or, qu'on ne s'y méprenne

pas, la céramique est le véritable idiome artistique du génie oriental. Comme expression de leur sentiment esthétique, les Aryas ont adopté le marbre ou la pierre, la couleur appliquée sur la toile ou le bois; les Touraniens ont choisi l'argile cuite et le galbe mystique du vase décoré.

De toutes les poteries que le monde a connues, la plus belle est sans contredit celle des Chinois. Après trois siècles d'efforts, l'Occident n'a pas encore su l'égaler. Sèvres se targue avec raison, comme d'un tour de force, d'avoir pu reproduire exactement une soucoupe ou une tasse de la Chine. Mais les craquelés, les verts de mer, les bleus des Fils de Han, qui les retrouvera jamais? Leurs vieux maîtres en ont emporté le secret. On se console chez nous en attribuant naïvement une espèce de supériorité à la peinture sur toile ou à la statuaire en marbre, et regardant les autres manifestations de l'art comme inférieures ou purement décoratives. C'est un préjugé latin que rien ne justifie. Son moindre défaut est de nous donner des monuments très périssables. Quelle durée peuvent avoir les peintures sur toile? Cinq ou six siècles au plus. Admettons qu'à force de soins et de restaurations on arrive à prolonger l'existence d'un tableau à l'huile, que restera-t-il de l'original après mille ans? A peine un souvenir et un fantôme. Et il ne faut qu'un accident, un incendie ou un rongeur pour détruire ce fantôme. La peinture sur porcelaine, elle, est éternelle. Elle passera des milliers d'années en terre, ensevelie sous les immondices et les décombres, pour reparaître plus radieuse que jamais. Les morceaux mêmes en sont bons. Il est tel fait de la vie des Égyptiens ou des Étrusques que nous connaissons seulement par un fragment de poterie grand comme la main. Tandis que leurs tableaux, ceux des Grecs, ceux des Romains, ont été anéantis sans retour. Même les vieilles monnaies et les médailles arrivées jusqu'à nous doivent souvent leur conservation au pot de terre où elles étaient enfermées. L'or disparaît, le fer tombe en poussière : la faïence résiste et survit. C'est le grand trait d'union que les peuples se lèguent à travers les âges. Ce n'est pas sur le bronze ou le marbre que l'humanité devrait inscrire ses annales, pour les perpétuer; c'est au grand feu, sur des blocs de terre cuite, comme faisaient les historiens de Ninive et comme font les Chinois, sous une autre forme. Car il n'est pas un seul de leurs pots dont le dessin ou la couleur, les ornements, la décoration générale et le détail n'aient un sens historique ou symbolique.

Ce symbolisme se retrouve d'ailleurs partout, dans les tableaux, dans la décoration des murs, sur l'enseigne des boutiques, sur les ustensiles de ménage, les tapis, les cartes de visite. Tel animal figuré dans un dessin s'associe invinciblement pour le Fils de Han à telle idée abstraite. Tel signe que nous traduisons par un seul mot en exprime deux ou trois, grâce à la similitude des sons et à une sorte d'application austère du calembour à l'expression des sentiments. Par exemple, le son *fouh* signifie à la fois « chauve-souris » et « bonheur », le son *louh*, « daim » et « fonction officielle ». Le son *chao*, « longévité, » s'exprime par la figure d'un vieillard, par un pin, par un tortue, par une cigogne; le dragon et le phénix associés sont l'emblème du mariage; le canard-mandarin, celui de l'affection conjugale; le coq et la poule perchés sur un rocher, celui des joies de la vie rustique. Il y a ainsi toute une langue hiéroglyphique employée à la décoration générale et qui fait du moindre ustensile, d'un verre à boire, d'un coussin, d'une nappe ou d'un tapis un véritable poème. Un écran où se trouve le *Yuï* ou sceptre du Bouddha vous promet le succès littéraire. Un éventail marqué d'une oie vous souhaite la félicité domestique. Ce fauteuil de travail porte-t-il un daim, c'est le présage des honneurs officiels qui vous attendent. Deux chauves-souris au coin de ce tapis vous présentent les bons souhaits de celui qui le tissa. Votre assiette en a cinq : ce sont les *Ouou-fouh* ou « cinq bonheurs », richesse, longévité, bonne santé, amour de la vertu, mort paisible. Au fond de votre tasse de thé, vous lisez sous la forme de trois pêches la promesse de cent ans de vie. Le couteau à papier qui vous sert à couper les feuilles du livre nouveau ne manque guère de vous placer sous la protection des *pah-sien*, c'est-à-dire des « huit génies bienfaisants ». La carte même qu'on dépose à votre porte ou la lettre qui vous arrive de Pékin vous glissent en sourdine les aimables vœux du visiteur ou du correspondant.

Peu importe la langue que parle l'artiste et le moyen qu'il met en œuvre pour traduire sa pensée. Il n'y a pas dans l'art de prééminence pour un procédé. Que l'idée s'exprime par l'architecture, par la statuaire, par la magie de la couleur ou par la sonorité des rimes, l'essentiel est qu'elle soit haute à la fois et accessible à la foule. La Chine ayant atteint dans ses œuvres céramiques un degré d'excellence qui n'a jamais été égalé, c'est dans ces œuvres mêmes qu'il faut chercher la clef des particularités techniques qui la distinguent.

On lui reproche, par exemple, de n'avoir pas approfondi les mystères de la perspective et du clair-obscur. Le reproche est injuste, au moins en ce qui touche à la perspective. Certains artistes chinois l'ont connue aussi bien que Panini. Ils la pratiquaient même sous la dynastie des Soung, au treizième siècle de notre ère, alors que notre Europe était plongée dans la léthargie la plus sombre. Un des chefs-d'œuvre de cette période est le *Kang-Tchi-Tsou*, ou « poème illustré de l'agriculture et de l'art de tisser », qui date de 1210. La poésie, assez médiocre, rappelle nos Chansons de geste. Mais les planches gravées qui l'accompagnent, spécialement celles qui retracent la culture du riz et celle qui représente les actions de grâce des paysans après la récolte de la soie, sont de tout point admirables. On y trouve une science de la perspective et une entente de la composition dont pas un seul peuple à cette époque n'avait encore approché.

Mais en acceptant le reproche comme fondé dans une certaine mesure, c'est-à-dire en reconnaissant que la perspective et le clair-obscur ne jouent pas dans les tableaux chinois le rôle capital qu'ils ont dans les nôtres, il faut voir la raison du phénomène. Cette raison est tout à l'honneur de l'art chinois et résulte précisément de la place que la décoration céramique a prise dans ses manifestations. Que nos peintres, élevés pour représenter le monde extérieur sur des surfaces planes, se préoccupent surtout de la perspective linéaire et aérienne, c'est tout naturel. Mais le peintre chinois, chargé de figurer ce monde extérieur sur le ventre d'une potiche, a compris d'emblée que les lois de l'optique ordinaire allaient être nécessairement faussées par cette courbure; il s'est dit que son vase n'était pas destiné à être vu à une hauteur déterminée et sous un certain jour, mais à se trouver tantôt posé à terre, tantôt placé à hauteur d'homme, tantôt élevé sur un meuble; qu'il importait avant tout de sauver l'harmonie de l'ensemble et la régularité des proportions. Alors, qu'a-t-il fait? Il s'est bien gardé de transporter des tableaux de bataille, des scènes champêtres ou des portraits de favorites et de maréchaux sur ses vases ou ses soucoupes, comme l'ont fait pendant plus d'un siècle les barbares de la manufacture de Sèvres. Il a renoncé pour la décoration de ses poteries au modelé trompeur et au clair-obscur infidèle, adopté les teintes plates, créé un dessin sommaire, mais définitif, qui a raison des surfaces tournantes et défie les déplacements. Ce faisant, il s'est montré grand artiste en son genre, comme le sculpteur grec qui le premier renonça à colorier ses statues, pour s'en tenir à l'éloquence des lignes.

Quand nous parlons des peintres chinois, au surplus, sur quoi les jugeons-nous? Sur quelques spécimens de leur façon, égarés dans un musée de marine et qui ressemblent probablement à leurs chefs-d'œuvre comme une chromolithographie ressemble à un Raphaël. Sur quelques douzaines de livres illustrés, qui peuvent être d'une bonne ou d'une mauvaise époque, d'un graveur de génie ou d'un manœuvre. C'est à peu près comme si l'art français était jugé en extrême Orient sur des images d'Épinal, flanquées de quelques enluminures du douzième siècle. Or, la peinture est cultivée dans le Royaume-Fleuri depuis deux mille ans au moins. Le *Hoa-Kien*, de Tang-Keou, donne les annales de l'art de 221 de notre ère jusqu'en 1341. Le *Tou-Hoai-Pao-Kien*, de Hia-Ouen-Yen, donne les noms et la biographie de plus de dix-huit cents artistes et n'arrive qu'à la dynastie mongole. L'Europe n'en connaît pas un seul par ses œuvres. Elle sait vaguement que la belle époque chinoise va de 618 à 907; que les empereurs, les princes et les hauts mandarins avaient alors des galeries de tableaux, et que les Crozat du temps vendaient leurs terres pour s'offrir une toile de prix. Elle sait encore qu'après trois siècles de splendeur l'art chinois tomba dans la pornographie et par suite dans le discrédit; que les invasions tartares lui portèrent un coup mortel et que la dynastie mandchoue l'acheva en décourageant les artistes pour pousser les esprits vers la culture du sol. S'il existe encore des œuvres de ces maîtres, elles gisent ignorées au fond des harems impériaux. Ce que nous en pouvons dire de mieux, c'est que nous ne les connaissons pas. Mais, par les seules épaves de l'art chinois arrivées à nos musées et à nos bibliothèques, nous devons affirmer que certains de ces artistes auraient droit à se voir rangés parmi les plus grands, comme il suffirait, pour mettre l'art grec à son rang, de posséder la copie d'un bras de Vénus modelé par Phidias. Deux des grands paysages à l'encre de Chine conservés au Louvre dans la collection Lagrené sont des merveilles de sentiment et de composition. Un portrait de « mandarine de première classe », sur gaze, rappelle l'énergie tragique de la Marie Tudor de Lucas de Heere. Un autre portrait, sur papier, a l'air d'une aquarelle de Holbein.

Ce qui caractérise avant tout l'art chinois, c'est son entière liberté. La prison du moule classique lui est aussi odieuse que l'entrave des autres formules. Comme tous les peuples courbés sous un joug autocratique, les Fils de Han se dédommagent en imagination de la tyrannie qui les enserre. Leur mot d'ordre est : Pleine fantaisie. Tandis que le monde occidental, dans sa phase actuelle, se donne pour mandat de reproduire fidèlement et de fixer pour l'avenir les choses contemporaines, l'esprit chinois dédaigne ce réalisme. Non pas qu'il se l'interdise à l'occasion. Il sait aussi saisir avec justesse, rendre avec à-propos une impression fugitive, un caractère, une attitude ; mais ce n'est pas par système. Le fantastique, le monstrueux, l'impossible, sont au contraire son champ préféré. Il se plaît à donner un corps au rêve et même au cauchemar. Sa création le satisfait d'autant plus qu'elle ressemble moins à la nature. Et pourtant il a le style, le sens naturel de la couleur, la mesure de cette pondération suprême qui n'est pas la méprisable symétrie, mais l'harmonie même des choses. Dans l'homme, dans l'animal ou dans la plante, ce n'est pas l'accident qui le frappe, c'est la fonction. Tout objet sorti de ses mains indique d'emblée sa destination ; le moindre ornement qu'il y ajoute en accentue ou en adoucit tour à tour le caractère ; toujours la forme qu'il arrête est la plus douce à l'œil et au toucher, en même temps que la plus conforme au but. Il donne au laque et à l'ivoire, comme au bois, au jade, au granit et au métal, les courbures insensibles et les ron-

deurs de la vie, sans en masquer jamais les qualités
propres. Tout ce qu'il emploie garde son individualité et
pourtant prend un air de famille. Il a l'imagination,
l'invention, la verve, l'inépuisable variété. Avant Che-
vreul il a découvert le secret des contrastes et il y puise
les audaces de son merveilleux coloris. Avant le Japon il
a compris que les formes géométriques n'expriment que
la mort et deviné que la véritable loi de la vie dans le
dessin est l'imprévu de la ligne. C'est un artiste, en un
mot, un artiste né, un artiste achevé — le plus original
à coup sûr et l'un des plus puissants que la planète ait
jamais connus.

Quoi de plus personnel que son architecture? Elle ne
ressemble à aucune autre et tout démontre qu'elle procède directement de la tente de peaux sous laquelle
s'abritait le Touranien nomade. « Les nombreux piliers
de bois, sans bases et sans chapiteaux, qui supportent le
plafond des édifices chinois, dit Hope, représentent les
pieux primitifs. Les toits qui de ces piliers semblent pro-
jeter au loin leurs dos et leurs côtes, en conservant la
forme convexe, sont les peaux et les étoffes pliantes étendues sur les cordes et les bambous. Dans les pointes
recourbées qui bordent ces toits, nous voyons les cro-
chets qui retenaient les peaux déployées. Enfin, dans
l'étendue, le peu de hauteur et l'agglomération des différentes parties, nous reconnaissons toutes les formes et
le caractère distinctif des habitations de ces pasteurs
dont les Chinois sont descendus. Les maisons chinoises
semblent attachées à des pieux qui, placés en terre,
auraient fini par y prendre racine et par s'immobiliser.
Ces palais ressemblent à un certain nombre de tentes

réunies; les pagodes elles-mêmes, les tours les plus élevées ne sont rien autre chose que des tentes amoncelées, empilées pour ainsi dire l'une sur l'autre, au lieu d'être placées côte à côte. Toute agglomération de maisons, depuis le plus petit village jusqu'à la résidence impériale, à Pékin, ne présente dans sa distribution que l'image d'un camp... »

« Les constructions chinoises, dit de son côté l'architecte Batissier, sont plus remarquables par leur aspect gracieux que par le grandiose de leurs dimensions. Elles tendent toujours vers la forme pyramidale et se composent, pour la plupart, de plusieurs étages de toits dont les angles sont relevés et ornés de cloches ou de figures fantastiques. Leurs colonnes sont de bois, presque toujours, et appuient sur une base de pierre; l'extrémité supérieure, au lieu d'avoir un chapiteau, est traversée par des poutres. Les murs sont revêtus de briques séchées ou cuites et vernissées. Les tuiles des toits sont demi cylindriques. Quant à l'appareil dont les Chinois se servent, c'est à proprement parler l'*emplecton* des Grecs; s'ils n'emploient que des matériaux de petites dimensions, en général tous les édifices sont peints et produisent un effet charmant. »

Aussi est-ce surtout dans les constructions légères, telles que maisons de jardin, kiosques et pavillons de repos, que les Chinois excellent. Lay écrit à ce propos : « Pour la beauté des proportions architecturales, c'est en Grèce qu'il faut chercher les modèles; pour la grandeur et la majesté, c'est en Égypte; pour la fougue associée à la minutie du détail, nous ne trouverons rien de mieux qu'une cathédrale gothique; mais, pour la fantaisie et l'éclat, la palme appartient aux Chinois. »

Leur architecture rituelle mériterait seule une étude à part. Quoi de plus brillant que le temple de Confucius, à Kiou-Fao, avec ses dentelles de bois et ses bronzes merveilleux? que le temple du Ciel, à Pékin, avec ses deux toits superposés, sa large rotonde décorée de faïences vernissées sur une terrasse à degré de marbre, et ses couleurs éclatantes dans un nid de verdure? que le temple de l'Agriculture, dressant ses trois étages et sa forêt de pilastres sculptés, de balcons, d'escaliers, au-dessus du champ où l'Empereur vient chaque année ouvrir un sillon sous sa charrue d'ivoire et d'or? Et dans le parc oriental de ce Palais d'Été, détruit en 1861 par les armées anglo-françaises, le fameux temple de huit mètres de hauteur, de dix-neuf mètres de tour, entièrement en bronze, qui a survécu au désastre!... Le parc tout entier de cette résidence impériale était un splendide musée d'architecture, institué par Kien-Loung, et où se trouvaient jusqu'à des pavillons dans le style du Bernin, élevés pour lui par les jésuites. Les ruines mêmes de ce musée sont précieuses : plusieurs kiosques, pagodes à étages et portes d'honneurs, sculptées dans le marbre, brillent encore d'un éclat mélancolique sous le sombre feuillage des pins. Car c'est un trait significatif du goût chinois : toujours il isole parmi les arbres ses monuments architecturaux, de manière à leur laisser leur pleine individualité. Quelle différence avec la ceinture de maisons borgnes et de tuyaux de cheminées que nous faisons aux nôtres!

Leurs sculptures sont surtout des dieux et des animaux fantastiques pour la décoration des temples, des ponts, des tombeaux et des palais. Un fût de colonne surmonté d'un lion ou d'un dragon est le motif le plus fréquemment répété; mais ce motif même varie à l'infini. Les dieux sont ordinairement en bois ou en terre cuite: les animaux, en granit ou en bronze. Ce sont des lions, des tigres, des éléphants, des tortues, des béliers. Parfois ces images sont colossales et alternant avec des statues de guerriers font une avenue monumentale au tombeau d'un empereur, de Houng-Wu à Nankin, ou de son fils Young-Loh, à Chan-Ping. Près de Pin-Tcheou, dans une grotte, se trouve une statue du Bouddha, taillée dans la roche même, la plus grande et la plus fameuse de la Chine : elle a dix-sept mètres de haut. Celles de deux disciples, moins élevées de moitié, montrent le Saint aux fidèles. Toutes ces sculptures sont fréquemment rehaussées de vives couleurs, spécialement dans la décoration du faite des maisons, et l'effet en est alors très gai, très élégant.

Il est mystérieux ou terrible dans la décoration des pagodes et des palais impériaux. Là, comme aux flancs de nos cathédrales gothiques, le sculpteur s'est donné pleine carrière pour traduire en granit toutes les épouvantes. Des frises en haut relief, fouillées à trente centimètres de profondeur, surgissent, parmi des fleurs colossales, les figures les plus bizarres; des dragons, des chimères, la gueule béante, les yeux flamboyants, les griffes étalées, s'entrelacent aux lianes et aux serpents, s'enroulent aux colonnes ou retombent en guirlandes où la vie grouille. Le bois et la pierre, le marbre et le bronze s'accouplent dans des embrassements inattendus. La couleur même, violente et hardie, vient ajouter ses prestiges à cette orgie de la forme. Ailleurs, ce sont des dentelles de pierre d'un dessin délicat et exquis comme celui des vieux ivoires, des temples précédés de longues avenues dont les portiques ou *toris* échelonnés, formés de trois traverses peintes et de plus en plus étroites, exagèrent la perspective en l'allongeant à l'infini, jusqu'au sanctuaire où quelque bouddha colossal poursuit au milieu des figuiers son rêve d'anéantissement et d'oubli. Ailleurs encore, des toits de briques jaunes, relevés d'arabesques en relief d'une richesse inouïe, brillent au soleil, portés sur des colonnes de marbre qui figurent des arbres aux branches noueuses, aux fruits mûrs, aux feuilles si légères qu'elles semblent frissonner.

Des ponts d'une hardiesse et d'une élégance suprêmes, des arcs de triomphe ou « portes d'honneur » enrichis de sculptures et d'attributs, des tours polygonales ou *taas* d'un effet charmant, sont encore au nombre des monuments qu'on rencontre à chaque pas. La plus célèbre de ces *taas* était la fameuse tour de porcelaine de Nankin, une des merveilles du monde, détruite pour la seconde fois au cours de la dernière guerre civile.

Le travail du bronze a atteint en Chine son plus haut degré de perfection. Jamais aucun peuple, pas même les Japonais, n'a rien fait qui approche des pièces de grande dimension, trépieds, brûle-parfums, animaux fantastiques, cloches ornées et appareils astronomiques, qui furent coulés en si grande profusion sous le règne de Kien-Loung.

Les Chinois excellent aussi dans la caricature et l'appliquent non seulement au dessin, mais à la sculpture. Les ridicules de leurs fonctionnaires, de leurs prêtres et de leurs marchands sont impitoyablement notés par des artistes souvent pleins de verve, et dont la hardiesse s'arrête seulement au pied du trône. Les étrangers, notamment les Anglais et les Français, ne sont pas épargnés dans ces productions, où les traits caractéristiques de la race se trouvent parfois saisis avec une naïveté tout à fait spirituelle.

La floriculture et l'arboriculture se sont développées chez les Chinois dans une direction particulière. Ils se sont attachés, à grand renfort de temps et de patience, à déformer les arbres, tantôt en les rendant nains, tantôt en leur faisant prendre les figures les plus grotesques. Le genévrier, en particulier, n'apparaît que sous la forme d'un daim, d'une pagode, d'une salamandre; le cyprès, le pin, l'ormeau, le pêcher, le prunier, sont également contraints à jouer les rôles les plus bizarres. On obtient ce résultat en arrêtant l'ascension de la sève par des procédés variés, en courbant les jeunes branches sur des charpentes de fer, en les enfermant plus tard dans des moules de terre, en élaguant impitoyablement les pousses jusqu'à ce qu'enfin la nature vaincue cède à l'art.

L'idéal d'un jardin pour le Fils de Han est un espace découvert où il n'y ait ni gazon, ni fleurs, ni arbres; où des allées pavées de briques vernies se tordent en replis capricieux et ne conduisent nulle part; où des canaux enchevêtrés dessinent des labyrinthes sans but et sans issue; où des oiseaux fantastiques s'agitent sous un dôme d'eau, tandis que des poissons monstrueux nagent en l'air, portés sur des arbres de bronze ou sur des animaux qui appartiennent au règne végétal. « Le beau mérite d'avoir dans son parterre un rosier comme il en pousse sur les chemins, ou un bouquet de bambou comme il y en a tout le long de la rivière ! semble-t-il dire. Quand je veux voir la nature, ce n'est pas dans un parc que je vais la chercher, c'est en pleine forêt vierge ou en pleine montagne. Chez moi, tout doit être artificiel, c'est-à-dire produit de l'art . Foin d'un jardinier qui s'arrête à mi-route et croit avoir tout fait quand il a forcé un arbre à pousser droit, tondu une pelouse, fait couler en cascade l'eau que lui amène un conduit de plomb. » Et qui nous dit que là, comme ailleurs, le Fils de Han n'a pas raison? Nous sommes à ses yeux de purs Philistins, et quand nous parlons beaux-arts, il rit dans sa barbe.

Il en aurait vraiment le droit, s'il était encore de nos jours, comme artiste et producteur, au niveau de ses pères. Malheureusement, il ne fait guère maintenant en sculpture, en peinture, en céramique, en poésie, que copier ou répéter ce qu'ont fait ses devanciers. Au point de vue littéraire et artistique, la Chine contemporaine est en pleine décadence. Tout est ruines dans l'Empire du Milieu, depuis les pagodes et les tours polygonales jusqu'aux jardins à thé et aux demeures privées. La guerre a passé par là. Mais ce peuple est si laborieux et si vivace, qu'il ne faut jamais désespérer de lui. Déjà quelques indices de renouveau se sont fait jour.

A l'est du lac Po-Yang, dans le Kouang-Si, se trouve la fameuse manufacture de porcelaines de King-Teh-Tchin, ainsi nommée d'après l'empereur de la dynastie des Soung, qui la fonda en l'an 1004 de notre ère. C'est la fabrique d'où sont sortis pendant des siècles tant de chefs-d'œuvre recherchés de tout l'univers. Elle a été presque entièrement détruite il y a trente ans, au cours de l'insurrection des Taï-Ping. Mais peu à peu elle se rebâtit, ses fours se rallument, des ouvriers nouveaux viennent reprendre dans ces ateliers reconstruits les traditions glorieuses du passé. Elle n'en compte pas encore un million, comme aux temps de sa splendeur; mais déjà plus de cinq cents fours y sont nuit et jour allumés, et la fumée, les lueurs fantastiques de cette cité ouvrière apparaissent au loin de voyageur, sur la rive du Tchang.

La division du travail est poussée à l'extrême dans la décoration céramique. C'est ainsi que tel artiste se consacre exclusivement à la peinture des oiseaux, tel autre à celle des fleurs ou du paysage; tel autre à la spécialité des rivières, ou de la figure humaine, ou des pagodes et monuments. Mais tous ont la science profonde des pigments à employer pour obtenir à la cuisson un effet voulu; tous savent admirablement préparer et fondre leurs couleurs; tous ont puisé dans un long apprentissage la connaissance des secrets techniques et des tours de main.

La broderie sur soie et sur crêpe, telle que l'entendent les Fils de Han, est un art encore florissant qui se pratique surtout à Canton, dans le quartier de Chong-Young-Fong, près de la Porte de la Paix, et à Pak-Kaou, dans la province de Kouang-Toung. Les *canuts* chinois, comme ceux de Lyon, exécutent leurs chefs-d'œuvre devant un métier du modèle le plus rudimentaire, au fond des bouges les plus misérables de ces deux grandes cités industrielles.

Les artistes chinois contemporains, comme ceux de Naples, sont très habiles à modeler en statuettes de terre cuite et peinte les types des diverses classes. Canton et Tien-Tsin sont les grands centres de production de cette charmante industrie, qui suffirait seule à indiquer un sentiment artistique très vivant.

Un des fonds préférés des Chinois d'aujourd'hui pour leurs peintures est le « papier de moelle », improprement appelé « papier de riz », dont la surface veloutée met si bien en valeur les teintes les plus éclatantes. C'est un tissu végétal formé de longues cellules hexagonales, qu'on extrait du *fatsia*, une sorte de sureau du Yunnan et de Formose. Un autre tissu très affectionné des artistes chinois est celui qu'on tire des feuilles des arbres, en en détruisant le parenchyme par macération : il n'en reste plus alors que la légère charpente, dont on remplit les intervalles avec de la colle de poisson, pour appliquer l'image sur ce fond transparent.

Il s'est formé à Canton, depuis une vingtaine d'années, une école de dessin et de peinture quasi européenne, dont les élèves s'attachent surtout à reproduire les œuvres occidentales. La fidélité de ces copies est parfois surprenante. Jamais artiste français ou flamand n'a rendu avec plus d'exactitude et de goût les moindres détails d'une eau-forte de Rembrandt, transposé avec autant de bonheur sur l'ivoire, le laque et la porcelaine les motifs apportés d'Europe. L'école de Canton a eu jusqu'ici peu d'influence sur le goût national : c'est en général pour l'exportation qu'elle travaille, en fabriquant les pastiches de « vieux Chine » dont nos marchés sont inondés. Encore suffit-elle à montrer que le tempé-

rament chinois peut aisément s'adapter aux conditions
de la production artistique telle qu'on la conçoit en Occident. Vienne une période de prospérité, un élan soudain
des Fils de Han, et cette école peut devenir le germe
d'une floraison nouvelle. Elle possède déjà en Lam-Qua
un véritable maître, qui, sans renoncer au genre fantastique, sait rendre à la gouache, avec tout le brio d'un
impressionniste, les grâces indolentes des belles Cantonaises et les détails du monde où il peint.

VIII. — L'histoire.

Que sait-on communément en Europe de l'histoire de
la Chine, et qu'en apprend-on dans nos écoles? Rien ou
presque rien. Le fait est d'autant plus surprenant, —et
l'on peut dire d'autant plus honteux, — que cette histoire est depuis longtemps connue et mise à jour par les
travaux des sinologues, spécialement des sinologues
français, et que ces travaux sont basés sur des documents
d'une authencité indéniable. Un pareil ostracisme s'ex-
pliquait à la rigueur au siècle dernier, quand la chronologie chinoise paraissait aux jésuites si difficile à faire
concorder avec la mosaïque. Il est inexcusable aujour-
d'hui que la science s'est affranchie de ces scrupules.
Non seulement l'histoire de la Chine a les mêmes titres
à notre intérêt que celle des autres nations, mais on
peut dire qu'elle en a de plus sérieux encore, par la
triple raison qu'elle remonte plus haut, qu'elle est absolument autonome et qu'elle fournit des éléments uniques
de renseignements et de comparaison. La négliger, c'est
commettre la même faute que les anciens anatomistes
quand ils dédaignaient l'étude des fossiles. L'histoire
générale de l'humanité ne pourra être entreprise que le
jour où celle de la Chine aura servi de base aux travaux

d'un Niebuhr, et y tiendra le même rôle que la langue mandarine occupe déjà dans la linguistique.

Cette histoire du Royaume-Fleuri, comme celle de tous les peuples, a sa période fabuleuse, sa période légendaire et sa période positive.

La première se confond avec la cosmogonie chinoise et avec les migrations de races, probablement venues de la mer Caspienne, qui formèrent sur le fleuve Jaune le noyau de l'Empire. Le personnage central de cette ère est le fils unique du Chaos, Pouan-Kou. Armé d'un ciseau et d'un maillet, ce Titan sculpte le relief du monde sublunaire et lui donne sa physionomie présente. Il travaille dix-huit mille ans à cette œuvre colossale, et à mesure qu'elle avance, son propre corps grandit de six pieds par jour. Il finit par s'absorber dans sa création. Sa tête se transforme en montagnes, ses muscles en champs labourables, sa barbe en étoiles, ses os en métaux, et la vermine dont il est couvert donne naissance aux hommes. Dès lors, l'histoire suit son cours.

La période légendaire s'ouvre avec Fou-Hi, dont le règne commence 167 ans avant le déluge biblique, 872 avant la première dynastie égyptienne, 1022 avant l'établissement de l'empire assyrien, 3322 avant l'ère chrétienne (Legge). Fou-Hi occupe le trône pendant cent quinze ans, selon la coutume des patriarches de ce temps. Il a sept successeurs, élus au suffrage restreint des hommes les plus sages de la nation, Chin-Noung, qui règne cent quarante ans, Houang-Ti, Chaou-Aou, Chouen-Ou, Kou, Yao et Choun, qui règnent de cinquante à cent deux ans.

Avec Yao et surtout avec Choun, qui arrive au trône

en 2255 avant Jésus-Christ (cent deux ans avant la naissance d'Abraham), nous entrons dans la période positive. Le plus ancien livre de la Chine, le *Chu-king*, donne à la biographie de ces deux souverains, les derniers sortis de l'élection, une place considérable. Mais c'est avec Yü-le-Grand, fondateur de la première dynastie, en 2205 avant Jésus-Christ, que commencent les véritables annales de l'Empire. Ces annales traitent à peu près exclusivement des faits et gestes de l'empereur, sans donner aucun détail sur la condition des peuples, mais n'en constituent pas moins un trésor inestimable. Elles furent résumées pour la première fois par Szma-Tsien, au deuxième siècle avant Jésus-Christ, d'après les *Livres de Bambou* et le *Livre des Souvenirs*. On possède le catalogue, dressé alors par Pan-Kou, de treize mille deux cent dix-neuf de ces ouvrages. Comme le remarque Pauthier, que ne donneraient pas les historiens et les philologues de l'Europe pour avoir un document pareil sur la littérature grecque ou romaine !

La liste des empereurs chinois, de Yü-le-Grand au présent empereur-enfant, Kouang-Su, couronné en 1875, donne 238 titulaires du trône, appartenant à 25 dynasties successives. C'est une durée ininterrompue de près de 5000 ans, la plus longue de beaucoup que le monde ait jamais connue à aucun établissement politique. Si l'on remonte à Fou-Hi, cette durée s'élève à 5,207 ans, c'est-à-dire à la totalité des temps inventoriés. Seule au monde, la nation chinoise peut donc se targuer d'une noblesse dont les racines plongent directement dans les âges préhistoriques. Elle est l'unique lien qui rattache l'espèce humaine, par une filiation continue et notoire, à ces âges lointains où elle ne connaissait pas encore les métaux. « Fou-Hi » disent les chroniqueurs chinois, « faisait des armes *en bois*; celles de Chin-Noung étaient *en pierre*; celles de Yü *en métal*; mais les riverains du Hoang-Ho et du Yang-Tse-Kiang lui apportaient encore un tribut de fer, d'argent et de *têtes de flèches en pierre*. » En 495 avant notre ère, Confucius étant à la cour de Tchin, un oiseau percé d'une de ces flèches tomba aux pieds du roi, sur la terrasse du palais. Étonné d'une telle arme, le souverain demanda au philosophe d'où elle pouvait venir. Confucius lui répondit qu'elle était pareille à celle dont l'empereur Wan-Wang avait fait présent à son ancêtre, en créant pour lui le royaume de Tchin. Et le roi, ayant cherché dans le trésor de ses reliques de famille, y découvrit en effet une tête de flèche en pierre.

L'histoire très abrégée de la première dynastie chinoise, d'après le résumé qu'en a fait Hugh Murray sur les textes populaires, peut donner une idée de celle des vingt-quatre autres.

Yü-le-Grand, fondateur de la dynastie, avait été le ministre principal de Yao et de Choun. C'est lui qui fit construire les premières digues pour contenir les eaux du Yang-Tsé-Kiang, On lui eut si bon gré de ces travaux qu'il fut élevé au trône, en dépit de son grand âge, à la mort de Choun. Quand il mourut, après un règne de sept ans, ses officiers voulaient couronner son premier ministre Pi-Yi, mais Pi-Yi lui-même insista pour que leur choix se portât sur Ki, le fils aîné de Yü et son portrait vivant. C'est ainsi que la dignité souveraine devint héréditaire. Taï-Kong, fils et successeur de Ki, né lui ressemblait pas. Il ne songeait qu'à boire, à s'amuser, à se livrer aux plaisirs de la chasse et de l'amour. Ses sujets le subirent pendant vingt-neuf ans, puis ils le détrônèrent et mirent à sa place son frère cadet, Chouang-Kang, lequel après treize ans de règne eut, pour successeur Siang, son fils aîné. Siang eut le tort d'accorder une confiance exagérée à son ministre Yeh, qui conspira contre lui et le renversa pour se mettre à sa place. Yeh régna sept ans, puis fut assassiné par les soins du monarque déchu. Siang réunit alors tous ses adhérents dans un effort suprême pour regagner le trône; mais il fut battu par Han-Tsou, son ancien ministre, devenu celui de Yeh, puis le tuteur du fils mineur de l'usurpateur. A la suite de cette défaite, où Siang perdit la vie, Han-Tsou fit massacrer tous les princes de la race de Yü et se flatta de l'avoir exterminée. L'impératrice Min avait pu s'échapper de la capitale et se réfugier sous un nom d'emprunt dans un village éloigné. Elle y donna naissance à un fils qui reçut le nom de Chaou-Kang, et pour mieux cacher son origine royale, le fit élever comme un berger. En dépit de ces précautions, Han-Tsou apprit l'existence du jeune prince; il envoya des émissaires avec l'ordre de l'amener mort ou vif; l'impératrice, avertie à temps, put encore sauver son fils et le placer comme aide-cuisinier dans la maison du gouverneur de la province. Là le jeune garçon se distingua par une si vive intelligence et des manières si supérieures à sa condition, que son maître soupçonna la vérité, l'interrogea, obtint l'aveu de son nom et de sa naissance. Ce gouverneur était resté attaché à la race de Yü. Non seulement il ne trahit pas la confiance de son jeune cuisinier, mais désormais il travailla avec ardeur à lui faire des adhérents pour le rétablir sur le trône. Ce ne fut pas l'œuvre d'un jour : Chaou-Kang avait près de trente ans quand ses partisans jugèrent le moment venu de tenter un effort décisif. Ils marchèrent sur la capitale, s'en emparèrent après avoir défait Han-Tsou et rétablirent Chaou-Kang sur le trône. Il régna dès lors paisiblement et eut son fils pour successeur. Les souverains de même race qui suivirent s'abandonnèrent à l'indolence et n'ont pas laissé d'autre souvenir dans les annales de l'empire que celui de leur nom. On pourrait appeler période des rois fainéants de la Chine l'espace de deux cent vingt ans qui va de 2040 à 1818 avant Jésus-Christ. Enfin la mesure fut comblée par Kieh-Kouei et sa femme Mei-hi, dont l'unique occupation paraît avoir été de se livrer à des ripailles sans fin. Entre autre manières de se divertir, ces deux épicuriens couronnés avaient imaginé de faire creuser un lac artificiel et de le remplir de vin. On dressait des tables somptueuses sur l'un des bords du lac, puis trois mille personnes étaient invitées à venir se régaler ; mais, pour arriver aux tables, il fallait se mettre à la nage dans le vin et en boire jusqu'à ivresse complète. Ce spectacle faisait la joie du couple impérial. Il était loin de faire celle des peuples, qui finirent par se lasser. Une révolution de palais renversa Kieh-Kouei en 1766 avant Jésus-Christ, pour mettre le premier ministre Ching-Tang à sa place. Ainsi finit la dynastie des Hia.

Les annales, même très abrégées, des vingt-quatre dynasties suivantes ne sauraient trouver ici leur place. Il faut se contenter d'en donner le tableau chronologique et de signaler, dans cette longue suite de siècles, les caractères essentiels des périodes les plus tranchées.

Liste des vingt-cinq dynasties chinoises :

		Av. J. C.		Av. J. C.	Durée.	Souverains.
I.	Hia	2205	à	1766	439 ans	17
II.	Chang	1766	à	1122	644 »	28
III.	Chaou	1122	à	255	867 »	34
IV.	Tsin	255	à	206	40 »	2
				Ap. J. C.		
V.	Han	206	à	25	231 »	14
		Ap. J. C.				
VI.	Han de l'Orient	25	à	221	196 »	12
VII.	Han finale	221	à	264	43 »	2
VIII.	Tsin	264	à	322	57 »	4
IX.	Tsin de l'Orient	322	à	419	106 »	11
X.	Soung	419	à	478	58 »	8
XI.	Tsi	478	à	502	23 »	5
XII.	Liang	502	à	556	54 »	4
XIII.	Tchin	556	à	589	32 »	5
XIV.	Soui	589	à	619	30 »	3
XV.	Tang	619	à	907	287 »	20
XVI.	Liang nouvelle	907	à	923	16 »	2
XVII.	Tang nouvelle	923	à	936	13 »	4
XVIII.	Tsin nouvelle	936	à	946	10 »	2
XIX.	Han moderne	946	à	951	4 »	2
XX.	Chaou nouvelle	951	à	960	9 »	3
XXI.	Soung moderne	960	à	1127	167 »	9
XXII.	Soung du Sud	1127	à	1280	153 »	9
XXIII.	Youen	1280	à	1368	88 »	9
XXIV.	Ming	1368	à	1644	276 »	16
XXV.	Tsing	1644	(dynastie régnante.)		211 »	9 jusqu'à ce jour.

Les dynasties des Hia et des Chang répondent à ce qu'on pourrait appeler la première période féodale de l'empire chinois, trois mille ans avant la période analogue en Europe. Les empereurs sont constamment en lutte avec leurs grands vassaux, et occupés à comprimer des révoltes. C'est à ces dynasties que se rattachent les noms les plus exécrables des annales de l'Empire, ceux de Wu-Yî, le Caligula chinois, de Ki-Eh et de sa femme Mi-Hi, qu'on a comparés l'un à Néron, l'autre à Messaline, celui de Chaou-Sin, qui, voyant de pauvres femmes ramasser des coquillages au bord de la mer, les jambes nues, un jour de gelée rigoureuse, inventa la vivisection en leur faisant ouvrir les os, pour voir si elles avaient la moëlle faite de façon exceptionnelle.

A la dynastie des Chaou, avec son chef le sage Wan-Wang et son frère Chaou, répond au contraire une ère de civilisation et d'organisation légale. Les dires et préceptes de ces deux princes philosophes occupent une grande partie du *Chu-King*, le plus ancien des livres sacrés. Cinq cents ans après eux, Confucius aimait à se proclamer leur disciple et à les donner en exemple à leurs successeurs. Wu-Wang, un des princes de cette race, transporta la capitale de l'Empire de la province de Ho-Nan, qu'elle occupait jusqu'alors, à Sin-Gan, dans le Chin-Si, où elle fut longtemps fixée. Mais il commit la faute d'exagérer encore les vices naturels du régime féodal, en divisant l'Empire en une multitude de petits états dont la turbulence devait se manifester au cours des siècles suivants par de continuelles dissensions civiles. C'est à la dynastie des Chaou que se rattachent la vie et les enseignements des trois hommes qui ont eu l'action la plus décisive sur le caractère, la morale et la législation des chinois, — *Confucius*, *Mencius* et *Lao-Tseu*.

Confucius, né en 551 av. J.-C., sous le règne de l'empereur Ling, dans le petit royaume de Lu, était le fils d'un magistrat de district qui le laissa orphelin à l'âge de trois ans. Il fut élevé avec le plus grand soin par sa mère, et se livra de bonne heure à l'étude des anciens monuments de la sagesse nationale. Peu à peu il acquit une grande réputation comme professeur et philosophe et se vit entouré de nombreux disciples. Sa renommée détermina Ting, son jeune roi, à lui confier le poste de premier ministre. Il le remplit pendant trois années avec tant d'éclat que les petits souverains du voisinage commencèrent à s'en alarmer. L'un d'eux, le roi de Tsi, eut recours, pour ruiner l'influence du sage, à un moyen qui lui réussit. Il envoya en présent au jeune Ting, avec toutes les raretés de sa province, trente chevaux richement caparaçonnés et trente courtisanes plus séduisantes les unes que les autres. Le pauvre Ting n'y résista pas. Il s'abandonna sans frein à ses passions et donna bientôt à sa cour le spectacle de telles débauches, que Confucius se démit de son poste et rentra dans la vie privée. Suivi d'un grand nombre de disciples, il entreprit alors de voyager dans tous les états voisins, pour prêcher la bonne parole et le retour à la sagesse des anciens. Parfois il était accueilli avec enthousiasme; d'autres fois il était traité avec opprobre et l'audace de ses doctrines lui faisait même courir de graves dangers. Comme devait faire Diogène plus d'un siècle après lui, il se qualifiait volontiers de Cynique. « J'ai la fidélité du chien, disait-il, et ne suis guère mieux traité que lui. Mais que m'importe l'ingratitude des hommes? Ils ne m'empêcheront pas d'accomplir ma tâche en proclamant la vérité. Si je succombe à la peine, du moins aurai-je conscience d'avoir fait mon devoir. » Comme Jésus le fit cinq cents ans plus tard, il aimait à tirer une moralité des plus petits événements et des moindres rencontres. Un jour qu'il passait devant la boutique d'un marchand d'oiseaux, il remarqua qu'on y voyait seulement des jeunes. « D'où vient cela? demanda-t-il au marchand, n'en prenez-vous donc jamais de vieux? » — « Rarement, répondit l'autre. Les jeunes seuls tombent dans nos pièges. S'il arrive qu'un vieil oiseau se laisse prendre, c'est pour avoir suivi ses petits. » — « Vous avez entendu l'oiseleur? reprit le sage en se tournant vers ses disciples. Rappelez-vous la leçon qu'il vous donne. Ce qu'il dit des jeunes oiseaux s'applique également aux jeunes hommes. C'est parce qu'il n'écoutent pas les vieillards qu'ils tombent dans tous les pièges. La présomption, l'imprudence et l'inattention sont leurs défauts naturels. Quant aux vieillards assez insensés pour suivre et imiter les jeunes hommes, il doivent s'attendre aussi à récolter le fruit de leur folie. » Au terme de cet apostolat, Confucius rentra dans son pays, à la requête de Ping dont il redevint le conseiller. Mais il continua de donner la plus grande partie de son temps à commenter les livres sacrés et à instruire ses disciples. C'est dans ces paisibles occupations qu'il mourut en 478, à l'âge de soixante-treize ans. Il était tenu en telle vénération par ses élèves et par tous ceux qui avaient profité de ses enseignements, que sa mémoire resta pour eux et a toujours été depuis lors l'objet d'un culte véritable. Il avait conscience de cette impression profonde qu'il était destiné à laisser sur la pensée chinoise, car il est dit que vers la fin de sa vie il se rendit avec ses disciples sur une montagne voisine de la ville, pour y déposer solennellement ses livres sur une sorte d'autel, et offrir au ciel ses actions de grâces, après avoir accompli ce prodigieux travail. On l'entendit aussi s'écrier, quelques jours avant sa mort : « La grande montagne s'écroule ! La poutre maîtresse se rompt !... Le sage s'est fané comme une fleur !... » Néanmoins, on ne saurait dire qu'il y ait eu dans son attitude la moindre affectation surhumaine. Il ne se prétendit jamais investi d'une mission divine, ne fit pas de miracles et ne prédit pas l'avenir. Il se contenta d'exposer les devoirs des hommes et les voies du bonheur terrestre, comme il les concevait. L'imagerie chinoise le représente toujours en méditation sous un rayon de lumière céleste qui vient frapper ses livres, entouré de disciples respectueux et fervents. Dans les temples consacrés à sa mémoire, on chante un hymne où se trouve ce verset :

« Confucius ! Confucius !... que Confucius est grand !... Avant Confucius, il n'y eut jamais de Confucius !... après Confucius, il n'y a plus eu de Confucius... Confucius !... Confucius !... que Confucius est grand ! »

Le titre qu'on lui donne au *Rituel* est celui de « Très saint et très ancien maître Koung-Fou-Tsé[1] ». Sa famille, la plus vieille à coup sûr du monde entier, comptait déjà, lors de l'établissement de la présente dynastie, — Il y a deux siècles et demi, — onze mille mâles vivants, descendus en ligne directe du sage, par son unique petit-fils.

Mencius ou Mang-Tsé, postérieur d'un siècle à Confucius, se rattache directement à son école, mais se recom-

---

1. *Tsé* ou *Fou-Tsé* signifie proprement maître, professeur : c'est un titre et non pas un nom.

mande aussi par les vues les plus originales. Né en 371 avant J.-C., dans la ville de Tsaou, qui appartient présentement à la province de Chan-Toung, il était le contemporain de Platon et de Socrate et leur ressemble par plus d'un côté. Lui aussi, il eut pour premier maître une mère vertueuse et distinguée, qui lui donnait d'excellentes « leçons de choses » comme on dit aujourd'hui. Tout petit, il vit égorger un porc et courut en demander la raison. « C'est pour te le faire manger, » lui répondit sa mère. Puis, réfléchissant que l'explication ne donnait pas du fait une idée assez juste et précise, elle prit l'enfant par la main, alla acheter avec lui une côtelette du malheureux porc et la fit cuire sans plus tarder. Ainsi dressé aux réalités pratiques de la vie, Mencius devait naturellement s'attacher aux principes du positivisme de Confucius. Il les développa avec un tel éclat que sa réputation le fit appeler de bonne heure dans les conseils du roi de Wei, puis du roi de Tsi. Il y eut toujours un rôle purement consultatif; mais, par sa haute probité, son courage et son inflexible attachement à la justice, il conquit le droit de tout dire et sut en user. Mencius est dans l'histoire le premier philosophe et le premier homme d'État qui ait ouvertement opposé les droits des peuples à ceux des rois. Un prince lui demandait s'il fallait conquérir le territoire de Yen, qui bordait le sien. « Oui, répondit le sage, si ce sont les hommes de Yen qui vous appellent. » Il disait que la volonté populaire est le vrai pouvoir de l'État, et le seul légitime. « Quand un roi gouverne mal, écrivait-il, il faut l'avertir : et s'il continue, le renverser. — Celui qui gagne les cœurs du peuple s'assure le trône; celui qui les perd s'en éloigne. — C'est un triste pays à régir, qui vous maudit et vous hait. — Si la cour demande la mort d'un homme, le prince doit se méfier ; si ses ministres la réclament, il peut réfléchir ; si c'est le peuple qui la veut, qu'il cède sans scrupule, car il y a mille chances contre une pour que le peuple ait de bonnes raisons. » Par ces pensées d'une originalité si haute et qu'il fut sans conteste le premier des hommes à formuler, Mencius a mérité d'être regardé par les Chinois comme le plus grand de leur philosophes, après Confucius ; un décret impérial l'a investi après sa mort du titre de « Saint prince du pays de Tsaou, » sous lequel l'Empire du Milieu le révère encore. Ce que l'humanité doit voir en lui, c'est le plus vénérable ancêtre du suffrage universel.

Lao-Tseu n'avait précédé Confucius que d'un demi-siècle. Il eut même l'occasion de le contredire en personne, au cours d'une entrevue restée célèbre dans les annales philosophiques du Royaume-Fleuri. Son histoire n'en est pas moins beaucoup plus légendaire que celle des deux autres maîtres de la pensée chinoise. S'il faut en croire la tradition, il naquit en 604 avant J.-C., au hameau de Kou, dans le royaume de Tsou, actuellement province de Ho-Nan. Sa mère l'avait porté quatre-vingts ans dans son sein, et il vint au monde en cheveux blancs (sans doute il était albinos). D'où son nom, qui signifie « l'enfant-vieillard » et son surnom de *Lao-Kiun* qui veut dire le « vénérable prince. » On ne sait rien de positif sur lui, ses disciples s'étant attachés à entourer toute sa biographie de nuages légendaires. Il paraît pourtant certain qu'il remplit les fonctions de bibliothécaire impérial et voyagea vers l'Occident. Jusqu'où furent poussés ces voyages ? C'est ce qui n'est pas établi. Mais le caractère rationaliste de son livre, le *Tao-Teh-King* ou « Canon de la Raison et de la Vertu, » est de nature à faire penser qu'il en avait puisé les éléments dans la philosophie persane ou hindoue. Stanislas Julien, Chalmers, Strauss et plus récemment Legge ont traduit cet ouvrage, — de tous les classiques chinois celui qui présente le plus d'analogies avec les formes de la pensée grecque. On a souvent comparé sa philosophie à celle de Zénon.

Parmi les monuments connus et certains des trois premières dynasties chinoises, il faut noter dix tambours de pierre ou *chi-kou*, présentement déposés dans le temple de Confucius à Pékin. Ce sont des espèces de piliers cylindriques hauts de soixante à quatre-vingt-dix centimètres, larges de soixante-dix, sur lesquels des inscriptions presque effacées, mais encore visibles, perpétuent le souvenir des grandes chasses de Suen-Wang, en 827 avant notre ère.

La dynastie des Tsin eut pour fondateur Houang-Ti, le Napoléon chinois, qui du rang de petit prince féodal arriva au pouvoir suprême ; il repoussa les Huns et bâtit en dix ans la Grande Muraille pour arrêter leurs incursions. Cette entreprise colossale illustra dans toute l'Asie le nom de sa dynastie, d'où les Hindous firent *Tsina*, les géographes romains *Sinenses* et leurs successeurs *Chine, Chinois*. Entre autres exploits mémorables, Houang-Ti ordonna la destruction de tous les livres anciens et spécialement des œuvres de Confucius et de Mencius ; il fit même mettre à mort, en les brûlant vifs, cinq ou six cents lettrés soupçonnés de savoir ces livres par cœur. Les historiens se sont épuisés en conjectures sur le motif de ces actes de vandalisme. De Guignes en donne comme raison les comparaisons défavorables que les sujets de Houang-Ti faisaient entre ses prédécesseurs et lui. Puthier veut que son but fût de réduire tous les Chinois à l'ignorance et à la stupidité, pour les gouverner plus aisément. De Mailla estime que la détermination du despote fut sans doute causée par le contraste qu'il apercevait lui-même entre les préceptes de ces livres et sa propre conduite. Fréret convient ingénuement que le motif de cette destruction est inconnu. Wells Williams pense que le chef de la dynastie des Tsin avait surtout en vue d'abolir la trace du système féodal des Chaou, exposé dans le *Chu-King*. Cette hypothèse est d'autant plus vraisemblable, que la politique d'Houang-Ti était tout entière tournée vers la centralisation et l'unité. Quoi qu'il en soit, son entreprise échoua, comme celle d'Alexandre, comme celle de Napoléon. Les livres classiques survécurent à l'incendie et l'empire des Tsin ne dura que quarante ans. Le propre fils du conquérant fut renversé par Liu-Pang, un soldat de fortune qui commandait la plus grande partie de ses forces.

Sous le nom de Kaou-Tsu, Liu-Pang devint alors le fondateur de la dynastie des Han (206 avant notre ère). C'est de son avènement que les Chinois font dater leur histoire moderne. Encore aujourd'hui, ils aiment à se désigner sous le nom de *Han-Tsé*, « fils de Han ». Cette expression de la gratitude nationale est légitimée dans une large mesure par le caractère général des princes de cette race. Leur temps doit être considéré comme l'ère organique de l'Empire du Milieu. C'est de cette période que datent la plupart des institutions de la Chine et notamment l'admission de tous les citoyens aux emplois publics, par voie de concours. Sous Kouang-Wu, l'un des Han, la capitale de l'Empire fut transférée — de Chang-An à Loh-Yang. Sous un autre, Ming-Ti, qui étendit ses lois jusqu'aux confins de la mer Caspienne, une mission fut envoyée dans l'Inde pour obtenir des copies authentiques des livres bouddhiques. La religion du Bouddha avait déjà d'assez nombreux sectateurs dans l'Empire du Milieu, mais c'est de ce voyage (en l'an 65 de notre ère) que date son admission officielle au nombre des cultes de l'Etat. Les historiens chinois constatent que vers cette époque la renommée de l'Empire Romain arriva jusqu'aux habitants du Royaume-Fleuri ; les soieries de la Chine, transmises par les caravanes de l'Asie centrale, avaient aussi apporté aux géographes latins la notion vague du peuple qui les fabriquait. Mais où vivait ce peuple et quelles étaient ses mœurs ? c'est ce qu'on ne songeait même pas à se demander.

La période qui va de la chute des Han à l'établissement de la seconde dynastie des Tsin, en 264 de l'ère vulgaire, est une des plus agitées de l'histoire de la Chine. Elle est connue sous le nom de période des « Trois Etats », parce que les discussions intestines et les invasions avaient amené le démembrement de l'empire en trois royaumes, celui de Wei, celui de Chou, et celui de Wuh. Les Huns jouaient alors dans les destinées du Royaume-Fleuri un rôle prépondérant, et les Chinois, déjà parvenus à un haut degré de civilisation, retombaient peu à peu dans la barbarie.

Ils n'en sortirent guère sous les Tsin de l'Orient, ainsi

nommés parce que l'un d'eux, Yessen-Ti, transporta à Nan-Kin la capitale de l'empire (317 ap. J.-C.). La dynastie des Soung, qui succéda aux Tsin, celles des Tsi, des Liang et des Tchin, qui se suivirent jusqu'à la fin du sixième siècle, n'ont laissé que des souvenirs de luttes sanglantes, de crimes et de massacres. Sous celle des Soui, la paix se rétablit enfin et la civilisation chinoise reprend son cours.

C'est le fondateur de cette maison, Yang-Kien, qui rétablit l'unité de l'Empire, détruite depuis quatre siècles; il institua la division en départements, arrondissements et districts, telle qu'elle subsiste encore. Sa mort, sous le couteau de son propre fils, fut pourtant le signal de nouveaux troubles. Mais à l'accession de la dynastie des Tang, en 614, commence pour les fils de Han une ère de prospérité qui dure trois siècles et fait de la civilisation chinoise la plus florissante que le monde eût encore connu.

A ce moment, l'Occident chrétien est plongé dans les plus sombres ténèbres. L'ignorance et la brutalité y règnent sans partage. Il n'y a pas dans la nuit de l'Europe un point lumineux ou seulement crépusculaire. Pour ranimer ce cadavre, il faudra, — dans cinq ou six cents ans, — l'étincelle de hasard retrouvée par les croisés sous les cendres de Constantinople. La Chine, elle, est en pleine Renaissance et n'en a emprunté les éléments qu'à elle-même. Ses écoles s'ouvrent de toutes parts; ses codes sont refondus; ses lettres et ses arts témoignent d'une fécondité sans exemple. Elle a des poètes, des dramaturges, des musiciens, des peintres, des sculpteurs, — et jusqu'à des soldats illustres. Taï-

Tsoung, « le grand soldat-lettré » pousse ses frontières jusqu'à l'Altaï, jusqu'à la Sogdiane et à l'Hindou-Kousch. Le Népaul, la Perse et l'empire grec lui envoient des ambassades. Le christianisme pénètre pour la première fois en Chine avec les Nestoriens : Taï-Tsoung a si peu de préjugés, qu'il se fait expliquer leur doctrine, traduire leurs livres sacrés et les laisse librement pratiquer leur culte à Chang-An, où il a replacé sa capitale. Sous les Tang, en 722, la Chine compte déjà 52 millions d'habitants.

Après leur chute, en 907, nouveau démembrement de l'empire. Les Tartares recommencent à jouer un rôle prépondérant dans ses affaires. Cinq dynasties, neuf empereurs, se succèdent en quarante-deux ans. Puis la race des Soung, portée au pouvoir suprême par de véritables prétoriens, (en la personne de son chef Chaou-Kouang-Youn, que ses soldats trouvent ivre quand ils lui apportent la soie jaune), réussit à refaire l'unité de l'empire et se maintient sur le trône pendant un siècle et demi. L'ancienne législation refleurit et la prospérité renaît. On voit même se former dans les conseils de l'État deux grands partis constitutionnels, véritables *whigs* et *tories* de la Chine, qui substituent la discussion à la force, pour arriver au pouvoir, et l'occupent alternativement. A la vérité, cette période « parlementaire » se termine par le triomphe des conservateurs et la déportation en masse des radicaux : mais l'ère de libre examen et de haute critique politique qui a marqué la fin du douzième siècle n'en reste pas moins une des plus curieuses de l'histoire de la Chine, une de celles qui ont laissé la plus profonde impression sur l'esprit de ses lettrés. Mais si les arts de la paix continuent à fleurir, le pouvoir central s'affaiblit de plus en plus; des empereurs sceptiques et philosophes dédaignent de quitter leur capitale pour prendre le commandement de leurs troupes, qui ont pourtant devant elles un redoutable ennemi dans l'envahisseur mongol. Il faut bien qu'ils s'y décident, quand Gengis-Khan s'empare de Pékin, en 1235. Ils émigrent alors à Nankin, et sous le nom de Soung du Sud, y traînent pendant quelques années une existence humiliée. Enfin ils disparaissent avec leur dernier représentant Ti-Ping, qu'un de ses fidèles force à se noyer avec lui; et les chefs mongols de la dynastie des Youen restent seuls maîtres de l'empire.

Comme il arrive toujours aux conquérants, leur génie propre est aussitôt absorbé par le génie du vaincu; l'envahisseur adopte les mœurs et les idées chinoises. Kou-Blaï-Khan, celui-là même qui eut Marco-Polo pour témoin et pour historien de sa magnificence, se montre protecteur éclairé des arts et des lettres, administrateur habile autant que malheureux dans ses entreprises contre le Japon. C'est à lui que la Chine doit son Grand Canal et sa belle porte de Ku-Young-Kouan, percée dans la Grande Muraille. Mais son esprit politique ne passe pas à ses héritiers, qui s'entourent d'une *camarilla* mongole, gouvernent au profit de cette coterie et foulent aux pieds les traditions les plus chères du peuple chinois, — notamment le système des concours pour le recrutement des fonctionnaires publics.

Alors surgit des couches profondes de la population un agitateur de génie, le plébéien Chou-Youen-Chang, qui lève contre l'usurpateur mongol l'étendard de la révolte, groupe toutes les forces insurrectionnelles et après une lutte sanglante parvient à chasser l'étranger. (1368, ap. J.-C.) La reconnaissance de la nation chinoise confie le pouvoir suprême à celui qui vient de l'affranchir, et Chou-Youen-Chang inaugure sous le nom de Houng-Wu la dynastie Ming ou « Brillante. » Il transfère sa capitale à Nankin, et après un règne de trente ans transmet la couronne à son petit-fils Kien-Ouan. Ce jeune homme ne règne que cinq ans : il est renversé par son père Young-Loh, qui reprend Pékin pour capitale, en 1403, et donne aux anciennes lois chinoises, refondues par ses ordres, la forme qu'elles ont gardée jusqu'à ce jour. C'est sous Kia-Tsing, un de ses successeurs, que les Portugais établissent, vers 1525, les premiers rapports commerciaux de l'Europe avec la Chine, et sous Ouan-Ley, vers 1580, que les Jésuites pénètrent dans le pays. La dynastie des Ming prend fin en 1644 : elle succombe aux divisions intestines dont les Mandchous, massés de longue date sur la frontière du Nord, profitent pour envahir la Chine, s'emparer de Pékin et établir au Palais Défendu, la dynastie des Tsing, ou « Très Pure », qui règne encore.

Cette conquête de l'Empire du Milieu par les Mandchous avait été l'œuvre de plus d'un quart de siècle. Depuis trente ans, le chef de ces peuples guerriers annonçait qu'il en voulait aux Ming, et les renverserait, avec l'aide du Ciel. Il n'y parvint qu'à grand'peine et après avoir, comme il l'avait promis, immolé deux cent mille Chinois aux mânes de son père. Aussi sa victoire prit-elle le caractère d'une occupation militaire, d'un véritable état de siège, et après deux cents ans, ce caractère est encore très nettement marqué.

Non seulement la capitale de l'empire, mais toutes les places fortes sont exclusivement occupées par des « troupes de bannière » c'est-à-dire par des soldats d'origine mandchoue. Des concessions de terre furent à l'origine attribuées à cette féodalité conquérante, analogue à celle que Guillaume de Normandie implanta il y a huit siècles sur le sol anglais. Le vainqueur alla jusqu'à exiger que les vaincus se fissent à son exemple raser toute la tête sauf la région occipitale : et des milliers d'hommes préférèrent se la laisser trancher que de se soumettre à cette humiliation. De nos jours encore, les habitants du Fokien se couvrent le front d'un bandeau pour ne pas montrer le signe de la défaite. Aussi les Tsing ont-ils eu depuis leur accession à lutter contre de terribles révoltes. Le vieil esprit national couve toujours sous la soumission apparente des Fils de Han, et se traduit par de fréquentes explosions. Une des plus curieuses de l'histoire est l'insurrection des provinces maritimes du Sud, sous le commandement du héros Koxinga : il ne fallut rien moins pour la réduire que la déportation en masse, en 1665, de toutes les populations de la côte à trois lieues dans l'intérieur des terres. Encore Koxinga, ne pouvant plus agir sur elles, prit-il le parti de se rejeter sur l'île Formose, d'en proclamer l'indépendance et de s'y rendre inexpugnable. Aujourd'hui encore, c'est dans les innombrables sociétés secrètes de l'empire que s'abrite et s'entretient la haine du conquérant mandchou ; l'insurrection des Taï-Ping en a été la manifestation récente et rien ne dit que ce sera la dernière.

Des neuf empereurs de la dynastie des Tsing, Kang-Hi et son fils Young-Ching sont ceux qui ont le plus marqué dans les annales de la Chine. Kang-Hi était contemporain de Louis XIV; comme lui il occupa le trône pendant plus d'un demi-siècle. Il doit surtout sa célébrité en Europe aux éloges des Jésuites, qu'il protégea constamment. Par contre, son fils Young-Ching, qui les chassa, passe pour avoir assassiné son frère, quoique toute sa conduite politique et privée démente cette accusation. Kien-Loung, son successeur, se distingua par un amour désordonné de la magnificence et des grosses armées. Le règne de Kia-King, qui suivit, fut constamment troublé par des révoltes. Celui de Taouk-Ouang vit la guerre de l'opium et le commencement de l'insurrection des Taï-Ping. Celui d'Hien-Fung, la prise de Pékin par une armée anglo-française. Tung-Chi, l'avant-dernier empereur, mourut en 1875, peu de temps après la fin de sa minorité. Kouang-Su, qui occupe actuellement le trône, est un enfant de quatorze ans.

Ainsi se résume à grands traits l'histoire des vingt-cinq dynasties qui depuis cinq mille ans ont présidé aux destinées de l'Empire du Milieu. La récapitulation nominative des 238 souverains dont se composent ces vingt-cinq races souveraines serait ici hors de saison. On se contentera de donner comme repères historiques les noms officiels des empereurs appartenant aux deux dernières dynasties, celle des Ming, renversée en 1644 et celle des Tsing, ou dynastie Mandchoue, « Très Pure », présentement régnante.

DYNASTIE DES MING (1368 à 1644 après J. C.)

1. Houng-Wu (1368). Contemporain de Tamerlan.
2. Kiou-Ouan (1398). . — Manuel Paléologue.
3. Young-Loh (1403). . — Martin V et d'Henri V d'Angleterre.
4. Houng-Hi (1425) . . — Charles VII de France, d'Henri VI.
5. Si-Ou-En-Ti (1426) . — Cosme de Médicis.
6. Ching-Toung (1436). — Nicolas V.
7. King-Taï (1457). . . — Mahomet II, Sixte IV.
8. Ching-Oua (1465). . — Louis XI de France.
9. Houng-Chi (1488). . — Bajazet II.
10. Ching-Ti (1506). . . — Henri VIII d'Angleterre.
11. Kia-Tsing (1522). . — Marie Tudor, Philippe II.
12. Loung-King (1567) . — Elisabeth d'Angleterre.
13. Ouan-Ley (1573). . — Henri IV de France.
14. Taï-Chang (1620). . — Philippe IV, Grégoire XV.
15. Tien-Ki (1621). . . — Urbain VIII.
16. Tsoung-Ching (1628). — Frédéric II.

DYNASTIE DES TSING (actuellement régnante).

1. Chun-Chi (1644) . . Contemporain de Richelieu et de Cromwell.
2. Kang-Hi (1662). . . — Louis XIV et de Sobiesky.
3. Young-Ching (1723). — Louis XV.
4. Kien-Loung (1736).. — Clément XIV, Louis XVI.
5. Kia-Kung (1796). . — Barras, Bonaparte, Georges III d'Angleterre.
6. Taou-Kouang (1821). — Louis XVIII, Louis Philippe.
7. Hien-Fung (1851). . — Napoléon III, Victoria.
8. Tung-Chi (1862) . . — Alexandre II de Russie.
9. Kouang-Su (1875) . — Bismarck.

IX. — Philosophie et religions.

Presque toutes les religions du globe ont, à un moment ou à l'autre, pénétré en Chine et s'y retrouvent avec des modifications diverses. Aucune, excepté le Bouddhisme, n'y a jamais pris de profondes racines. Les croyances importées d'Europe, en particulier, ont toujours été impuissantes à satisfaire les aspirations mentales des Fils de Han.

Il y a des Juifs en Chine depuis les temps les plus reculés : une colonie israélite y vint, probablement de la Chaldée, sous la dynastie des Han, et s'y est toujours perpétuée depuis cette époque, avec ses rites, ses coutumes et ses caractères ethnographiques bien marqués. Elle a peu prospéré, et n'a jamais fait de prosélytes, quoique son existence soit assez notoire pour que le judaïsme ait toujours été compté par les statisticiens chinois au nombre des religions de l'Empire. Le docteur Martin, directeur du collège Européen de Pékin, a visité vers 1866 les Juifs de Kaï-Foung. Il a constaté que par une dérogation peut-être unique aux goûts et aux aptitudes de leur race, ces Israélites ne se livrent ni au commerce, ni à la banque et sont pour la plupart dans une grande misère. Leur chiffre total, d'après leurs propres dires, ne dépasse pas trois ou quatre cent mille.

Le Mahométisme a pénétré de bonne heure au Cathay avec les caravanes de l'Asie centrale; il n'y a jamais fait de prosélytes, peut-être parce qu'il n'a pas atteint la classe des lettrés, le Coran ne pouvant pas être traduit par ses sectateurs, et les Chinois étant jusqu'à ces derniers temps restés étrangers aux langues du dehors. On compte pourtant qu'il y a dans l'Empire du Milieu dix à douze millions de musulmans; à Pékin seulement, il y en a deux cent mille.

Le Christianisme a été introduit pour la première fois à la Chine par les moines nestoriens de la Perse, vers la fin du ve siècle. Il n'y laissa alors aucune impression, et la seule trace qui soit restée du passage de ces moines est la célèbre inscription syriaque, découverte en 1625, à Si-Ngan-Fou, dans le Chen-Si. L'église grecque fit plusieurs autres tentatives, du viiie au xiie siècle, pour s'implanter en Tartarie et en Chine, mais sans effets appréciables. Depuis le iiie siècle jusqu'à nos jours, l'église romaine n'a pas cessé d'envoyer des missionnaires aux Fils de Han. Sous l'empereur Kang-Hi, les jésuites parvinrent même à conquérir à sa cour l'influence la plus marquée. Au cours des deux derniers siècles, les efforts du catholicisme pour prendre racine dans l'Empire du Milieu, ont été constants et parfois héroïques. Les églises protestantes ne se sont pas montrées moins actives. On n'a épargné dans cette croisade, ni l'argent ni le sang européen. Pourtant, les résultats acquis sont à peu près nuls, et les missionnaires de toute dénomination en conviennent eux-mêmes. C'est à peine s'il y a présentement en Chine, après cinq siècles d'apostolat, vingt ou trente mille chrétiens, sur quatre cents millions d'habitants.

L'abbé Huc, en constatant cette « désolante stérilité », en cherche la raison et la donne avec une louable franchise. « Ce n'est pas, écrit-il, que le gouvernement chinois soit de sa nature intolérant ou persécuteur : *il ne l'est pas le moins du monde. En matière de religion* son indifférence est complète. Quoiqu'il admette, pour les fonctionnaires publics, un culte officiel qui se borne à quelques cérémonies extérieures, *il est profondément sceptique* et laisse le peuple parfaitement libre d'avoir les idées religieuses qu'il lui plaira; *il l'invite même, de temps en temps, à ne croire à aucune religion.* L'empereur Taou-Kouang, quelques mois après son avènement au trône (en 1820), adressa au peuple une proclamation dans laquelle il passait en revue toutes les religions connues dans l'empire, y compris même le christianisme, et finit par conclure que toutes étaient fausses et que l'on ferait bien de les mépriser toutes indistinctement. Le gouvernement chinois voit exclusivement dans les petites communautés chrétiennes, ajoute l'abbé Huc, des sociétés secrètes organisées pour le renversement de la dynastie : s'il les entoure de soupçons et de défiances, c'est uniquement à ce titre. »

Ce que le missionnaire Huc disait là du gouvernement chinois, il aurait pu le dire de toute la nation et même de ses prêtres. Il n'y a pas sous le soleil de peuple aussi tolérant que les Fils de Han. Leur langue n'a même pas de mot signifiant « religion ». Le son *Kiao*, qui se rapproche le plus de ce sens, exprime seulement un « enseignement », une « doctrine ». C'est bien ainsi qu'ils considèrent les divers cultes établis dans leur pays, sans leur accorder aucun caractère de révélation surnaturelle. Pour eux, ce sont des vues diverses sur la nature des choses, des théories dont on peut prendre ou laisser ce qu'on veut, selon son tempérament propre et ses goûts personnels. Leur panthéisme vague et flottant admet côte à côte le Bouddhisme, d'origine hindoue, le Confucianisme et le Taoïsme, d'origine indigène, greffe sur le tout une espèce de culte politique dont l'Empereur est à la fois le grand prêtre et le dieu principal, et au demeurant n'éprouve ni amour ni haine pour les importations religieuses plus récentes : ce sont d'autres théories qui s'offrent à l'éclectisme et à la curiosité d'un vrai lettré, — rien de plus.

Il est toujours difficile de déterminer les véritables croyances religieuses d'un peuple. Qui oserait entreprendre de définir celles des Français pris en général? La différence des pratiques locales et individuelles, la variété des dogmes acceptés par l'un, repoussés par l'autre, la part de convenu et de superficiel qu'il y a toujours en pareille affaire, rendent presque impossible d'arriver à des conclusions rigoureuses. En Chine, la difficulté se complique d'habitudes de penser et d'agir entièrement différentes des nôtres. Il faut donc se contenter de décrire sommairement les principaux cultes pratiqués par les Chinois, sans prétendre en peser exactement l'importance très variable selon les lieux, les rangs et les personnes. Constatons seulement deux caractères bien tranchés, qui distinguent ces cultes de tous les autres : c'est d'abord qu'ils ne donnent aucune place à l'effusion du sang ni au sacrifice des victimes, soit réel, soit figuré; c'est ensuite qu'ils ne s'imposent jamais comme un devoir étroit, ou pouvant exercer une action quelconque sur le par-delà de la mort. On leur accorde précisément le degré d'intérêt que peut avoir pour un rhéteur de profession telle forme de raisonnement, pour un maître à danser telle manière de saluer.

Au sommet du panthéisme chinois, on trouve la Religion d'État, ou déification du pouvoir central, dans la personne de l'Empereur. Nul doute que ce culte n'ait été dans le passé un puissant moyen de gouvernement. Il semble avoir perdu de son efficacité; mais les rites n'en ont pas varié et se sont perpétués à travers les âges. La simplicité de ces rites est pleine de grandeur et frappe tous ceux qui en ont été témoins dans le Temple Impérial, à Pékin. Ils comprennent trois ordres de cérémonies, dites *grandes, moyennes* et *inférieures*. Les premières s'adressent aux Cieux et à la Terre, qui forment avec l'Empereur lui-même une véritable Trinité, — aux ancêtres de la dynastie régnante et aux dieux protecteurs des moissons. Les secondes ont pour objets le Soleil, la Lune, les mânes des anciennes dynasties, ceux de Confucius, les dieux de la soie et des diverses cultures, ceux du cycle astronomique. Les dernières s'adressent aux mânes de tous les grands hommes et bienfaiteurs de l'humanité, aux cinq illustres montagnes, aux quatre fleuves, aux quatre mers, aux dieux du vent, de la pluie, des nuages et du tonnerre, à ceux des canons, des forteresses, des drapeaux, des deux pôles, etc... C'est l'Empereur en personne qui officie, à l'époque des solstices, vêtu de bleu à l'autel des Cieux, de jaune à l'autel de la Terre, de rouge à celui du Soleil, de blanc à celui de la Lune. Pontife-Dieu de ce culte, et l'égal des puissances physiques qu'il honore, il ne leur accorde point le *Ko-Tao*, mais de simples révérences. Pas un prêtre ne l'accompagne : il n'en est pas qui puisse avoir de rôle dans cette communion du Fils du Ciel avec toute la Nature, source et sœur de son pouvoir. Seuls, les membres de la famille impériale et du Conseil des Rites l'assistent dans sa fonction, qui se termine par un banquet où il est supposé s'asseoir en compagnie des Forces célestes ou terrestres et des mânes de ses prédécesseurs. La peine de mort est réservée à quiconque aurait l'audace de se joindre, fut-ce par la pensée, à ces rites impériaux, et de s'adresser directement aux puissances cosmiques, représentées pour le commun des hommes par le Fils du Ciel. En même temps que le Dieu et le Pape, il est l'unique Adepte de ce culte d'État, destiné à le placer hors cadre, au-dessus de l'humanité vivante, parmi les constellations et les éclairs.

A ce culte impérial se rattache directement le Confucianisme, qui est celui des lettrés et par conséquent des fonctionnaires. Son essence est un attachement d'antiquaire aux formes traditionnelles de l'étiquette, règle et sanction de la morale sociale, l'absence de toute notion surnaturelle, le culte du génie humain, associé à tout un système de gouvernement. Koung-Fou-Tsé, on n'en saurait douter, était un athée qui croyait devoir ménager les opinions historiques et les dires des anciens sages, en tant qu'il était possible de les rattacher à sa doctrine. Il savait le rôle que l'habitude joue dans les actions humaines et se donnait sinon pour but, ainsi que l'a écrit son petit-fils, tout au moins pour moyen, « de transmettre à la postérité les préceptes de Yao et de Choun, comme s'ils eussent été ses ancêtres, et de développer les commandements de Wan et de Wu, qu'il prenait pour modèles. » Par Confucianisme, il faut donc entendre à la fois et l'ancien trésor littéraire de la Chine et les vues propres au grand philosophe, en y comprenant les adjonctions incessantes que fait à la liste des grands hommes la reconnaissante piété des lettrés. Toute leur vie est un hommage aux écrivains nationaux, puisqu'elle est exclusivement consacrée à l'étude des livres classiques. Confucius occupe la première place dans la vénération des fidèles, avec les souverains légendaires dont se réclamaient ses enseignements, Yao et Choun, le roi Wan et ses deux fils Wu et Chaou ; puis viennent Mencius, les empereurs philanthropes, les grands inventeurs, les artistes illustres, tous les bienfaiteurs de l'humanité. De nouveaux noms peuvent venir en grossir le catalogue, par une sorte de canonisation spontanée. Les honneurs qu'on leur rend sont le véritable culte officiel, qui a ses temples dans toutes les villes, avec des desservants spéciaux, et tous les lettrés, tous les fonctionnaires pour pontifes. Ces temples, au nombre de quinze ou seize cents, sont habituellement rattachés aux salles d'examen provinciales et entretenus partie sur le produit des domaines publics, partie par le moyen de dons volontaires. Les dons sont généralement en nature. On estime qu'ils comprennent tous les ans 60,000 lapins, porcs, moutons ou daims, et 25,000 pièces de soie.

La philosophie pratique de Confucius est sans contredit le code moral le plus parfait qui ait jamais été formulé. En voici les articles principaux, « qu'il faudrait savoir par cœur », selon le mot de Diderot :

1. L'éthique politique a deux objets principaux : la culture de la nature intelligente ; l'éducation du peuple. 2. L'un de ces objets demande que l'entendement soit orné de la science des choses, afin qu'il discerne le bien et le mal, le vrai et le faux, que les passions soient modérées, que l'amour de la vérité et de la vertu se fortifie dans le cœur, et que la conduite envers les autres soit décente et courtoise. 3. L'autre objet demande que le citoyen sache se conduire lui-même, gouverner sa famille, remplir sa charge, commander une partie de la nation, posséder l'empire. 4. Le philosophe est celui qui a une connaissance profonde des choses et des livres, qui pèse tout, qui se soumet à la raison et qui marche d'un pas assuré dans les voies de la vérité et de la justice. 5. Quand on aura employé sa force intellectuelle à approfondir les choses, l'intention et la volonté s'épureront, les mauvaises affections s'éloigneront de l'âme, le corps se conservera sain, les affaires domestiques seront bien ordonnées, la charge sera bien remplie, le gouvernement particulier bien administré, l'empire bien régi ; il jouira de la paix. 6. Que tient l'homme du ciel ? La nature intelligente. La conformité à cette nature constitue la règle. L'attention à vérifier la règle et à s'y assujettir est l'exercice du sage. 7. Il est une certaine raison ou droiture céleste donnée à tous : il y a un supplément humain à ce don quand on l'a perdu. La raison céleste est du saint ; le supplément est du sage. 8. Il n'y a qu'un seul principe de conduite ; c'est de porter en tout la sin-

cérité; et de se conformer de toute son âme et de toutes ses forces à la mesure universelle; ne fais point à autrui ce que tu ne veux pas qu'on te fasse. 9. On connaît l'homme en examinant ses actions, leur fin, les passions dans lesquelles il se complaît, les choses en quoi il se repose. 10. Il faut divulguer sur-le-champ les choses bonnes à tous; s'en réserver un usage exclusif, une application individuelle, c'est mépriser la vertu, c'est la forcer à un divorce. 11. Que le disciple apprenne les raisons des choses, qu'il les examine, qu'il raisonne, qu'il médite, qu'il pèse, qu'il consulte le sage, qu'il s'éclaire, qu'il bannisse la confusion de ses pensées et l'instabilité de sa conduite. 12. La vertu n'est pas seulement constante dans les choses extérieures. 13. Elle n'a aucun besoin de ce dont elle ne pourrait faire part à toute la terre, et elle ne pense rien qu'elle ne puisse s'avouer à elle-même à la face du ciel. 14. Il ne faut s'appliquer à la vertu que pour être vertueux. 15. L'homme parfait ne se perd jamais de vue. 16. Il y a trois degrés de sagesse : savoir ce que c'est que la vertu, l'aimer, la posséder. 17. La droiture de cœur est le fondement de la vertu. 18. L'univers a cinq règles : il faut de la justice entre le prince et le sujet; de la tendresse entre le père et le fils; de la fidélité entre la femme et le mari; de la subordination entre les frères; de la concorde entre les amis. Il y a trois vertus cardinales : la prudence qui discerne, l'amour universel qui embrasse, le courage qui soutient. La droiture de cœur les suppose. 19. Les mouvements de ton âme sont ignorés des autres; si tu es sage, veille donc à ce que tu es seul à voir. 20. La vertu est entre les extrêmes : celui qui a passé le milieu n'a pas mieux fait que celui qui ne l'atteint pas. 21. Il n'y a qu'une chose précieuse, c'est la vertu. 22. Une nation peut plus par la vertu que par l'eau et par le feu; je n'ai jamais vu périr le peuple qui l'a prise pour appui. 23. Il faut plus d'exemples au peuple que de préceptes : il ne faut se charger de lui transmettre que ce qu'on a en soi. 24. Le sage est son propre censeur, et le plus sévère; son témoin, son accusateur, son juge. 25. C'est avoir atteint l'innocence et la perfection que de s'être surmonté et d'avoir recouvré cet ancien ou primitif état de droiture céleste. 26. La paresse et l'ardeur inconsidérée sont deux obstacles égaux au bien. 27. L'homme parfait ne prend point une voie détournée; il suit le chemin ordinaire et s'y tient ferme. 28. L'honnête homme est un homme universel. 29. La charité est cette affection constante et raisonnée qui nous immole au genre humain, comme s'il ne faisait avec nous qu'un individu, pour nous associer à ses malheurs et à ses prospérités. 30. Il n'y a que l'honnête homme qui ait le droit de haïr et d'aimer. 31. Compense l'injure par l'aversion et le bienfait par la reconnaissance : telle est la justice. 32. Tomber et ne point se relever, voilà proprement ce qui s'appelle faillir. 33. C'est une folie de souhaiter ou ce qui n'est pas en notre pouvoir ou des choses contradictoires. 34. L'homme parfait agit selon son état et ne veut rien qui lui soit étranger. 35. Celui qui étudie la sagesse a neuf qualités en vue : la perspicacité de l'œil, la finesse de l'ouïe, la sérénité du front, la gravité du corps, la vivacité du propos, l'exactitude dans l'action, le conseil dans les cas douteux, l'examen des suites dans la vengeance et dans la colère.

Tels sont les principes fondamentaux du Confucianisme, qu'on doit considérer comme la religion officielle de l'Empire du Milieu. Réduit au culte des ancêtres, qui est pratiqué par tous les Chinois sans exception (Voir chapitre XVII, *La Famille*) c'est aussi la religion populaire. Mais le Taoïsme et le Bouddhisme influencent directement l'immense majorité des Fils de Han : aussi ces deux cultes sont-ils reconnus et protégés par l'État, comme le Confucianisme, quoique le gouvernement ne se mêle en rien du recrutement des prêtres.

Par Taoïsme il faut entendre à la fois une des religions les plus répandues en Chine et le système de philosophie exposé dans le *Tao-Teh-King*, écrit au vi^e siècle avant notre ère par Lao-Tseu. L'auteur du système est devenu un des principaux saints de la religion; mais il n'est pas démontré que cette religion soit un produit direct de son livre. Toute relation entre l'une et l'autre est purement extérieure. Le *Tao-Teh-King* est en effet un puissant effort rationnaliste, — le culte un fétichisme pur et simple. Il n'est pourtant pas surprenant qu'on les ait longtemps confondus en Europe, étant donné l'extraordinaire difficulté d'interprétation qu'opposait ce classique à des cerveaux occidentaux. Le Dr Legge, d'Oxford, qui en a donné en 1882 la dernière traduction, conte un exemple curieux des erreurs où sont tombés ses prédécesseurs.

Le jésuite Prémaré et d'autres missionnaires catholiques, dit-il en substance, s'étaient mis en tête, au commencement du siècle dernier, de trouver dans les livres sacrés de la Chine la confirmation des enseignements scripturaux. Ils pensaient tout spécialement avoir découvert dans le *Tao-Teh-King* une description si parfaite du dogme de la Trinité que la chose ne faisait plus doute pour eux : la Trinité avait été révélée aux Chinois cinq siècles avant la venue du Christ. Le Père Amiot alla plus loin; il publia une traduction du passage où se trouvait, selon lui, l'allusion formelle aux « trois personnes », c'est le 1er paragraphe du XIVe chapitre. Voici quelle était sa version :

« Celui qui est pour ainsi dire visible et qui n'est pas vu s'appelle I; celui que nous ne pouvons entendre et qui ne parle pas à nos oreilles s'appelle Hi; celui qui est tangible mais que nous ne pouvons toucher s'appelle Ouei ».

Il était réservé à Rémusat de dépasser Amiot dans l'interprétation de ce texte. Sinologue éminent, le premier titulaire d'une chaire de Chinois en Europe, il crut trouver le mot hébreu Jéhovah dans les trois syllabes I-Hi-Ouei, et pour répandre sa découverte, il publia, en 1823, son « Mémoire sur la vie et les opinions de Lao-Tseu ». Toute l'Europe en retentit. Retrouver en Chine, au vie siècle avant Jésus-Christ, un mot hébreu, — le nom même de Dieu, — quel texte à savantes hypothèses ! Comment ce mot y était-il arrivé? Le *Tao-Teh-King* n'était-il pas appelé à jouer un rôle nouveau dans la conversion des Chinois au christianisme? « Pour mon compte, dit Legge, j'adoptai la conclusion de Rémusat quand j'en eus connaissance, en 1838, et, pendant deux ou trois ans, toutes les fois que le nom de Jéhovah se présentait dans les traductions destinées aux Chinois dont je m'étais chargé, j'avais soin de le rendre par les trois syllabes I-Hi-Ouei. Cette illusion ne devait pas durer longtemps. Quand la nouvelle traduction du *Tao-*

Teh-King par Stanislas Julien, publiée en 1842, vient exposer l'erreur de son prédécesseur dans la chaire de langue chinoise, j'étais tout préparé à me trouver d'accord avec lui. »

Ce chapitre XIV doit, en effet, être traduit comme suit, et l'on aura une idée assez juste du livre tout entier :

« Nous le regardons, et nous ne le voyons pas ; son nom est ce-qui-n'a-pas-de-couleurs. Nous l'écoutons, et nous ne l'entendons pas ; son est ce-qui-n'a-pas-de-son. Nous cherchons à le saisir, et nous n'y arrivons pas ; son nom est l'incorporel. Avec ces qualités, il ne saurait être ni recherché ni défini. Pourtant, en les réunissant, nous en formons une unité.

« Sa partie supérieure n'est pas brillante ; sa partie inférieure n'est pas obscure. Incessamment actif, il ne peut pourtant pas avoir de nom. Enfin, il retourne au néant et s'y confond. Voilà la forme de ce qui est informe, l'image de l'invisible, la définition de l'indéfinissable.

« Nous le rencontrons et nous ne voyons pas sa face ; nous le suivons et nous ne voyons pas son dos. Mais quand nous arrivons à comprendre le Tao de jadis, et à l'appliquer aux choses d'aujourd'hui, quand nous savons le commencement des choses, voilà ce qui s'appelle avoir le fil du Tao. »

L'auteur, ajoute Legge, parlait de son Tao (ou, si l'on veut, de sa Raison) et non pas d'un être personnel. Plusieurs des expressions dont il se sert sont remarquables et faites pour dérouter. Elles semblent promettre de nous conduire au bord d'un vaste horizon ; et puis il n'y a devant nous qu'un vaste océan de brumes. Si Lao-Tseu à trouvé si malaisé d'expliquer sa propre idée du Tao, il n'est pas étonnant que ses commentateurs, 2,500 ans après lui, hésitent quelque peu à le définir.

Considérée dans son ensemble, la doctrine de Lao-Tseu a quelque analogie avec celle de Zénon. Elle conseille la retraite, le détachement de toutes choses, comme le seul moyen accessible à l'homme de dompter ses passions, d'élever sa raison et d'arriver ainsi à la perfection idéale. « Tous les hommes sont pleins de désirs ambitieux; celui-ci souhaite le bœuf de son voisin; celui-là les douceurs du printemps : moi seul, je suis calme; mes affections n'ont pas germé; je suis comme l'enfant nouveau-né avant qu'il n'ait souri à sa mère... — Le sage n'a pas de pensées immuables : il s'approprie les pensées de l'humanité et les fait siennes. — Celui qui est bon, traitez-le avec bonté; celui qui n'est pas bon, traitez-le encore avec bonté : car la bonté est la vraie sagesse. — Celui qui est sincère, abordez-le avec sincérité; celui qui n'est pas sincère, abordez-le encore avec sincérité : car la sincérité est la vraie sagesse. — Le sage considère le monde avec calme et se tait; son âme conserve toujours les mêmes sentiments pour l'humanité : aussi les peuples tournent-ils leurs regards vers lui, qui les considère comme ses enfants. — Celui qui connaît les hommes est sage; celui qui se connaît lui-même est plus que sage. Celui qui dompte les hommes est fort; celui qui se dompte lui-même est tout puissant. Celui qui se contente du nécessaire est riche. Celui qui sait se fixer un but saura l'atteindre. Celui qui comprend sa vraie nature saura supporter la douleur. Celui qui meurt doit se dire qu'il ne s'éteint pas et devient immortel... »

Lao-Tseu ne donne dans sa doctrine aucune place aux devoirs filiaux, conjugaux, paternels ou politiques et sociaux. C'est ce qui lui fait une place à part au milieu des autres penseurs chinois et le marque comme un métaphysicien au milieu de ces positivistes. Samuel Johnson le rapproche, non sans raison, de Thomas-à-Kempis. Pauthier a voulu voir en lui un Jean-Jacques Rousseau de l'Orient. Comme il est arrivé à d'autres docteurs de l'humanité, il est aujourd'hui singulièrement interprété par ses disciples. Les sectateurs du Tao ont graduellement fait de Lao-Tseu un véritable Dieu, qui s'est incarné trois fois : la première, sous la dynastie des Chang ; la seconde, au temps de Confucius ; la troisième, au viie siècle de notre ère. Ses prêtres se rasent les deux côtés de la tête et vivent dans les temples, avec leurs familles, en communautés ; la plupart cultivent les domaines qui leur sont affectés ; d'autres s'en vont mendier sur les chemins, en vendant des recettes empiriques ou des horoscopes. Tous, ils pratiquent l'astrologie. Sous la dynastie des Tang, ils se prétendaient possesseurs d'un élixir de longue vie. Ce fut le moment de leur splendeur : ils obtinrent des privilèges et des richesses, se virent même admis aux examens littéraires et aux fonctions publiques. Aujourd'hui, leur prestige est tombé : seules, les classes illettrées croient encore à leurs jongleries.

On voit parfois, dans les pèlerinages qu'ils organisent, les fidèles ôter leurs souliers pour marcher les pieds nus sur des charbons ardents ; cette cérémonie est censée agréable au divin Lao-Tseu et souveraine pour chasser les mauvais esprits ; elle est obligatoire pour les fidèles, le jour anniversaire de la naissance du « Grand Empereur des Ténèbres » ; mais il est permis de la faire exécuter à prix d'argent par des suppléants de profession. Bazin pense que ces déviations singulières de la doctrine originale sont nées de la concurrence bouddhiste.

Le Bouddhisme présente en effet cette analogie avec le Taoïsme, qu'il recommande la renonciation aux choses de ce monde et la pratique des macérations physiques comme le moyen de dompter les instincts charnels et la véritable voie de la perfection. Il ouvre en outre aux aspirations idéalistes d'une classe nombreuse d'esprits un champ presque sans limites, en leur offrant, avec la plus admirable unité doctrinale et la plus pure des morales humaines, une théorie complète du présent, du passé et de l'avenir, de l'origine des choses et du lendemain de la mort. Le positivisme confucien a pu décréter qu'il est oiseux de s'occuper des causes premières, comme les mathématiciens décrètent qu'il n'y a pas lieu de chercher la quadrature du cercle : il n'en reste pas moins certain que des millions de cerveaux humains éprouvent l'impérieux besoin de s'élancer vers les régions de l'Infini ou de se reposer sur des solutions plus ou moins satisfaisantes de l'Insoluble. Le Taoïsme, dans une certaine mesure, et le Bouddhisme, dans la mesure la plus large, répondent à ce besoin.

Le Bouddhisme s'est introduit en Chine au premier siècle de l'ère présente. C'est en 67 après Jésus-Christ que l'empereur Ming-Ti, ayant entendu parler de la doctrine du sage Hindou, envoya une ambassade à Bénarès, pour en rapporter ses livres et ramener des docteurs capables de les expliquer. Il y avait déjà 700 ans que le prince Siddharta, de la famille Çakya-Mouni, qui devait devenir le *Bouddha*, c'est-à-dire « celui qui apporte la vérité », était né dans le Népaul, du roi Suddhodana et de sa femme Maha-Maya-Deva. A 25 ans, il avait épousé Yachodara et en avait eu un fils. A 35 ans, il s'était déterminé à vivre dans la solitude, et, renonçant à sa famille, à la cour, au trône qui l'attendait, il s'était isolé dans la forêt de Kapilavistu, pour conquérir la paix morale. Longtemps il lui fut impossible de l'atteindre; mais enfin, après cinq ans de silence, d'ascétisme et de méditations, il arriva soudain à la connaissance de la véritable condition de l'homme et des réels besoins de l'humanité. Alors commença son apostolat, qui devait durer quarante-neuf ans. Passé désormais au rang de Bouddha, il vivait dans un état de rêverie profonde, émettant autour de lui des rayons lumineux et s'absorbant dans la contemplation des quatre modes de la vérité. Ses prédications commencèrent à Bénarès. Il formait ses disciples en communautés, et quand il en avait réuni cinquante-six, les envoyait prêcher la bonne parole aux provinces les plus lointaines. Après avoir exposé les misères de la vie charnelle, sa doctrine en indiquait le remède, qui est uniquement dans le *nirvána*, c'est-à-dire dans le détachement complet des choses ambiantes, obtenu par la solitude et la concentration mentale. Comme moyens accessoires, elle recommandait l'isolement monastique, le célibat, la pauvreté volontaire, la pratique assidue de la charité, l'observance rigoureuse des instructions développées dans les trente-cinq *sutras* ou discours du Bouddha, recueillis par ses disciples et restés jusqu'à ce jour la loi de ses innombrables sectateurs. A ses yeux, la vie terrestre n'est que l'antichambre d'une vie céleste. Qu'importent dès lors les misères de cet état préparatoire? L'essentiel est de l'employer à conquérir le bonheur éternel. Or, il y a pour cela des moyens certains, en quelque sorte mécaniques, indépendants de toute volonté, de toute puissance extérieure à l'individu. Il s'agit d'annihiler l'action du monde physique sur la conscience, à force de privations, de renoncements, d'écrasements systématiques de la chair. L'être périssable arrive ainsi à se mettre en communion si intime avec le monde invisible, qu'il finit par s'y absorber en perdant le sentiment du péché. Plus cette rupture avec la terre est complète, plus le bonheur sera parfait dans l'Infini. Si l'on songe que l'auteur de ces enivrantes promesses était une de ces créatures exquises, qui possèdent avec la beauté plastique, avec le génie propre de leur race, avec l'éloquence, avec la foi, tous les prestiges de la plus pure vertu ; si l'on ajoute à ses enseignements et à ses exemples un récit grandiose de l'origine des choses, venant rattacher directement la conscience individuelle, par une chaîne ininterrompue, à l'infini du passé, en même temps qu'à l'infini de l'avenir, — on s'explique de reste les séductions d'une pareille doctrine, la plus haute formule qu'aient jamais rencontrée les appétits spiritualistes d'une large section du genre humain [1].

1. Aussi le Bouddhisme, loin de perdre du terrain avec les siècles, en gagne-t-il chaque jour. Après s'être étendu à tout l'extrême Orient, il semble aujourd'hui vouloir faire des conquêtes jusqu'en Occident. De plus en plus fréquemment, on voit des Européens cultivés adopter les principes de Çakya-Mouni. En mai dernier (1885), la ville de Colombo, à Ceylan, a été témoin de deux conversions pareilles : celle d'une jeune anglaise, miss Mary Flynn, et celle d'un pasteur de l'Église anglicane, le révé-

Juxtaposée en Chine au plus noble édifice de la philosophie expérimentale et matérialiste, elle fut embrassée avec enthousiasme par les esprits que cette philosophie ne suffit pas à satisfaire, et qui s'obstinent à chercher, au-delà des réalités de la vie, des motifs de résignation ou d'espérance. Les principes du Bouddhisme étaient d'ailleurs parfaitement compatibles avec le culte des ancêtres et avec les autres cérémonies traditionnelles. Peu à peu, ils s'infiltrèrent dans la vie populaire de l'Empire du Milieu, au point d'y jouer un rôle prépondérant. « En Chine, a dit Morrison, le Bouddhisme, décrié par les lettrés, tourné en raillerie par les libertins, est plus ou moins pratiqué par tout le monde. » Il faudrait ajouter : dans ses développements iconologiques et fétichistes, qui n'ont aucun rapport avec la pensée de son fondateur. Ce qui frappa surtout les Jésuites, à leur arrivée dans l'Empire du Milieu, ce fut d'y trouver un culte qui reproduisait presque tous les traits caractéristiques du leur, non seulement dans ses dogmes, mais dans son rituel; où des congrégations d'hommes et de femmes. séquestrées dans des monastères, faisaient vœu de célibat et de pauvreté; où les prêtres vendaient des cierges, des messes et des indulgences, vivaient du produit des quêtes et prêchaient l'immaculée conception du Bouddha par la vierge Maya; où se retrouvaient, selon l'énumération de l'abbé Huc, « la croix, la mitre, la dalma-

rend C.-B. Leadbeater. Interrogés par les prêtres bouddhistes sur les motifs qui les amenaient à leur foi, les deux catéchumènes ont répondu qu'après avoir patiemment étudié tous les systèmes religieux du globe, ils n'avaient trouvé de satisfaction pour le bon sens et la raison que dans le système du Bouddha.

tique et l'étole de l'officiant catholique; le plain-chant, la psalmodie, l'exorcisme, l'encensoir à cinq chaînes, la bénédiction donnée de la main droite aux fidèles agenouillés; le rosaire, le célibat ecclésiastique, la retraite spirituelle, la vénération des saints; le jeûne, les processions, les litanies, l'eau bénite; » sans compter les macérations physiques, la confession auriculaire, les pénitences proportionnées au péché, la doctrine du purgatoire, l'adoration des reliques, les messes pour le repos des morts, les sonneries de cloches; et par dessus tout l'usage de formuler les prières dans une langue inconnue au commun des fidèles. Incapables de s'élever jusqu'à la notion de loi naturelle, les Jésuites du XVIIe siècle virent dans ces analogies la marque évidente d'un plagiat.

Ils crurent que les bouddhistes chinois avaient copié leurs rites sur ceux des chrétiens de l'Orient. Prémaré n'hésita même pas à attribuer ces emprunts à l'influence du démon, qui aurait ainsi cherché à prévenir les progrès de la religion chrétienne. Est-il besoin de dire que le Bouddhisme ayant précédé le Romanisme de douze ou quinze siècles, l'antériorité de ses rites est plus que probable? Fergusson veut que les imitateurs se soient trouvés dans l'église grecque primitive, qui eut avec l'Inde des rapports notoires. Davis préfère chercher le modèle commun des deux cultes dans les cérémonies du paganisme antique. Pourquoi ne pas admettre simplement qu'ils ont abouti aux mêmes conséquences par le développement logique de principes identiques? Une autre analogie qu'on ne saurait attribuer à l'imitation et qui est bien incontestablement sortie de la nature des choses est le schisme qui divise les sectateurs de

Bouddha : les uns ont pour langue sacrée le Sanscrit et les autres le Pâli. Il n'y a jamais eu rupture entre les deux églises : mais dans la suite des temps les différences se sont produites, puis fixées, au point que le Bouddhisme de Ceylan ou des bords du Gange n'a presque plus rien de commun avec celui de l'Asie Orientale. Celui de la Mongolie et du Tibet a revêtu la forme spéciale du Chamanisme ou « secte jaune », ainsi nommée pour la couleur de ses ornements sacerdotaux. Elle a codifié ses préceptes en dix « commandements » et possède un pape, ou Dalaï-Lama, qui réside dans l'illustre monastère du Poutala. Ce pape est entouré de respects par la dynastie mandchoue, à cause de l'influence politique dont il dispose, et sa position n'est pas purement honorifique, comme celle de ses collègues du Taoïsme et du Confucianisme. Elle en diffère aussi par ce qu'elle n'est pas héréditaire, le Grand-Lama ayant de longue date fait vœu de célibat.

Le pape héréditaire du Taoïsme habite sur le Loung-Hou, (montagne du Dragon-Tigre), dans le Kiang-Si. Son nom est Chang et son titre « le Maître céleste. » Cette dignité s'est perpétuée dans sa famille, presque sans aucune interruption, depuis le premier siècle de notre ère. On suppose généralement que l'âme du premier pape est arrivée par une suite de transmigrations successives jusqu'à son représentant actuel. La famille Chang possède depuis l'an 1015 de notre ère un domaine immense qui pourvoit à son entretien et lui a été affecté à titre perpétuel par l'empereur Chant-Soung. On dit proverbialement en Chine : « Quelles que soient les révolutions de l'Etat, ni les Chang ni les Koung n'ont à s'inquiéter de leur pain. » Les Chang sont les papes du Taoïsme; les Koung, descendants de Confucius, sont également pourvus d'un domaine inaliénable.

Ni les uns ni les autres, non plus que les prêtres des trois religions reconnues et plus ou moins directement stipendiées par le domaine public, n'ont aucune place dans l'État, aucune part au gouvernement. Très intimement mêlés à la vie populaire, par la vente des remèdes, des horoscopes, des charmes de tout genre, ils sont méprisés par les classes dirigeantes, à peu près comme le pope russe ou roumain peut l'être par son seigneur. Leur culte, quel qu'en soit le nom, a toujours fini par tomber dans le métier et dans l'accomplissement machinal de pratiques puériles. Peut-être aurait-il entièrement disparu, s'il ne se rattachait étroitement aux superstitions courantes sur l'influence des « mauvais esprits », et surtout aux rites funéraires.

La Chine est le seul exemple historique d'une nation qui ait conservé des mœurs démocratiques sous une monarchie absolue. Cet avantage unique, elle le doit sans doute à l'absence de toute hiérarchie ecclésiastique, autant qu'au principe du concours pour le recrutement des fonctionnaires publics. Le peuple, asservi à un souverain qui marche l'égal des dieux, est du moins garanti par des lois fixes contre les intérêts féodaux, héréditaires ou religieux. Jamais le monde n'a rien vu d'aussi original et d'aussi profondément chinois. Cela seul suffirait à montrer que la plus légère influence chaldéenne, syriaque ou persane n'est jamais venue altérer le génie propre des Fils de Han.

Quant à leur métaphysique, considérée indépendamment des religions, elles n'est pas toujours aisée à démêler, au milieu des végétations cabalistiques dont elle s'est enveloppée. On peut dire pourtant que la connaissance se divise pour les philosophes chinois en deux parties : elle est *antécédente*, et s'occupe de l'être et de la substance, de l'opération des causes premières considérées en puissance — ou *subséquente*, et traite alors de l'influence des principes, de l'application des forces, des lois civiles, etc....

La science *antécédente* est à peu près aussi nuageuse et aussi hypothétique que celle des Européens : 1. Il ne se fait rien de rien. Il n'y a donc ni principe, ni cause qui ait tiré tout du néant. 2. Tout n'étant pas de toute éternité, il y a donc eu de toute éternité un principe des choses, antérieur aux choses. *Li* est ce principe; *Li* est la raison première et le fondement de la nature. 3. Cette cause est l'Etre infini, incorruptible, sans commencement ni fin; sans quoi elle ne serait pas cause première et dernière. Elle n'a ni vue, ni intelligence, ni volonté; elle est pure, tranquille, subtile, transparente, sans corporéité, sans figure; elle ne s'atteint que par la pensée et n'a ni les qualités actives ni les qualités passives des éléments. 4. *Li* a produit l'air et cet air est devenu par cinq vicissitudes sensible et palpable. 5. *Li* devenu par lui-même un globe infini s'appelle *ta-hien*, perfection souveraine. 6. *Li* est la matière première; *Tai-Kie* est la seconde. 7. Le froid et le chaud sont les causes de toute génération et de toute destruction : le chaud naît du mouvement, le froid du repos. 8. L'air contenu dans la matière seconde ou le chaos a produit la chaleur en s'agitant de lui-même. 9. Il y a donc quatre causes physiques, le mouvement et le repos, la chaleur et le froid. 10. Le froid et le chaud sont étroitement unis; c'est la femelle et le mâle; ils ont engendré l'eau la première et le feu après l'eau. L'eau appartient au *yin*, le feu au *yang*. 11. Telle est l'origine des cinq éléments qui constituent *tai-kie* ou l'air revêtu de qualités. 12. Ces éléments sont l'eau, élément septentrional, le feu, élément austral; le bois, élément oriental; le métal, élément occidental; la terre, élément central. 13. Le *yin-yang* et les cinq éléments ont produit le ciel, la terre, le soleil, la lune et les étoiles. L'air pur et léger porté en haut a fait le ciel; l'air épais et lourd précipité en bas a fait la terre. 14. Le ciel et la terre unissant leurs vertus ont engendré mâle et femelle : le ciel et la mer sont d'*yang*, la terre est la femme de *yin*. 15. Ce monde s'est fait par hasard, sans dessein, sans intelligence, sans prédestination, par une conspiration fortuite des premières causes efficientes. 16. Le ciel est rond : son mouvement est circulaire, ses influences suivent la même direction. 17. La terre est carrée; c'est pourquoi elle tient le milieu comme le point du repos. Les quatre autres éléments sont à ses côtés. 18. L'air qui est entre le ciel et la terre est divisé en huit cantons : quatre sont méridionaux et forment le domaine d'*yang* ou de la chaleur, quatre sont septentrionaux, sous le règne de *yin* ou du froid.

La science *subséquente* ne vaut pas beaucoup mieux. Encore y discerne-t-on une appréciation singulièrement juste du rôle de la chaleur dans le cosmos et l'affirmation de cette unité de substance, devenue l'un des dogmes de la physique moderne :

1. La chaleur est le principe de toute action et de toute conservation; elle naît d'un mouvement produit par le soleil et par la lumière éclatante; le froid est cause de tout repos et de toute destruction : c'est une suite de la grande distance du soleil, de l'éloignement de la lumière et de la présence des ténèbres. 2. Le zodiaque est divisé en huit parties : quatre appartiennent à la chaleur et quatre au froid. 3. Toutes choses ne sont qu'une seule et même substance. 4. Les choses diffèrent par la forme extérieure et par les qualités internes. Il y a quatre qualités : le *ching*, droit, pur et constant; le *pien*, courbe, impur et variable : le *tang*, pénétrant et subtil; le *sé*, épais, obscur et impénétrable. 5. De *li* pur ou du chaos universel sortent cinq vertus : la piété, la justice, la religion, la prudence et la fidélité; de *li* revêtu de qualités et combiné avec l'air primitif, naissent cinq éléments physiques et moraux. 6. *Li* est donc l'essence de tout et la substance universelle. 7. Après un certain nombre d'ans et de révolutions, le monde finira; tout retournera à sa source première; il ne restera que *li* et *ki*; *li* reproduira un nouveau monde; et ainsi de suite à l'infini. 8. Il y a des esprits; c'est une vérité démontrée par l'ordre constant de la terre et des cieux et la continuité de leurs opérations. 9. Autre preuve des esprits : ce sont les bienfaits répandus sur les hommes, amenés par cette voie au culte et aux sacrifices. 10. La vie de l'homme consiste dans l'union convenable des parties de lui-même qu'on peut appeler les entités du ciel et de la terre; l'entité du ciel est un air très pur, très léger, de nature ignée, qui constitue l'*hoen*, l'âme ou l'esprit des

animaux ; l'entité de la terre est un air épais, pesant, grossier qui forme le corps et ses humeurs et s'appelle *pé*, corps ou cadavre. 11. La mort n'est autre chose que la séparation de *hoen* et de *pé*; chacune de ces entités retourne à sa source, *hoen* au ciel, *pé* à la terre. 12. Il ne reste après la mort que l'entité du ciel et celle de la terre : l'homme n'a point d'autre immortalité; il n'y a proprement d'immortel que *li*.

Tout n'est certes pas de valeur égale dans cette exposition. Ce qu'elle a de véritablement surprenant, c'est qu'elle date de trois mille ans et représente le système général des métaphysiciens commentés par Confucius. Diderot l'a remarqué : ces prédécesseurs d'Aristote parlaient tout simplement la langue philosophique de Spinosa.

X. — La langue et l'écriture.

Les langues humaines se classent, selon le degré de développement qu'elles ont atteint, en langues à flexion, langues agglutinantes, langues monosyllabiques. Les premières, plus complexes et pour ainsi dire parfaites, sont seules arrivées à maturité : telles, les langues indo-européennes, sanscrit, grec, latin, français, allemand, espagnol, etc. Les secondes sont encore à une phase intermédiaire, (qu'elles peuvent fort bien ne jamais franchir, d'ailleurs), comme le basque, le japonais, les langues dravidiennes. Les troisièmes sont restées à l'état primitif, original, de toute langue, l'état monosyllabique.

C'est le cas du chinois, — le plus ancien pourtant des idiômes actuellement parlés, puisque sa littérature possède des poésies qui datent de trente-cinq siècles. Non seulement la langue chinoise se compose exclusivement de monosyllabes, ou si l'on veut de *racines*; mais ces mots élémentaires, restés à leur état natif, tels peut-être qu'ils jaillirent des lèvres du premier homme, au lendemain de l'âge tertiaire, — comme des graines qui n'ont pas fructifié ou comme des pierres fines qui n'ont pas subi la taille, — ces mots d'une syllabe sont invariables. Ils n'indiquent ni le cas, ni le genre, ni le nombre, ni le temps, ni le mode, et n'ont par eux-mêmes que le sens vague, général, d'un substantif isolé, d'un adjectif, d'un infinitif : *cor, cri, Paul, bon, noir, haïr, aimer.*

Il y a plus : chacun de ces mots, peut être tour à tour substantif, verbe, adverbe, adjectif. C'est le sens de la phrase qui indiquera seul en quelle qualité il est employé.

Une langue ainsi faite de monosyllabes invariables ne saurait avoir de grammaire. Aussi le chinois n'en possède-t-il pas. Mais ce n'est pas à dire qu'il n'ait point de syntaxe. Une syntaxe lui est même d'autant plus indispensable, que les mots-racines dont il se compose ne sont pas susceptibles de flexion. C'est en effet uniquement par la place de ces mots dans le discours que les rapports d'activité ou de passivité, d'unité ou de pluralité, de passé, de présent, de futur, pourront être exprimés. En français, *Pierre aime Jeanne* a un sens distinct de *Jeanne aime Pierre.* La syntaxe chinoise procède du système impliqué par cet exemple.

Presque toujours, le sujet précède le verbe, suivi du complément direct ou indirect. L'adjectif se place avant le nom qu'il qualifie; le substantif avant le verbe qui le gouverne; l'adverbe avant le verbe; la proposition incidente, circonstancielle ou hypothétique, avant la proposition principale. Le nominatif, le vocatif, l'accusatif, s'indiquent par la place du nom; le génitif, l'ablatif, le datif, le locatif, l'instrumental, par l'interposition d'un auxiliaire; le genre, par l'adjonction du mot *nan*, mâle, ou *niu*, femelle; le nombre, par la répétition du mot ou par la présence d'un adjectif numéral. Le comparatif et le superlatif se rendent par une juxtaposition des termes et un parallélisme en quelque sorte matériel. S'agit-il d'exprimer que « la montagne de Ti est plus haute que celle de Chu »? on dira : « la montagne de Ti est basse; la montagne de Chu est haute. » Veut-on affirmer que « le tigre est le plus féroce des animaux? » on se servira de ce tour : « le lion, le chacal, le vautour sont doux : le tigre est féroce. » Ces oppositions ou antithèses sont considérées comme l'âme du discours et la plus grande beauté du langage.

Quant aux temps du verbe, et parmi ses modes, au conditionnel, ils résultent de sa position syntaxique. L'optatif et le subjonctif sont seuls signalés par des auxiliaires. Le grand défaut de ce système est de ne pas donner au temps la précision qui nous semble nécessaire et que les flexions si délicates du verbe ont pour effet d'affirmer dans les langues indo-européennes. Mais les Chinois, n'ayant aucune idée de cette précision, ne paraissent pas en sentir le besoin. En beaucoup de cas même où les ressources de la langue permettraient d'arriver à une expression rigoureuse, le Fils de Han dédaigne ce résultat. Le comble de l'art, à ses yeux, consiste à éviter autant que possible l'emploi des auxiliaires ou prépositions, qu'il appelle *hü-tszé*, « mots vides ». Les seuls mots qui lui paraissent dignes de son attention sont les verbes, les substantifs et les adjectifs ou « mots pleins », *chi-tzé*; à ces habitudes en quelque sorte aristocratiques, qui rejettent toute une catégorie de monosyllabes dans la classe servile, s'en ajoutent d'autres non moins incommodes, comme l'absence de ponctuation dans les textes imprimés ou manuscrits, le manque d'une majuscule ou d'une indication spéciale pour les noms de personne ou de lieu, qui sont pourtant toujours des substantifs communs. Aussi le sens d'une phrase chinoise reste-t-il souvent un peu vague pour le sinologue le plus exercé. Mais ce vague, qui est une imperfection à ses yeux, est un charme de plus pour le lettré indigène.

« Les Chinois, dit Morrison, dans la préface de son dictionnaire, sont un peuple original. Leurs manières de penser et de raisonner sont originales et diffèrent souvent beaucoup de celles des Européens. Cette différence n'est que trop visible dans la façon dont les écrivains occidentaux apprécient en beaucoup de cas les motifs d'agir d'un Chinois. Que de fois on lui attribue des jugements et des pensées que la moindre connaissance de son esprit suffirait à rendre invraisemblables ! L'ignorance de ces modes de pensée et de ces mœurs spéciales conduira nécessairement un étranger à des contre-sens, toutes les fois qu'il ne s'agira pas de phrases aussi simples que *prenez une chaise* ou *donnez-moi une assiette.* »

C'est la langue de la Chine, plus encore que sa position géographique, qui l'a si longtemps séparée du monde ; et plus encore que sa langue, l'écriture symbolique dont elle se sert a produit ce résultat. Cette écriture n'est en effet applicable qu'au langage pour lequel elle a été inventée ; elle ne saurait se prêter à exprimer les sons d'un autre idiôme. Il n'en a pas fallu davantage pour enfermer l'Empire du Milieu dans un mur infranchissable. Si les écritures sanscrite et chaldéenne eussent pénétré jusqu'aux Chinois, peut-être les eussent-ils adoptées, comme le firent les Egyptiens, qui avaient débuté eux aussi par une écriture idéographique. Et alors, sans doute, la rivalité des divers états féodaux aurait abouti en Chine, de même qu'en Europe, à la formation de plusieurs langues distinctes. L'unité et l'originalité d'écriture ont eu pour effet de maintenir la cohésion nationale, et au lieu de langues diverses, cette masse énorme d'hommes, répandue sur un immense territoire, n'a produit que des dialectes provinciaux. Au point de vue du matériel phonétique, la langue chinoise possède toutes les voyelles, un grand nombre de de diphtongues et même certains sons inconnus à tous les idiomes européens, et qu'on est obligé d'appeler des voyelles imparfaites, comme *hm*, *hn*, *sz*. Toutes les consonnes, sauf l'*r*, se retrouvent dans l'un ou l'autre des dialectes chinois; il y en a, en outre, beaucoup d'autres qui nous sont inconnues, telles qu *bw*, *chw*, *gw*, *jw*, *lw*, *nw*, *mw*. Un mot chinois sur six se termine par un son nasal qui s'exprime en français par *ng*, comme dans *Kiang*, *Toung*, mais qui est en réalité une simple affaire de prononciation de la voyelle ou diphtongue finale.

En dépit de cette richesse phonétique, le vocabulaire est restreint par le caractère monosyllabique de la langue. Il s'ensuit que le même son sert à exprimer jusqu'à vingt et trente idées différentes. Ces idées différentes, comment les distinguer? Les Chinois y parviennent grâce à deux expédients. Le premier consiste à accoupler deux mots différents, mais pouvant exprimer le même sens. Par exemple, *tao* signifie à la fois drapeau, froment, mener, *chemin*, couvrir, ravir, atteindre ; *lu* signifie véhicule, rosée, pierre précieuse, *chemin*, forger, détourner : pour exprimer le sens de *chemin*, on dira *tao-lu*. *Fu* signifie père, *mu* mère : *fu-mu* exprimera *parents*. *Yuan* éloigné, *kiu* près, donneront *yuan-kiu*, distance, etc. Le second expédient consiste à accentuer de façons variées, par des intonations spéciales, le son qui correspond à plusieurs idées différentes. Cet accent est ce qu'on appelle le *ching* ou ton. Il n'a point d'analogue dans les langues européennes, au moins comme mode distinctif d'un sens déterminé. On compte quatre *ching* ou intonations principales, selon que la voix se maintient au niveau moyen, monte, descend ou s'arrête court. La succession de ces tons, qui n'indiquent point comme chez nous le sentiment de celui qui parle, mais simplement l'emploi particulier du mot, donne à la langue chinoise une allure chantante et comme rhythmée, en laissant néanmoins une impression de monotonie, car après tout ce rhythme est toujours le même. Il n'est pas aisé de s'en faire une idée approchée, autrement qu'en notant les différences d'intonations qu'il y a par exemple en français dans une phrase comme celle-ci :

— « Je l'ai invité à me dire s'il avait pris ce livre... — Non ! m'a-t-il répondu. Pouvez-vous m'en croire capable?.. »

Mais dans cette exemple, l'intonation moyenne, coupée, descendante, ascendante du son porte sur des membres de phrase, pour exprimer des sentiments : dans la langue chinoise, elle porte sur chaque mot, pour lui imprimer un sens distinct. Ces nuances présentent de grandes difficultés aux étrangers : elles sont toutes simples pour les Fils de Han, habitués dès l'enfance à les pratiquer et à les reconnaître.

La langue chinoise proprement dite est celle que nous appelons la langue *mandarine* ou officielle, qui se parle à Pékin et qu'emploient les lettrés et fonctionnaires dans toutes les parties de l'empire. Elle se caractérise par sa douceur et sa sonorité, par la prédominance des consonnes liquides et labiales, par l'absence des terminaisons dures ou râpeuses. Les Chinois donnent à cette langue le nom de *kouan-houa* ou « langue de la cour. » Elle est usitée dans toutes les provinces du nord et spécialement dans le Ho-Nan, le Chan-Toung, le Ngan-Houi. A l'est du Cheh-Kiang et du Kian-Sou elle commence à devenir plus gutturale et les consonnes initiales sont ou adoucies ou modifiées.

Cette tendance à n'attribuer d'importance qu'aux voyelles, et à modifier arbitrairement les consonnes, se retrouve dans les innombrables dialectes ou *tou-tan* des provinces, véritables patois locaux qui nécessitent le ministère d'interprètes attitrés auprès des yamen officiels. Ainsi les aspirées finales des mats *loh, kiah, pih,* tels qu'on les prononce à Pékin, deviennent à Canton *k, p, t,* et donnent *lok, kiap, pit.* Wells Williams, qui fournit ces exemples, en indique de plus développés dans les deux phrases suivantes, où presque toutes les consonnes et quelques-unes des voyelles ont subi des transformations :

« Je ne comprends pas ce qu'il dit, » se traduit :

« A Pékin : *Wo min puh tung teh ta iang chim mo.*

« A Canton : *Nyo hm hiu kü kong mat yé.*

« Ce riz contient du sable, » se dit :

« A Pékin : *Na ko mi yu cha tszé.*

« A Canton : *Ko tik mai yau cha tsoi noi.* »

Une autre particularité plus curieuse encore, c'est que dans chacun de ces dialectes on trouve des sons qui n'ont pas de représentation graphique, quoiqu'ils soient en usage constant, de telle sorte qu'une même phrase se prononce de manière différente, selon qu'elle est *lue*, ou simplement *dite* dans la conversation courante. Tout cela ne contribue pas à rendre l'étude des dialectes chinois chose facile. Cependant la tâche n'a pas rebuté les lexicographes, et il existe maintenant, à côté des grands dictionnaires européens consacrés à la langue mandarine, d'excellents vocabulaires des principaux patois, notamment de ceux de Fou-Tchéou, de Soua-Téou, de Canton, de Chang-Tcheou, etc... Nous sommes déjà loin du temps où il n'y avait à la Bibliothèque Royale de Paris qu'un dictionnaire *manuscrit* de langue chinoise, et où Abel Rémusat ne pouvait même pas en obtenir communication.

D'après les annalistes chinois, l'inventeur de l'écriture fut un certain Tsong-Kieh, qui vivait 2700 ans avant l'ère présente. Ayant remarqué la trace laissée sur le sable humide par une écaille de tortue, il imagina d'exprimer l'idée de tortue par une image identique à cette trace, puis étendit sa découverte à d'autres objets. Authentique ou non, cette histoire répond en tout cas au caractère symbolique qu'a incontestablement revêtu l'écriture chinoise à ses débuts. Plus tard, ces images élémentaires, par lesquelles un certain nombre d'objets usuels étaient sommairement représentés, se sont altérées, modifiées, combinées, au point de devenir méconnaissables ; elles se sont grossies d'un grand nombre de signes conventionnels ; mais elles n'en restent pas moins la base du système, qu'elles éclairent et expliquent encore pour le philologue.

Au surplus, on ne saurait prendre de meilleurs guides que les Chinois eux-mêmes dans l'analyse de leur écriture, sujet constant des études du lettré. Ils rangent leurs caractères en six classes.

La première de ces classes se compose des symboles primitifs, dans lesquels on retrouve une sorte d'esquisse grossière de l'objet représenté. Ces symboles, fort réduits en nombre présentement, ne forment plus qu'un total de 608 signes. Encore faut-il une extrême bonne volonté pour y démêler la figure linéaire de « l'enfant », du « vase », de « l'œil », de la « tortue », de « l'éléphant », dont ils expriment les noms, *tszé, hu, muh, kouei, siang*. Pour se rendre compte de l'altération graduelle qu'ont subie ces images, il suffit pourtant de se rappeler qu'elles étaient originairement tracées par un style, plus propre au dessin qu'à l'écriture, et qu'elles le sont, depuis quinze ou vingt siècles au pinceau, avec d'autres signes purement conventionnels, dont elles ont fini par prendre l'allure générale.

La deuxième classe comprend 107 caractères, symboliques non plus d'un objet, mais d'une idée abstraite évoquée par cet objet. On y trouve, par exemple, un soleil levant, signifiant le *matin*, une lune au bord de l'horizon, signifiant le *soir*.

La troisième classe comprend 740 caractères idéographiques, c'est-à-dire représentant une idée complexe par l'association de deux ou trois symboles primitifs. Ainsi le symbole de la *femme*, joint à celui du *balai* signifie *épouse*; le *soleil* et la *lune* signifient *ming*, éclat; une *pièce de bois* dans une porte figure *kien*, obstruction; *deux arbres* côte à côte veulent dire forêt, et *cinq*, buisson.

La quatrième classe, formée de 372 caractères dits de « *sens dérivé* » comprend des symboles d'un ordre déjà plus conventionnel. Par exemple, un *cœur* sous *esclave*, signifie *colère*; un *écheveau* coupé à droite signifie *séparer*, coupé à gauche, *continuer*.

La cinquième classe est de beaucoup la plus nombreuse : elle comprend 21,810 caractères formés d'un symbole primitif et d'un signe conventionnel qui en développe le sens. Ce signe conventionnel est phonétique, et le symbole idéographique auquel il est associé l'est devenu aussi, puisqu'il a acquis la valeur d'un mot qui est un son monosyllabique. On peut donc le considérer comme un véritable radical, et c'est en effet ce que font les lexicographes chinois, et après eux les Européens, dans leurs dictionnaires de la langue mandarine ou des dialectes. Cet artifice permet de réduire à 214 *chefs de classe* ou *clefs* le nombre des signes dont tous les autres ne sont que des dérivés, pour la facilité des recherches ; ces *clefs* sont en outre disposées en ordre consécutif, selon le nombre de traits qu'elles comprennent. La dernière de toutes en compte dix-sept.

Enfin la sixième classe de caractères, où l'on en trouve seulement 598, diffère assez peu de la seconde; elle est affectée aux symboles ou combinaisons purement métaphoriques et arbitraire. Par exemple, *enfant sous un abri*

signifie *lettre*; *vestibule* signifie *mère*, parce que la maîtresse du logis s'y tient habituellement...

De nombre total des caractères distincts compris dans
ces six classes s'élève à 24,235. On en trouve même
44,449 dans le grand dictionnaire de Kang-Hi; mais un
bon nombre de ces signes sont actuellement hors d'usage.
D'autre part, la fantaisie individuelle et le raffinement
du lettré peuvent presque décupler le chiffre des signes
usuels, par les nuances arbitraires qu'ils y introduisent.
C'est ce qui explique qu'on ait pu en porter le total à
200,000. Mais en réalité le plus grand nombre de ces
signes est rarement employé, comme la plupart des mots
de nos vocabulaires européens, et il suffit de connaître
trois ou quatre mille caractères pour lire couramment le
chinois.

« Ce qu'il faut pour écrire » s'appelle dans le Royaume
Fleuri « les quatre précieux objets de la bibliothèque »,
c'est-à-dire, le papier, l'encre, le godet et le pinceau. Le
papier ordinaire est fait de fibres de bambou; l'encre est
composée de noir végétal et de colle de poisson parfu-
mée, en forme de petit bâton rectangulaire ou cylin-
drique. Le godet est une plaque de marbre ou de jade,
soigneusement taillée et polie. Le pinceau doit-être à la
fois souple et résistant : il est ordinairement fait de poil
de renard, de lièvre ou de loup, parfois de martre zibe-
line. Au temps de Confucius on écrivait avec un style sur
des bandes d'écorce de bambou ou sur des feuilles de
palmier; deux ou trois siècles plus tard, sur des pièces de
soie ou de coton, au pinceau. C'est seulement vers le premier siècle de l'ère présente que le papier fut inventé, et
l'encre ne paraît pas avoir été connue avant le septième.

Les Chinois attachent beaucoup d'importance à la netteté et à l'élégance de leurs caractères. Écrire une lettre ou un billet sans y apporter tous ses soins leur paraît le comble de l'impertinence et de la mauvaise éducation. On se sert ordinairement pour ces messages de petites bandes de papier de couleur, ornées de devises ou d'emblèmes et expédiées sous enveloppe : la mode exige qu'en écrivant à un ami on ne signe pas de son nom, mais par une devise, un emblème, une allusion quelconque, intelligible seulement aux initiés.

L'écriture chinoise se trace ordinairement en colonnes verticales, se succédant de droite à gauche. Lorsqu'une phrase doit être exprimée sur une ligne horizontale, elle se lit également de droite à gauche.

Quant aux règles que donnent les Chinois pour tracer leurs caractères et les cinquante-six éléments dont ils les composent, elles sont au nombre de huit, d'après le *Young-Tsen-Pa-Fa*, traduit par Rémusat :

La première de ces règles s'appelle *tsé*, oblique; elle sert à former quinze traits ou groupes de traits obliques.

La seconde se nomme *lé*, abaisser; elle apprend à écrire dix groupes de traits horizontaux ou perpendiculaires.

La troisième, appelée *nou* ou raide, dirige l'écriture de six traits ou variétés du trait perpendiculaire.

La quatrième, qu'on nomme *io*, sauter, donne la manière d'écrire dix-sept groupes composés de traits crochus et que la main trace en sautant.

La cinquième, *tseu*, stratagème, sert à écrire les caractères abrégés.

La sixième, nommée *léang*, saisir, prendre par force, indique la manière d'écrire sept groupes de traits horizontaux.

La septième, *tcho*, becqueter, forme trois groupes composés de petits coups de pinceau.

La huitième, enfin, *tsé*, fendre, a neuf groupes composés de traits irréguliers.

Chacun des soixante quinze groupes compris dans ces huit règles a un nom particulier pris de sa forme ou de son rapport avec quelque objet connu, comme la *dent de tigre*, *l'homme de bois*, les *roseaux*, le *croc de pierre précieuse*, etc.

Ce sont ces éléments qui servent à écrire la prodigieuse variété de caractères dont les Chinois disent proverbialement *qu'ils sont aussi nombreux que les poils de la peau d'une vache*.

XI. — La littérature.

Comme on peut s'y attendre chez un peuple qui compte au moins soixante siècles d'existence nationale, et qui connaît l'écriture depuis cinq mille ans, la littérature chinoise est la plus vaste, la plus complète qu'il y ait jamais eu. Après deux cent cinquante ans de travaux assidus, les sinologues européens ne peuvent encore se flatter d'en avoir déchiffré qu'une faible partie. Morale, philosophie, religions, histoire, philologie, poésie, roman, géométrie, astronomie, médecine, botanique, agriculture, art militaire, pédagogie, mécanique, technologie, — les Fils de Han n'ont rien négligé ; ils ont exploré tous les domaines intellectuels, en des milliers ou des millions de livres. Leurs encyclopédies seules constituent des monuments prodigieux de recherches et d'érudition. Leurs répertoires de matériaux historiques sont les plus riches du monde. Le catalogue des livres admis dans les « Quatre Bibliothèques » impériales, et qui forme 112 volumes in-8°, donne la liste de 78,000 ouvrages. Il y en a 93,242 autres en diverses collections. Encore n'y trouvet-on portés ni les romans et récits populaires, ni les traductions bouddhistes, ni les publications des deux derniers siècles.

A la tête de cette colossale littérature se trouvent les Cinq Classiques, c'est-à-dire le *Chu-King* ou Livre des Souvenirs, le *Chi-King* ou Livre des Odes, le *Yi-King* ou livre des Changements, le *Li-Ki* ou Livre des Rites, le *Choun-Tsin* ou Mémorial de Printemps et d'Automne.

Le plus vénérable de ces classiques, le premier en date et en importance est le *Chu-King* ou Livre des Souvenirs, recueil de documents relatifs à l'histoire de la Chine depuis le trentième siècle avant l'ère chrétienne jusqu'au septième. On n'en possède plus que des fragments, la moitié ou le tiers environ ; encore les doit-on à Confucius, dont le soin pieux avait fait rechercher, collectionner, transcrire, tout ce qui en restait de son temps. On y trouve, avec l'histoire sommaire des premières dynasties, des papiers d'État du plus haut intérêt, ordonnances impériales, circulaires ministérielles, instructions pour les princes et les fonctionnaires, proclamations au peuple, édits et règlements. Non seulement il n'y a dans la littérature d'aucune autre nation une œuvre aussi ancienne, aussi authentique et aussi développée, mais il n'en est pas qui respire une morale politique aussi saine, un amour aussi sincère de la chose publique, un sentiment aussi élevé des devoirs du souverain. Quoi de plus émouvant, par exemple, que ces paroles du ministre Kao-Yao à Yü-le-Grand ? (2205 av. J.-C.) : « O maître, ta vertu est sans tache. Tu sais écouter tes serviteurs d'une oreille bienveillante et gouverner les multitudes avec générosité. Tu n'étends pas le châtiment à la postérité du coupable, et tes récompenses savent aller jusqu'aux générations à venir. Tu pardonnes les fautes involontaires, si graves qu'elles soient ; tu punis le crime prémédité, même quand il est véniel. S'il y a doute sur la culpabilité, tu te montres clément. S'il y a doute sur le mérite, tu choisis l'estimation la plus haute. Plutôt que de frapper l'innocent, tu te laisserais accuser de faiblesse. Les vertus dont ta vie entière est le modèle ont pénétré le cœur des peuples : jamais on ne vit moins de délits appeler la répression... » Ce ne sont pas là de vaines paroles; toute l'histoire de Yù répond à ces éloges et les conseils qu'il donne à son petit-fils sont dignes de ses exemples :

« Par dessus tout, sois prudent! sois-le, même s'il n'y a pas de motif apparent d'inquiétude... Respecte les lois. Ne t'abandonne jamais à la paresse. Évite l'excès des plaisirs... Emploie les plus dignes, sans prendre d'intermédiaires... N'attends jamais le succès du hasard ou de la bonne fortune, en t'arrêtant à des plans douteux... Adapte toutes tes décisions à celles de la raison... Ne cherche pas à gagner la faveur du peuple par des actes déraisonnables; mais ne résiste jamais ses vœux pour suivre tes goûts personnels.... »

Avec l'histoire des origines de l'Empire, le Livre des Souvenirs contient les éléments de ses lois, de ses coutumes et de ses connaissances générales. Le positivisme confucien et toute la philosophie chinoise sont en quelque sorte le développement de la sagesse expérimentale des siècles antérieurs, telle qu'elle s'y trouve recueillie. On s'explique la popularité de cette bible nationale et purement civile, sortie des entrailles du pays, inaugurant ses annales, reflétant d'un bout à l'autre son génie propre. Il ne s'agit pas là des aventures exotiques d'une peuplade lointaine, étrangère à la race et à ses traditions, au climat, aux mœurs, au milieu. C'est le testament même des premiers ancêtres de la plus vieille des nations, écrit dans la langue qu'elle parle encore, *vécu* aux lieux qu'elle n'a pas cessé d'habiter, l'entretenant des intérêts qui sont toujours les siens.

Le *Chi-King* ou Livre des Odes tient dans l'imagination chinoise la place que l'Iliade et l'Odyssée ont dû occuper dans l'estimation de la Grèce antique. C'est le recueil des poésies nationales du vingtième au sixième siècle avant notre ère. Il comprenait au temps des Chaou trois mille poèmes, dont le plus grand nombre a disparu dans les vicissitudes de l'Empire : les trois cent onze pièces détachées qui ont survécu se classent aujourd'hui en quatre sections. Parmi ces chants, les uns sont des ballades historiques, les autres des cantates destinées à accompagner les cérémonies du culte des ancêtres ; la plupart sont simplement les manifestations spontanées du sentiment littéraire de la race, appliqué à des sujets de tout ordre. L'ensemble forme le plus riche trésor de la vie populaire qu'aucune nation vivante puisse montrer.

Le *Yi-King* ou Livre des Changements complète la trilogie des bibles chinoises les plus vénérables par leur antiquité. Une étude approfondie de cet ouvrage a été donnée par le professeur Legge, de l'Université d'Oxford, dans sa collection des Classiques Orientaux. On pourra se faire une idée des difficultés qu'en présentait l'interprétation par ce qu'il dit lui-même de sa traduction. Entreprise en 1854, elle n'a été livrée au public qu'en 1882. Au moment où il l'achevait pour la

première fois, en 1856, le professeur Legge était loin
d'en avoir saisi le sens ; mais il ne se lassa pas de l'étudier et, en 1874, après vingt ans de réflexions, parvint
enfin à démêler ce qui restait d'obscur. La principale
cause d'incertitude venait de ce que le texte primitif,
attribué au roi Wan et à son fils Tan, se trouvait inter-
calé à des appendices attribués à Confucius et qui ne
sont pas tous de lui. L'éminent sinologue a pu établir
que ces appendices, postérieurs de 700 ans à l'œuvre
primitive, se sont grossis de gloses dues aux commentateurs ou disciples du Maître. Le travail d'élimination
une fois accompli, il a été possible de serrer de près le
texte. Ce texte consiste en soixante-quatre essais en style
énigmatique et sybillin, sur des sujets de morale politique ou sociale, correspondant à un arrangement cabalistique de figures linéaires ou diagrammes. Les figures,
composées chacune de six rangées horizontales de traits,
les uns courts, les autres longs, assez semblables à
l'alphabet moderne du télégraphe Morse, représentent
les choses de la nature et leurs attributs, par exemple le
Ciel, l'Eau, le Tonnerre, le Vent, les Montagnes, — la
Force, l'Elégance, la Souplesse, la Rapidité, la Pesan-
teur, etc... La combinaison de ces éléments avec les huit
points de la boussole et avec certaines indications de
temps et de lieu est supposée fournir le tableau complet
de la physique générale et de l'évolution humaine passée,
présente ou à venir. Legge estime que ces diagrammes,
usités de toute antiquité par les devins et magiciens de
profession, furent seulement développés par le roi Wan,
souverain du Chaou en 1185 avant l'ère présente, au
cours de sa captivité dans le You-Li. « J'aime à me repré-

senter le vieux sage enfermé dans sa prison, nous dit-il,
et méditant sur les soixante-quatre figures. Chaque
hexagramme prenait à ses yeux un sens mystique qui le
faisait en quelque sorte resplendir d'une lumière surnaturelle. Wan y découvrait les qualités élémentaires de
la nature, les principes de toute société, les conditions
actuelles ou possibles de l'humanité; il désignait chaque
figure par un nom en rapport avec l'idée qu'elle
éveillait en lui et développait cette idée tantôt sous
forme d'aphorisme, tantôt sous forme d'avertisse-
ment. Peut-être n'était-ce qu'une tentative pour limiter aux bornes de la raison les fantaisies divinatoires
des thaumaturges. » L'œuvre propre de Wan se ré-
duisit donc à soixante-quatre paragraphes succincts,
répondant à chacun des diagrammes. Puis vint son
fils Tan, à la fois patriote, héros, législateur et philosophe. Ce que Wan avait fait pour chaque hexagramme, il voulut le faire pour chaque ligne. Plus
tard enfin, les commentaires de Confucius ou « ailes »
s'ajoutèrent à ces deux textes primitifs, et ces « ailes »
elles-mêmes se grossirent de gloses. Singulier mélange
de sagesse et de puérilité, de notions expérimentales et
d'arrangements cabalistiques, ce livre a eu depuis trois
mille ans sur le monde chinois une influence sans
rivale. Les charlatans de la rue y trouvent une réponse
toujours prête aux anxiétés de leur clientèle; les lettrés,
tout en affectant de dédaigner les parties sybillines de
l'œuvre, n'en admettent pas moins qu'elle contient le
le principe de toute philosophie et de toute science. Ils
ne se lassent pas de l'étudier, de la creuser, de la commenter, et vont jusqu'à y trouver le germe des décou-

vertes modernes, à mesure que l'Occident les leur envoie. Bonne ou mauvaise, l'action de ce livre a été immense. Peut-être la stérilité scientifique des Chinois est-elle due pour une bonne part à ce que Schlegel appelle justement « ce jeu mécanique d'abstractions vides; » d'un autre côté, les leçons de morale pratique répandues sous cette forme dans les couches les plus profondes de la population ont eu nécessairement leur rôle dans les destinées historiques de l'Empire du Milieu.

Le *Li-Ki* ou Livre des Rites ne date aussi que de la dynastie des Chaou et du douzième siècle avant Jésus-Christ. Il est donc postérieur d'un millier d'années aux deux premiers Classiques. Mais son influence sur la civilisation chinoise n'a pas été moins marquée : c'est à ce recueil de lois et règlements que remontent directement les cérémonies du culte des ancêtres, qui occupent dans la vie nationale et domestique une place si importante, et la division en six départements ministériels, ou *lou-pou*, des comités chargés de présider aux affaires publiques. Le *Li-Ki* a eu l'honneur d'être commenté par Confucius, ce qui explique l'autorité exceptionnelle conservée par les textes de cet ouvrage, au milieu de plusieurs autres recueils analogues. Callery remarque judicieusement que cette description un peu sèche de ses rites civils est peut-être le portrait le plus exact et le plus complet que la Chine ait donné d'elle-même.

Enfin le *Choun-Tsiu* ou Mémorial de Printemps et d'Automne, œuvre propre de Confucius et de ses disciples, est la continuation du *Chu-King*. Cet ouvrage donne l'histoire de la Chine depuis le règne de Ping-

Wang jusqu'à la naissance du philosophe. « L'homme supérieur, dit-il, souhaite que son nom soit honorablement connu après sa mort... Mes principes ne font pas leur chemin dans le monde : comment les âges futurs pourraient-ils les apprécier, si je ne prenais soin de les exposer?... C'est par le *Choun-Tsiu* que l'avenir me connaîtra, et peut-être me condamnera... » Le titre singulier de cette chronique mêlée d'aphorismes moraux a été diversement interprété. Certains lettrés veulent que le Printemps et l'Automne signifient simplement l'*année;* les autres admettent que ces deux mots sont pris dans le sens métaphorique *d'éloge* et de *blâme*, à cause des jugements que l'auteur y porte sur les événements et les hommes. Cette opinion semble peu vraisemblable : le caractère du récit de Confucius est précisément sa parfaite impassibilité. En véritable positiviste, il n'apprécie pas les faits, et se borne à les constater.

Immédiatement au-dessous de ces cinq ouvrages fondamentaux, viennent les « Quatre Livres » où se trouve exposée la doctrine de Confucius et qui font avec les *King* l'objet à peu près exclusif des études classiques. Ces « quatre livres » ne paraissent pas avoir été écrits par le philosophe lui-même, mais par ses disciples. Les deux plus célèbres sont le *Juste milieu* et les *Analectes.*

Les œuvres historiques tiennent une grande place dans la littérature chinoise. On y trouve non seulement des annales détaillées comme les *Dix-sept Histoires,* en deux cent dix-huit volumes, et les *Vingt-deux Histoires,* encore plus développées; mais des abrégés populaires tels que le *Miroir historique* et l'*Histoire mise à la portée de tous.* Chose curieuse sous un gouvernement autocratique, ces traités se distinguent en général par leur impartialité, au milieu d'une forte dose d'appréciations conventionnelles. Le fait est d'autant plus remarquable qu'ils sont l'œuvre d'annalistes officiels; il résulte de la politesse naturelle des Chinois, qui leur fait considérer comme contraire à l'étiquette de rédiger hâtivement la biographie d'un empereur. C'est seulement soixante ou quatre-vingts ans après sa mort que les annales de son règne sont mises à jour par l'Académie, et la conséquence de ce long retard est une sincérité au moins relative. Parmi les grands historiens de la Chine, il faut citer Széma-Tsien, son Hérodote et son Froissart, qui écrivait 104 ans avant notre ère, Széma-Kwang, de la dynastie des Soung, auteur du *Miroir des gouvernants*; Pan-Ku et sa sœur, auteurs de la *Première dynastie des Han*, Wei-Chaou, auteur du *Wei-Chu*. Les biographies individuelles sont nombreuses. Les recherches sur la constitution de l'Empire ont aussi une grande importance. Celles de Ma-Touan-Lin, consacrées à cet objet et publiées au xiiie siècle, défrayent depuis deux cents ans les travaux de toutes les Sociétés asiatiques de l'Occident.

C'est probablement en Chine que le roman historique a été inventé. L'un des plus populaires est l'*Histoire des Trois-Etats*, de Chin-Chaou, qui date du ive siècle. La scène de ce prodigieux récit de conspirations, de batailles et d'aventures se passe sur la frontière du Nord; elle embrasse un cycle de cent trente-sept ans. Après quinze siècles de succès, cet ouvrage a encore le privilège de charmer les Fils de Han. Il est vrai qu'ils n'ont pas le préjugé de la modernité », tant s'en faut ! A leurs yeux, le meilleur éloge qu'on puisse faire d'une œuvre littéraire, c'est de constater qu'elle a obtenu le suffrage de soixante générations.

Dans le roman proprement dit, ils se montrent aussi réalistes que doivent l'être des élèves de Confucius. Non seulement réalistes, mais « naturalistes », au sens spécial qu'on donne présentement à ce mot. Il y a deux mille ans qu'ils appliquent sans le savoir toutes les règles du genre. Et d'abord, leur récit porte rarement sur des événements extraordinaires ou fantastiques. Il n'implique ni efforts d'imagination, ni combinaisons à surprise, ni passions surhumaines. C'est la photographie pure et simple de la vie de tous les jours, des sentiments et des actes du fils de Han tel qu'on le coudoie dans les rues ; à peine le romancier croit-il nécessaire de donner une charpente à son édifice. Il s'occupe surtout de mettre ses types et caractères en plein relief, par l'accumulation ou la précision du détail. La description minutieuse des lieux, des choses et des personnes a pour lui des charmes inépuisables. Rien d'humain ne lui répugne ; avant le dramaturge latin, il a pensé et dit : *Homo sum.* C'est surtout par des conversations qu'il développe son action, et ces conversations sont de véritables rapports sténographiques, comme les dialogues d'Henri Monnier. Mais, bien entendu, c'est la vie chinoise qu'il nous retrace, la vie telle qu'un lettré a l'occasion de l'observer. Aussi les sentiments et les passions du licencié ou du docteur, les examens, les procès, les visites de cérémonie, les festins officiels, les douces soirées passées au jardin en aimable compagnie, les succès académiques ou politiques du jeune héros, sont-ils le thème habituel.

La rancune du candidat injustement évincé, l'humiliation du mérite incompris, l'amour discret du pauvre étudiant pour la jeune beauté qu'un père barbare persiste à lui refuser, se retrouvent aussi fréquemment dans ces œuvres de niveau moyen, un peu banal et monochrome, qui forment le fond de la librairie romanesque dans le Royaume-Fleuri. Stanislas Julien, Rémusat, Pavié en ont traduit plusieurs. Nous ne saurions pourtant nous flatter de connaître les meilleures, car le nombre en est prodigieux. Encore moins pouvons-nous être sûrs de les juger sainement : le point de vue où se placent les Chinois est si différent du nôtre! ayant des modes de pensée tout à fait distincts, nous trouvons insipide ce qui leur paraît exquis. Il est même probable que ce qui nous séduit dans leur littérature nous plaît par d'autres côtés qu'à eux. Comment en serait-il autrement, quand on constate d'aussi grandes différences de goût, en Europe, entre deux générations qui se suivent, et dans une même époque, entre deux peuples contigus? Nos pères admiraient des choses qui nous paraissent d'une platitude absolue. Nos fils hausseront les épaules devant nos préférences littéraires. De quel droit tout jauger à notre mesure?

En général, les romans chinois appartiennent à la classe des contes moraux, où le crime est puni, la vertu récompensée. Mais il y a aussi chez eux une littérature érotique et pornographique très copieuse. Ces récits sont ordinairement illustrés de dessins en couleur. Au nombre des plus populaires il faut citer « les Rêves de la Chambre rouge », qui circulent à des millions d'exemplaires

La poésie chinoise est également très riche. Elle reflète toujours le calme, la paix intérieure, les occupations régulières, les affections paisibles. Peu ou point de chants guerriers, presque exclusivement des chants d'amour ou des stances en l'honneur du vin, des fleurs, des douceurs de la vie. Le plus ancien barde national est Yuh-Yen, qui était en même temps ministre d'Etat, et qui a laissé le *Li-Sao* ou « Consolation des chagrins », récemment traduit en français, par d'Hervey de Saint-Denis. Après lui, les plus célèbres poètes de la Chine sont Li-Taï-Peh, de la dynastie des Tang, qui a laissé trente volumes de vers et Sou-Tang-Po, de la dynastie des Soung, qui en a laissé cent quinze. La plus belle époque de la poésie chinoise, et de tous les arts, est celle des Tang, du septième au dixième siècle.

Les règles de la prosodie chinoise ont varié selon les temps. Elles sont aujourd'hui plus rigoureuses et plus compliquées que jadis. Le vers n'était d'abord qu'une ligne rimée, d'un certain nombre de syllabes, et dont le rhythme consistait uniquement dans le retour périodique de certains sons ; puis les poètes se sont assujettis à des difficultés plus grandes. Le nombre des pieds a été fixé à cinq ou sept ; la première et la troisième syllabe dans les vers de cinq pieds, la première, la troisième et la cinquième dans les vers de sept, sont restées libres ; mais il a été convenu que les syllabes paires reproduiraient dans un ordre alternatif et inverse, de vers en vers et de stance en stance, les deux principaux *accents* dont les mots chinois sont susceptibles. Les ellipses, les redoublements de terme, les intercalations explétives ou euphoniques, les inversions et les tours imprévus aident à triompher de ces obstacles. Mais il en est un sur lequel les prosodistes chinois ne transigent pas : chaque vers doit exprimer un sens complet ; les enjambements ne sont pas tolérés. Peut-être l'avenir verra-t-il naître chez les fils de Han une école romantique qui mettra cette superstition littéraire au rang des vieilleries. Jusqu'à présent, la révolte ne s'est pas produite.

Une autre particularité tout à fait spéciale à la poésie chinoise et très difficile à saisir pour le lecteur étranger, c'est un rapport mystique, fréquemment sous-entendu par le poète, entre les symboles idéographiques qui traduisent ses mots et le sens général du morceau. Le bon goût exige que ces symboles reparaissent dans un ordre symétrique, que ceux d'un vers correspondent exactement à ceux d'un autre vers. Il résulte de cette disposition un « sentiment » sous-jacent en quelque sorte à la pensée apparente, un langage à double et même triple entente, qui fait les délices de l'amateur chinois et le désespoir du profane. Prenons, par exemple, le début du *Hoa-Hian*, un des poèmes les plus célèbres de l'Empire du Milieu.

Le titre même de l'œuvre est formé de deux mots dont l'un signifie *fleur* et l'autre *papier à lettre*. Dans l'usage ordinaire, *Hoa-Hian* désigne le papier orné de fleurs sur lequel on écrit des vers, et plus spécialement des compliments amoureux. Par métaphore, ce mot composé exprime ici l'action de faire la cour à une femme, de lui exprimer poétiquement l'amour qu'elle inspire. Or, le sens propre d'*amour* se rend en langue mandarine par deux radicaux qui, pris séparément, signifieraient *vent* et *lune*. Il n'en faut pas plus pour que l'auteur se croie obligé de placer le mot *vent* dans son second vers et le mot *lune* dans le troisième, en disant d'abord :

Le VENT *d'automne emporte le parfum du nénuphar blanc...*

Puis :

On voit le croissant de la LUNE *nouvelle, dont la lumière est pareille aux reflets de l'eau...*

Mais ce n'est pas tout : dès son premier vers, il a dit :

Debout, appuyé sur la balustrade, on goûte la FRAICHEUR *du* SOIR...

Or, ces mots, qui n'ont l'air de rien, recèlent eux-mêmes le sens de *vent* et de *lune*, sous les espèces de *fraîcheur* et de *soir*. De deux manières différentes, mais également discrètes, le mot AMOUR se trouve donc inscrit dans les trois vers du début. On voit comme de tels raffinements seraient malaisés à saisir, si les commentateurs ne prenaient soin de les signaler, et surtout comme ils sont impossibles à rendre dans une traduction.

Un grand nombre de poésies populaires doivent pourtant leur charme à des moyens plus simples. Par exemple, cette délicieuse chanson, que fredonnent en cueillant le thé toutes les filles du Royaume-Fleuri :

I

Dans la vallée enclose de coteaux, là se trouve notre cabane.
Sur les versants onduleux, le thé croit de toutes parts.
Il faut se lever matin, ne pas perdre une minute.
J'ai à gagner ma vie en cueillant la feuille tendre.

II

A l'aurore, je prends mon panier, en soupirant pour un peu plus
[de sommeil.
Mes cheveux dénoués, à peine vêtue, je sors dans la brume
[matinale.
Les autres filles s'en vont déjà, la main dans la main, me criant
[de loin :
« Quel versant prenez-vous aujourd'hui, mademoiselle, quel
[versant du Sung-Lo?

III

Le ciel est noir et le crépuscule pèse encore sur la hauteur.
Il est trop tôt pour cueillir les feuilles et les bourgeons couverts
[de rosée.
Oh! qui sont-ils donc, ces assoiffés, pour qui nous faisons ce
[travail?
Pour qui, deux à deux, tout le jour, nous sommes à la tâche?

IV

Nous nous aidons de notre mieux, en nous disant l'une à l'autre,
Tout en courbant les branches souples : « Petite sœur, ne per-
[dons pas de temps,
Car les bourgeons mûrissent déjà tout en haut de l'arbuste;
Et demain, qui sait si demain la pluie ne viendra pas? »

V

Notre tâche est achevée : toutes les branches du haut sont sans
[feuilles.
Il faut maintenant enlever nos paniers débordants et reprendre
[le sentier.
Nous rions en longeant l'étang, bordé de lotus.
Couac! couac! un couple de canards s'envole à tire d'ailes...

VI

L'étang est limpide et clair dans son cadre de lotus
Dont les feuilles s'ouvrent à demi, rondes vers les coins.
Je me penche sur le bord qui surplombe l'eau, en me disant :
« Voyons donc un peu dans ce miroir, si je suis belle aujour-
[d'hui! »

VII

Ma face est toute rouge; mes cheveux sont de guingois.
Dites-moi si vous avez jamais vu pareil épouvantail!
Monsieur, c'est que tout le jour j'ai cueilli la feuille de thé.
Ce sont les brises et les ondées qui m'ont ainsi accommodée.

Ces chants populaires sont aussi abondants que les proverbes dans l'Empire du Milieu. Ni les uns ni les autres n'ont été réunis au complet, et il faut le regretter, car ils sont l'expression naïve de sentiments plus humains que chinois et de lois expérimentales qui ont un caractère universel. Il existe bien des collections de dictons, notamment « le Miroir précieux pour l'illumination de l'esprit », et « la Forêt de corail des anciens Sages ». Mais ces recueils sont loin de donner le tableau définitif de la sagesse traditionnelle chez les fils de Han. On le rencontre plutôt, ce tableau, sur les murs des maisons et des palais, sous forme de devises. Voici quelques-unes des pensées les plus répandues, choisies pour les analogies qu'elles présentent avec les proverbes occidentaux :

— On ne trouve pas d'ivoire dans la bouche des rats.

— L'homme politique ressemble à l'hirondelle qui bâtit sur un mur de terre.

— Le moyen d'arriver est de se suspendre à la queue d'un bon cheval.

— On ne fait pas les clous avec le meilleur fer, ni les soldats avec d'honnêtes gens.

— Quand l'arbre va tomber, les singes décampent.

— Les bons dîners attirent les amis; que l'infortune arrive, on ne les voit plus.

— Que chacun balaye la neige devant sa porte, et la rue sera propre.

— Mon ami est celui qui me signale mes défauts; mon ennemi, celui qui les flatte.

— Plaider, c'est chercher une puce et gagner une morsure.

— Tels ministres, tel prince. Tel père, tel fils. Dis-moi qui sont tes amis, je te dirai qui tu es.

— Les bonnes actions ne passent pas la troisième porte; les mauvaises sont connues à cent lieues.

— Le sage ne dit pas ce qu'il fait, mais il ne fait rien qui ne puisse être dit.

— La raillerie est l'éclair de la calomnie.

— On peut se passer des hommes; mais on a besoin d'un ami.

— Il faut écouter sa femme et ne pas la croire.

— Les femmes les plus curieuses baissent volontiers les yeux pour être regardées.

— On va à la gloire par le palais, à la fortune par le marché et à la vertu par les déserts.

— Quel est le plus grand menteur? Celui qui parle le plus de soi.

— Aux temps où une chanson donne la célébrité, la vertu n'en donne guère.

— Tout est perdu quand le peuple craint moins la mort que la misère.

— Il ne faut pas employer ceux qu'on soupçonne, ni soupçonner ceux qu'on emploie.

— L'homme le plus stupide sait être perspicace quand il s'agit de voir les défauts d'autrui. Le plus intelligent s'aveugle sur les siens. Ne soyez pas plus difficile pour les autres que pour vous-même, et cherchez pour excuser autrui les mêmes raisons que vous trouvez si aisément pour vous.

Considérée dans son ensemble, la littérature chinoise, si riche, si antique et si fourmillante, laisse à l'esprit occidental une impression de médiocrité. Elle semble manquer à la fois de précision et d'envolée, de grâce et de puissance. Ce qu'elle a de mystique et de concentré nous échappe, il est vrai, pour une bonne part. On peut croire pourtant sans injustice qu'elle a subi, comme la langue, un véritable arrêt de développement. Les difficultés mêmes dont se hérisse cette langue, en condamnant les lettrés à en faire l'objet exclusif de leur étude, ont contribué à couler la pensée chinoise dans un moule uniforme. Ils estiment naturellement que les classiques, dont la compréhension leur coûte tant d'efforts, sont le dernier mot de la sagesse; ils mettent l'érudition au-dessus du talent créateur, et apportent dans la vie nationale des habitudes de grammairiens.

D'autre part, n'ayant pas de rapports intellectuels avec les peuples étrangers, isolés du monde par la nature exceptionnelle de leur idiome et de leur écriture, ils n'ont jamais pu retremper leur génie littéraire dans celui des autres races. A peine le Bouddhisme a-t-il eu sur eux une action appréciable, en apportant avec lui une certaine dose d'idées hindoues. Mais c'est presque exclusivement sur les classes illettrées que cette action s'est marquée.

Dennys, qui a fait des croyances populaires de la Chine une étude approfondie, les a trouvées généralement identiques à celles de l'Europe; ce fait donne une grande force à l'opinion qui attribue pour source commune à ces croyances les traditions de l'Inde. « Quand on voit les superstitions domestiques de l'Écosse, les légendes de l'Irlande et les mythes de la Thuringe se retrouver au fond de l'imagination des Chinois, dit cet auteur; quand on entend la jeune mère aux yeux bridés du Kouan-Toung répéter à son nouveau-né les mêmes niaiseries qu'on trouve sur les lèvres de sa sœur hindoue ou turque, comment s'empêcher de conclure que les croyances populaires des deux continents sont venues d'une source commune? »

Ces croyances populaires se rapportent aux naissances, aux mariages et à la mort, aux jours et aux saisons, aux présages, aux rêves, aux nombres heureux et malheureux, aux charmes, aux amulettes, aux revenants, aux apparitions surnaturelles, à la magie, à la démonologie, aux fées et lutins, aux serpents, dragons et animaux fabuleux. Il suffira, pour donner un exemple des coïncidences, de constater que les Chinois croient à l'influence météorologique de celui que les Français appellent «saint Médard», et les Anglais « saint Swithin.» Pour eux, s'il pleut le jour de *ti-ching*, qui est le 3 février et le commencement du printemps, il pleuvra *pendant quarante jours de suite*, et le prix du riz monte aussitôt, à raison de cette prétendue certitude. Or, il est démontré, par les observations prises en Chine, en Angleterre et en France, que ce présage n'a absolument aucune valeur. On a même constaté à Greenwich que, parmi les années les moins pluvieuses du siècle, s'en trouvaient précisément *vingt* où il avait plu à torrents le jour de saint Médard, sans que cette circonstance eût la moindre influence appréciable sur les quarante jours suivants. Il est matériellement impossible qu'une opinion aussi générale et aussi mal fondée n'ait pas une origine unique.

Mais ce sont là des contagions isolées qui n'ont jamais modifié ou renouvelé le sentiment littéraire des Chinois. Né de leur constitution physique et intellectuelle, sur leur propre sol, dès les premiers temps de l'histoire, ce sentiment est toujours resté identique à lui-même. C'est à la fois sa gloire et son malheur; mais les Fils de Han n'ont pas de plus grand sujet d'orgueil.

« Combien je me félicite d'être né en Chine ! disait au siècle dernier Tien-Ki-Chih, l'un de leurs meilleurs écrivains. Je me représente souvent comme mon sort aurait été différent si j'étais né au-delà des mers, dans ces contrées lointaines dont les habitants, ignorants des sages maximes de nos anciens philosophes, étrangers à l'esprit de famille, se font de grossiers vêtements de la feuille des arbres, mangent de l'herbe, habitent dans les déserts ou se creusent des tanières dans le sol... Être réduit à une condition si misérable, n'est-ce pas ou peu s'en faut vivre comme une bête sauvage? Mais fort heureusement, je suis né dans l'Empire du Milieu. J'ai une maison spacieuse et gaie, des aliments bien préparés, des boissons agréables, des meubles élégants, un bonnet pour couvrir ma tête, de la soie pour habiller mon corps. Que de bénédictions! En vérité, n'ai-je pas lieu d'être pleinement satisfait de mon sort? »

Ce qu'écrivait là Tien-Ki-Chih, tous les lettrés de la Chine le pensent. Il n'en faut pas plus pour expliquer le cercle étroit où tourne leur pensée... *Væ soli!* Les littératures, comme les individus, ne vivent que d'emprunts au monde extérieur. Il y a quelqu'un qui a plus d'esprit que Voltaire : c'est tout le monde; et le génie d'une nation ne vaudra jamais celui de l'Humanité.

XII. — Le Théâtre.

L'histoire de l'art dramatique chez les Chinois se divise en trois périodes :

Dans la première, on range les pièces de théâtre écrites sous la dynastie des Tang (de 618 à 908 de notre ère). Après eux, la Chine est en proie, pendant plus d'un demi-siècle, à la guerre civile, et le théâtre, comme tous les arts, subit une éclipse. On donne aux œuvres dramatiques de cette première période le nom de *Tchouen-Khi*.

La seconde comprend les pièces écrites sous la dynastie des Soung (de 970 à 1127 de notre ère) et appelées *Hi-Khio*.

La troisième embrasse les drames écrits sous la dynastie des Youen (de 1127 à 1368 de notre ère), et qui sont généralement désignés sous les noms de *Youen-Pen* et de *Tsa-Ki*.

C'est l'empereur Hien-Soung, de la dynastie des Tang, — le *précepteur de son peuple* et le fondateur de l'Académie de Han-Lin, — que les historiens regardent communément comme le père du théâtre chinois. Du moins est-ce sous son règne qu'on vit pour la première fois des tragédies roulant sur quelque événement extraordinaire remplacer les pantomimes et les espèces de « mystères » dont se composait jusque-là le répertoire. Hien-Soung prenait un si vif intérêt aux choses du théâtre, qu'il dirigeait en personne l'éducation de trois cents jeunes actrices dans le « jardin des poiriers » de son harem. Ces jeunes filles étaient dressées à la fois au chant, à la diction et à la danse, réservée précédemment aux cérémonies du culte, car il est dit dans le *Li-Ki* qu'on juge des mœurs d'une nation par le caractère de ses danses.

Les *Hi-Kio* et les *Tso-Ki* étaient plutôt des opéras. Les *Youen* se rapprochent de notre drame, quoique le dialogue y soit presque toujours mêlé de chant. La division des actes et des scènes ressemble de tout point à la nôtre. Chaque pièce se compose en général d'un prologue et de quatre coupures. Parfois pourtant il y a un bien plus grand nombre d'actes : certaines tragédies en comptent jusqu'à vingt-cinq ou trente. Ordinairement, les principaux personnages, en entrant en scène, expliquent avec la plus grande clarté qui ils sont et dans quelle situation ils se trouvent. C'est une manière commode d'éviter les frais de mise en scène; Shakespeare n'a pas dédaigné de s'en servir; elle a au moins l'avantage de ne laisser aucun doute dans l'esprit du spectateur. Par exemple, au début du *Ho-Han-Chan*, ou « la Tunique confrontée, » drame en quatre actes, qui a pour auteur la courtisane Tchang-Koué-Pin, le père noble commence ainsi :

« Mon nom de famille est Tchang, mon prénom I,
« mon titre honorifique Ouen-Sieou (fleur littéraire). Je
« suis originaire de Nan-King. Ma famille se compose de
« quatre personnes : de moi, de ma femme Tchao-Tchi,
« de mon fils Tchang-Hiao-Yeou, et de ma jeune bru

« Li-Yu-Ngo. Dans le passage des Tiges-de-Bambou, où
« je demeure, près la rue Ma-King, j'ai ouvert une
« maison de prêts sur gages, à l'enseigne du Lion d'Or.
« C'est pourquoi l'on m'appelle ordinairement Tchang,
« le youen-ouaï (propriétaire) du Lion d'Or. Nous som-
« mes au commencement de l'hiver, la neige tombe à
« gros flocons, s'amoncelle et recouvre partout le sol :
« aussi, pour jouir de ce spectacle, mon fils s'est-il mis
« à la fenêtre du premier étage. Il vient d'apprêter une
« table chargée de vins et de gâteaux, et veut absolu-
« ment que nous allions, ma femme et moi, nous régaler
« avec lui en regardant tomber la neige.

(Il monte avec sa femme dans le pavillon.)

« TCHAO-CHI. O mon Youen-Ouaï, l'éclatante blancheur
« de cette neige est l'emblème de la pureté. Je n'en doute
« pas, c'est pour l'État un présage de bonheur !
« TCHANG-HIAO-YEOU, *apercevant son père.* Mon père,
« ma mère, voyez donc : la teinte bleuâtre de cette neige
« mérite d'être admirée. Tout en regardant dans la rue
« du haut de ce pavillon, j'ai apprêté les tasses. Mon
« père, ma mère, jouissez de ce délicieux spectacle...
« TCHANG-I. Mon fils, il est vrai que ces flocons de
« neige condensée sont de toute beauté. (*Il chante*) :
« Les nuages, pareils à des vapeurs rougeâtres,
« s'étendent et s'amoncèlent de toutes parts ! De larges
« flocons de neige tourbillonnent dans l'air; le vent du
« nord souffle avec violence; la vue s'égare dans un
« horizon argenté. Quel homme pourrait en ce moment,
« comme le poète Men-Hao-Yen, méditer avec calme,

« monté sur un âne, et composer des vers tout en
« avançant?... »

Il serait assurément difficile de tracer en moins de
mots et d'une façon plus nette le tableau du bonheur
domestique, dont le traître Tchin-Hou va venir troubler
le cours par sa passion criminelle pour Li-Yu-Ngo. Il se
présente en tombant, transi de froid, sur la neige.

« TCHANG-I. Qui êtes-vous? Quel est votre nom de
« famille, votre surnom. Pourquoi êtes-vous tombé, le
« corps engourdi, sur ce tas de neige? Racontez-moi
« l'histoire de vos malheurs : je vous écoute.

« TCHIN-HOU. Je suis originaire de Uyou-Chan, dans
« l'arrondissement de Sou-Tchéou. Mon nom de famille
« est Tchin, mon prénom Hou. J'étais venu dans ce pays
« pour y faire quelques opérations de commerce ; mais
« l'excessive rigueur du froid, jointe à la fatigue du
« voyage, accabla mes forces. J'épuisai successivement
« mon capital et mes provisions de bouche. A la fin,
« dépourvu de tout, je restai débiteur envers mon auber-
« giste de ce que j'avais dépensé pour mon logement et
« ma nourriture ; et cet homme cruel, employant la
« violence, me chassa brutalement de chez lui. Glacé
« de froid, tombé sur un tas de neige, je me suis par
« bonheur trouvé devant votre porte ; sans votre assis-
« tance et votre généreuse hospitalité, j'aurais déjà cessé
« de vivre!

« TCHANG-I. L'infortuné! qui ne s'intéresserait à son
« sort!... (Il chante) :

« Je vois que ses vêtements en lambeaux, mal attachés
« les uns aux autres, pendent autour de son corps!...
« Comme il est malheureux!... Je veux préparer quel-

« ques tasses de bon vin et lui en faire boire trois
« rasades. (*Parlé*) : Mon ami, pauvreté n'est pas vice,
« et, depuis les temps anciens jusqu'à nos jours, vous
« n'êtes pas le premier qui en ait souffert... Mon fils, va
« chercher des vêtements, et une robe de soie ouatée...,
« etc..., etc. »

Sans décors, sans neige, sans le moindre artifice scénique, la situation n'est-elle pas admirablement indiquée?... Le drame suit ainsi son cours, d'un pas égal et sûr, jusqu'au dénouement. Ce qui en facilite encore la compréhension, c'est que les personnages du théâtre chinois sont toujours désignés au programme par des dénominations qui indiquent leur emploi, à peu près comme on distingue chez nous le père noble, le jeune premier, etc... Parmi les rôles d'hommes, il suffira de citer le *tching-mo*, ou grand rôle, le *ouaï*, personnage grave, revêtu d'une dignité; le *siao-mo*, ou jeune garçon non marié; le *fou-mo*, second rôle. Parmi les rôles féminins, la *lao-tan*, ou mère noble; la *tching-tan*, premier rôle; la *tan-eul* ou *siao-tan*, jeune fille d'une naissance distinguée; la *po-eul*, ou veuve, etc... Les personnages des deux sexes sont d'ailleurs représentés par des hommes, les femmes ne pouvant plus paraître sur la scène chinoise depuis que l'empereur Kien-Loung admit une actrice au nombre de ses concubines. Quant aux rôles qu'ils incarnent, ils sont empruntés à toutes les classes sociales : on voit figurer dans le drame des empereurs, des mandarins de tout ordre, des médecins, des bateliers, des laboureurs, parfois même, comme dans nos féeries, des dieux, des déesses et des génies.

On rencontre aussi fréquemment dans les pièces de

théâtre chinoises une classe de femmes qui rappelle de point en point les *hétaïres* d'Athènes : ce sont des courtisanes lettrées et artistes appelées *chang-ting-hang-cheou*. Il ne faut pas les confondre avec celles qui « étalent publiquement leur sourire, » selon le mot des poètes. Elles forment une catégorie particulière de personnes, douées de toutes les grâces et de tous les talents, sinon de toutes les vertus domestiques; elles savent danser, chanter, jouer de la guitare et de la flûte; elles connaissent l'histoire et la philosophie, écrivent couramment tous les caractères des classiques et peuvent au besoin répondre en vers aux sonnets que leur adressent leurs admirateurs. Elles se voient entre elles, n'admettent dans le district « vert et rouge, » où elles se traitent de sœurs, que des personnes de leur rang intellectuel ou artistique, et se considèrent comme supérieures à tous égards soit à la jeune fille non émancipée, soit à la simple concubine. La matrone seule, la *première femme* d'un personnage titré, est au-dessus d'elles dans la hiérarchie.

Un personnage spécial au drame chinois, c'est « celui qui chante. » Il a presque toujours recours à une langue figurée et pompeuse; sa voix est soutenue par une symphonie musicale; comme le chœur grec, il représente la conscience publique, mais sans demeurer étranger à l'action. Au contraire, il y tient le rôle le plus important, apparaît dans les scènes capitales et souligne en quelque sorte les situations tragiques; il évoque les grands souvenirs, cite les maximes des anciens sages, rappelle les exemples historiques : c'est la philosophie nationale elle-même, incarnée devant les spectateurs.

Les œuvres dramatiques comportent toutes les formes du langage, depuis le style noble ou antique jusqu'au style familier et au style semi-littéraire, voire aux patois de province, et depuis le vers lyrique jusqu'à la prose triviale. La seule règle que s'impose le drame chinois, c'est d'avoir toujours un but moral. L'objet qu'on s'y propose, au dire des maîtres du genre, est de « présenter les plus nobles enseignements de l'histoire aux ignorants qui ne savent pas lire. »

Cela étant, on peut s'étonner que les acteurs soient considérés dans l'Empire du Milieu comme formant une classe infâme. La chose s'explique de reste quand on sait qu'ils vivent en général d'une existence nomade et qu'ils ont l'habitude de renforcer leur troupe, toutes les fois que le besoin s'en fait sentir, en volant des enfants pour se les agréger.

Ces troupes errantes se recrutent aussi par voie d'engagements volontaires, contractés soit par les aspirants eux-mêmes soit par leurs parents ; l'engagement a ordinairement une durée de six ans, au bout desquels le néophyte est censé connaître son métier et pouvoir voler de ses propres ailes. Il existe même dans certaines villes des écoles de déclamation, véritables petits « conservatoires », dirigées par d'anciens acteurs et qui forment des élèves. Ordinairement ces villes ont un théâtre permanent, où se succèdent les compagnies rivales, presque toujours désignées sous des titres poétiques ou pompeux, tels que « l'Heureuse et Brillante Troupe », « la Glorieuse Assemblée », « la Fleur Dramatique », etc.

Dans les provinces du sud, il n'y a point de théâtres permanents ; mais les mandarins permettent de temps à autre qu'on élève dans les rues des théâtres temporaires, au moyen de souscriptions. On construit alors la salle en moins d'une couple d'heures. Quelques bambous pour supporter un toit de nattes, quelques planches posées sur des tréteaux et élevées de sept à huit pieds au-dessus du sol ; des pièces de cotonnade pour former les trois côtés de la scène en laissant ouverte la partie qui fait face aux spectateurs : il n'en faut pas plus et le drame peut s'ouvrir. C'est dans une salle de spectacle de ce genre que Davis vit exécuter à Macao, en 1833, par une troupe italienne, trois ou quatre opéras de Rossini. Les maisons opulentes, les hôtels et les auberges bien achalandées ont toujours une salle de spectacle où les comédiens ambulants passent les uns après les autres.

Ces représentations font partie de presque toutes les fêtes publiques ou privées. On traite ordinairement à forfait avec le directeur de la troupe, pour un, deux ou trois jours, selon l'éclat qu'on veut donner à la chose ; et à cet effet le répertoire renferme toujours de véritables trilogies, qui peuvent s'étendre à trois représentations successives.

En Occident, la satisfaction du public se manifeste par des applaudissements et des bouquets. Elle assume en Chine un caractère plus pratique, sous la forme d'un cochon-de-lait rôti. C'est l'usage d'envoyer ce cadeau sur le théâtre même, au moment le plus pathétique de l'action et au milieu de la scène la plus importante. Aussitôt, tout s'arrête ; un des acteurs sort de la coulisse dans le costume le plus éclatant que renferme sa garde-robe, et après trois profonds saluts à l'auditoire, il déroule une pièce de soie sur laquelle est tracé un remerciement en vers, qu'il déclame de son mieux. Après quoi, il se retire et la pièce reprend son cours.

Dans les petites villes, où les représentations dramatiques sont chose rare, la population y prend un si vif intérêt, qu'elle déserte en masse ses maisons pour passer au théâtre deux ou trois jours entiers, souvent même les nuits intermédiaires. Elle en oublie littéralement de boire et de manger. Ce n'est pas que l'accommodation matérielle offerte aux spectateurs soit bien confortable. D'ordinaire elle se réduit à des bancs de bois. Mais la passion du théâtre fait qu'on passe sur ces misères.

Les musiciens de l'orchestre sont placés sur un des côtés de la scène, qui reste ouverte et n'a jamais de rideau ; le mobilier théâtral se réduit à une table, un lit et deux ou trois chaises, qu'on apporte de la coulisse quand le développement de l'action le requiert. Au commencement de chaque acte, les personnages expliquent où ils sont, d'où ils viennent et ce qu'ils vont faire : il n'en faut pas plus ; l'imagination de l'auditoire supplée au décor absent. Les acteurs ne se contentent pas d'ailleurs de dire leur rôle, ils le miment. Un messager est-il expédié quelque part ? Il se met à courir en faisant claquer un fouet, s'arrête vers le fond et crie qu'il est arrivé. S'agit-il d'un escalier qu'on monte, d'une rivière qu'on traverse, — l'acteur fait le simulacre de gravir des degrés, de ramer dans un bateau. Les murs d'une ville assiégée sont représentés par deux ou trois hommes rangés en ligne et tournant le dos au public. Tout au plus, dans les théâtres les plus somptueux, voit-on un rudiment de décor ou de toile de fond, grossièrement brossé sur les nattes et les pièces de cotonnade qui masquent la coulisse. Ce matériel élémentaire suffit à jouer tout le répertoire, depuis les tragédies classiques jusqu'aux farces et impromptus d'un jour. Et ce répertoire est immense : sur la seule liste des pièces qui y sont entrées sous la dynastie des Youen ne figurent pas moins de quatre-vingt-cinq écrivains, ayant signé cinq cent soixante-quatre drames. Quatre de ces auteurs sont des courtisanes lettrées, Tchao-Ming-Ping, Tchang-Koué-Pin, Hong-Si-Li-Eul et Hoa-Li-Lang.

Comme le roman, le théâtre chinois est réaliste, spécialement dans les scènes comiques. Le Fils de Han aime à retrouver sur la scène les personnages familiers du foyer et de la rue, la matrone acariâtre, le policier impudent, le marchand de thé, le raccommodeur de porcelaines. Un des éléments de comique et des effets les plus sûrs consiste à déguiser le personnage puissant ou principal sous les haillons d'un mendiant, le jeune amoureux sous la barbe blanche d'un vieillard : puis, soudain, le masque tombe, la vérité éclate à tous les yeux; l'auditoire est ravi.

Les petites pièces sans importance qu'on joue chez nous en « lever de rideau » se donnent en Chine à la fin de la représentation, pour reposer l'esprit du spectateur, après le drame principal. Quelques-unes de ces bluettes sont vraiment amusantes; mais il est de bon goût parmi les lettrés de ne pas rester pour les voir, et d'affecter un goût exclusif pour la tragédie historique. C'est aussi sur ces drames classiques que porte toujours la critique dramatique, et elle se produit uniquement sous forme de livres. Un écrivain chinois considérerait comme humiliant d'arrêter son attention et celle de ses lecteurs sur des productions éphémères et qui n'ont pas encore reçu la consécration du temps. C'est dire que ni dans la *Gazette officielle* de Pékin, ni dans les journaux plus modernes du littoral, on ne trouve encore de « feuilleton du lundi ». Quant à l'industrie du courriériste théâtral, les infortunés Fils de Han ne la connaissent pas encore. Non seulement ils s'occupent peu des faits et gestes des comédiens et de la chronique des coulisses, mais leur rigorisme n'admet même pas que les femmes se montrent au théâtre et surtout paraissent sur la scène. Le fait s'étant produit à Canton, il y a quelques années, le trésorier-général Wong crut nécessaire de mettre un terme à ce scandale, par un arrêté spécial :

« J'apprends, était-il dit dans ce document, que le peuple de Canton manifeste une passion désordonnée pour les représentations dramatiques. J'apprends aussi avec douleur que certaines pièces présentement mises à la scène sont d'un caractère licencieux. Rien n'est plus propre à détruire la moralité publique. Un grand nombre de personnes respectables m'avertissent même que des femmes sont admises à jouer un rôle dans ces pièces. C'est d'une obscénité intolérable. J'ordonne en conséquence que les directeurs de théâtre s'abstiennent à l'avenir de pareilles abominations, et je les avertis que s'ils ne tiennent pas compte de ma défense, je saurai les punir sévèrement. Signé : Wong, le 7e jour du 10e mois de la 8e année de Tung-Chi. »

Le cas était, il faut bien le dire, tout à fait exceptionnel et ne pouvait se produire que dans une ville cosmopolite comme Canton. Jamais, dans les provinces, une femme ne monte sur les planches, et il est même à peu près sans exemple qu'une femme quitte le gynécée pour pénétrer dans un théâtre. Tout au plus assistera-t-elle, à son domicile même, à une représentation privée, organisée par son mari ou l'un de ses proches parents. En général, le seul spectacle public où les dames soient admises est celui des petits théâtres de marionnettes, habituellement ouverts sous le porche des temples. Les *pupazzi* chinois sont en effet les derniers dépositaires des anciens « mystères » religieux; c'est à des acteurs de bois, hauts de quatre ou cinq pouces, qu'est exclusivement dévolu le soin de perpétuer cette tradition. Ces marionnettes, fort bien sculptées et superbement accoutrées, sont mises en mouvement par des fils que tient un homme caché dans la coulisse; il les fait parler en imitant successivement plusieurs voix et ne se contente pas, comme son congénère européen, de leur donner des rôles sommaires ou enfantins : son ambition s'élève parfois jusqu'au drame historique. Un des plus populaires, dans ces petits théâtres forains, est « l'Orphelin de la maison de Tchao, » traduit en 1755 par le jésuite Prémaré, et d'où Voltaire tira l'*Orphelin de la Chine*.

XIII. — La musique.

La musique passe chez les Chinois pour avoir été
inventée par Fou-Hi, ce qui équivaut à dire qu'on n'en
connaît pas les origines. Sans doute elle a débuté, dans
l'Empire du Milieu, comme partout, par une imitation
grossière des bruits naturels et une cadence marquée
avec la paume de la main soit sur le ventre des dan-
seurs, soit sur un tambour de peau. Quoi qu'il en soit,
l'art musical tient actuellement dans la vie des Fils de
Han une très grande place, et il a son rôle dans toutes
les cérémonies publiques ou privées. Si les européens
se montrent en général peu sensibles aux charmes de
la musique chinoise, s'ils la trouvent monotone, bruyante
et désagréable, — les Chinois les payent de la même
monnaie en déclarant qu'il est impossible de rien comprendre à la musique occidentale. Au fond, la grande
différence entre les deux écoles, c'est qu'elles sont arrivées à des degrés inégaux de développement. L'Europe
a appris au xvıı⁰ siècle à distinguer le mode majeur du
mode mineur; elle a depuis cette découverte graduellement perfectionné ses méthodes et approfondi la science
de l'harmonie. Le Royaume-Fleuri en est resté au point
où se trouvait l'Occident vers le xı⁰ siècle, avant que

Guido d'Arezzo n'inventât la portée musicale et le mode de notation qu'elle comporte. D'autre part, la théorie des sons a été de bonne heure associée en Chine, comme toutes les sciences, à des règles arbitraires et cabalistiques, qui l'ont stérilisée. Houang-Ti ayant décrété il y a quatre mille ans que la musique devait être l'expression des lois naturelles, telles qu'elles sont exprimées dans les diagrammes classiques, — il fit couper un bambou entre deux nœuds et prit pour tonique ou base de son système le son rendu par ce roseau ; choisissant alors une série de douze bambous de même diamètre et d'inégales longueurs, il donna à ces tubes le nom de *lüs*, c'est-à-dire de « principes », répondant chacun à un élément cosmique, et annonça que cette espèce de flûte de Pan serait désormais le diapason normal des Chinois. Tous les instruments durent être accordés sur ce diapason de hasard. Or, la plupart des notes qu'on en tire, au lieu de répondre à la gamme telle que nous la comprenons, sont séparées par des intervalles trop longs ou trop courts pour notre oreille, et l'octave, en particulier, est infiniment trop haute. Il s'ensuit que la musique chinoise nous semble une cacophonie, alors qu'elle cause au nerf acoustique des Fils de Han, rompu à ces anomalies, la sensation la plus délicieuse.

Les douze *lüs* n'en forment pas moins une échelle de demi-tons analogue à notre gamme. On aurait pu en tirer des séries chromatiques de sept notes dans toutes les clés : les Chinois se contentèrent des notes rendues par les cinq premiers *lüs*, et qu'ils appelèrent : *kung, chang, chiao, chih, yü*. Ces notes étaient censées correspondre aux cinq planètes, Mercure, Jupiter, Saturne,

Vénus et Mars, — aux cinq éléments, le bois, l'eau, la terre, le métal et le feu, — aux cinq points du compas, le sud, le nord, l'est, l'ouest et le centre, — aux cinq couleurs, le noir, le violet, le jaune, le blanc et le rouge.

Sous la dynastie des Chaou, on ajouta deux notes à cet arsenal chromatique, *pien-kung* et *pien-chih*. On eut alors une gamme à peu près équivalente, sauf sur un point, à la gradation de la nôtre : ut, re, mi, *fa dièse*, sol, la, si, et qui se détaillait : *kung, chang, chiao, pien-chih, chih, yü, pien-kung.*

Puis vint l'invasion mongole du xvi siècle, qui apporta avec elle une notation où les sons, désignés par des noms différents, s'exprimaient d'une façon plus simple : *ho, su, yi, chang, chih, kung, fan, liu, wu* (ut, ré, mi, fa, sol, la, si, ut, ré). Le fa dièse y faisait place au fa naturel. Mais cette nouveauté choquant le sentiment musical de la nation, on ne tarda pas à rétablir le fa dièse dans la gamme nouvelle, qui devint alors, *ho, su, yi, chang, kou* (fa dièse), *chih, kung, fan, liu, wu.*

Les Ming réduisirent la gamme mongole à l'échelle pentatonique : *ho, su, chang, chih, kung, liu, wu* (ut, ré, fa, sol, la, ut, ré). Enfin la dynastie présente revint à la gamme mongole sans fa dièse, ce qui donne comme notes naturellement admises : *ho, su, yi, chang, chih, kung, fan, liu, wu* (ut, ré, mi, fa, sol, la, si, ut, ré).

Mais en dépit de cet arrangement théorique, les Chinois continuent à ne se servir que de cinq notes, toujours par des motifs cabalistiques : l'une correspond au chef de l'Etat, l'autre à ses ministres, la troisième au peuple, le quatrième aux affaires publiques, la cinquième au monde matériel. Chacune de ces notes est figurée par un signe spécial, qui en indique aussi le ton, sans que l'emploi de la portée soit nécessaire. Comme les caractères de l'écriture ordinaire, ces signes sont d'ailleurs rangés en lignes verticales, qui se lisent de droite à gauche. Rien ne dit quelle est la mesure, le mouvement, la valeur propre et la durée de chaque note. Tout au plus certains signes sont-ils plus grands que d'autres, pour indiquer leur importance relative, et les temps de repos sont-ils ordinairement marqués par des blancs. Parfois aussi, deux ou trois points à droite de la note indiquent qu'elle a la valeur d'une noire ou d'une croche. Mais ces renseignements sont tout à fait insuffisants et rudimentaires. Aussi le musicien chinois ne saurait-il jamais déchiffrer un morceau à première vue. Tant qu'il ne l'a pas entendu jouer, il peut seulement en conjecturer l'allure générale, d'après la nature de la poésie qui l'accompagne toujours, comme chez les Grecs.

Cette poésie se chante à l'unisson, et dans beaucoup de cas, spécialement au théâtre, elle ressemble à un récitatif. Souvent elle est mimée par le chœur, dans une sorte de danse lente qui la souligne par des gestes, des attitudes et des évolutions.

Les matériaux mis en œuvre pour la construction des instruments de musique chinois sont la pierre, les métaux, la soie, le bambou, le bois, les peaux, les gourdes, l'argile. Chacun de ces matériaux correspond, selon l'usage, à un symbole cabalistique, à un point de la boussole, à une saison.

Les instruments de pierre sont particuliers à l'Empire

du Milieu; ils se composent d'une plaque de jade ou de marbre en forme d'équerre de menuisier, suspendue par son angle externe à un cadre de bois : c'est ce qu'on appelle le *té-ching;* — ou de seize plaques de ce genre, formant un carillon : c'est ce qu'on appelle le *pien-ching.* Les plaques, frappées par un petit marteau spécial, donnent des sons cristallins. Il y a un *pien-ching* dans chaque temple de Confucius. C'est un instrument considéré comme sacré, et qu'il est à peu près impossible de trouver à acheter.

Les métaux servent à la fabrication des cloches, sonnettes, *chien* ou mortiers sonores, gongs, cymbales, et à celle de deux ou trois sortes de trompettes. Une de ces trompettes, composée de pièces qui rentrent l'une dans l'autre comme les parties d'un télescope, ne donne qu'une seule note, très prolongée et très grave, et sert uniquement dans les cérémonies funéraires.

La soie entre dans la composition du *chiu* ou luth, l'un des plus anciens et le plus gracieux des instruments chinois. C'est une sorte de lyre à cinq ou sept cordes de soie, tendues au moyen de clefs sur des boutons de jade : le musicien la place horizontalement sur une petite table et pince les cordes des deux mains, en introduisant dans ses mélodies toutes les variations que lui suggère sa fantaisie. Le *sé,* construit sur le même principe, a vingt-cinq cordes; le *tseng* n'en a que quatorze; le *pi-pa* est une guitare ovoïde à quatre cordes de soie. Puis viennent le *chouang-chiu* ou guitare octogone; le *san-sien* ou guitare à trois cordes, dont la caisse est un tambourin de peau de serpent; le *yuëh-*

chiu ou guitare lunaire; le *hu-chiu* ou violon à une seule corde; le *er-sien* ou violon à deux cordes, mis en jeu par un archet; enfin le *yang-chiu* ou harpe horizontale, formé d'une caisse trapézoïdale sur laquelle sont tendues seize cordes que l'exécutant fait résonner avec deux éclisses de roseau.

Avec le bambou, les Chinois construisent plusieurs sortes de flûtes, notamment, le *païchiao*, composé de seize tubes d'inégale longueur, portés dans un cadre plus ou moins richement décoré, le *yieh*, le *chih*, le *siao*, le *ti-tzu*, flûtes simples à trois, à dix, à cinq et à huit trous; le *kouan-tsu* et le *so-na*, véritables clarinettes.

Le bois fournit principalement des instruments religieux analogues à la claquette des églises romaines. Il y en a plusieurs espèces : le *chü*, sorte d'auge sonore, qu'on frappe avec un marteau; le *yü*, qui revêt la figure d'un tigre couché sur une caisse et dont le dos sculpté en dents de scie donne une sorte de râle sous la baguette de l'exécutant, qui le frôle brusquement à la fin de chaque strophe; le *paï-pan* ou castagnette; le *mu-yü* ou tête de mort, fait d'un seul bloc de bois creux, sur lequel les prêtres marquent la mesure.

Les tambours de peaux sont de formes et de dimensions variées : on bat les uns avec la main, les autres avec des baguettes et tampons, ou même avec des balles de cuivre suspendues à une corde. Le tambourin, le tambour de basque et la caisse roulante font également partie de l'orchestre chinois.

Les gourdes entrent comme caisses sonores dans la composition de divers instruments populaires, faits de faisceaux de bambous. La porcelaine est la matière première du *suan* ou ocarina chinois, sorte d'instrument conique percé de six trous, dont l'un au sommet, servant d'embouchure. Des conches et trompes de corne sont également en usage dans l'armée chinoise.

Tous ces instruments n'occupent pas le même rang dans la hiérarchie musicale : les uns sont tenus pour sacrés et réservés aux rites impériaux et confuciens ; les autres ne servent que pour les funérailles et les cortèges nuptiaux ; d'autres encore sont exclusivement aux mains des musiciens ambulants. L'orchestre chinois normal, celui qu'on trouve dans les théâtres et les salles de concert, se compose habituellement d'un *yang-chiu* ou harpe horizontale, de deux violons, une flûte, un bambou, une guitare à trois cordes et deux guitares ovoïdes tenues par deux jeunes filles qui s'accompagnent en chantant.

Les cérémonies qui comportent le plus grand développement musical sont celles des temples de Confucius. Elles comprennent des marches, des hymnes, de véritables ballets dansés par des figurants munis de plumes de paon, des chœurs qui alternent avec des récitatifs, des saluts, des offrandes et évolutions variées. La musique sacrée des bouddhistes présente de grandes analogies avec celle du rituel ambrosien et même du rituel grégorien primitif.

Les rites musicaux possèdent en Chine un véritable Conservatoire, dépositaire de la tradition : c'est le Bureau de Musique, composé de fonctionnaires qui ont pour mandat « d'étudier les principes de l'harmonie et de la mélodie, de se livrer à la composition, d'inventer des instruments nouveaux et d'approprier les anciens aux circonstances où leur emploi est requis. » D'autre part, la littérature nationale est très riche en ouvrages relatifs à l'art musical : la neuvième section tout entière du Catalogue Impérial est consacrée à cet objet.

XIV. — Finances.

Toute évaluation de la richesse de l'Empire du Milieu est nécessairement approximative, les données précises faisant absolument défaut. Par la comparaison des témoignages, il est pourtant possible d'arriver à des notions qui ne sont assurément pas tout à fait satisfaisantes, mais qui ont du moins le mérite de fixer les idées. C'est ainsi que des calculs très serrés portent à 220 millions d'hectares la superficie des terres cultivées en Chine, et à 16 ou 17 milliards de francs la valeur totale de ces terres. Cela ne donne guère qu'un peu plus d'un demi-hectare par tête d'habitant, — en acceptant pour chiffre de la population celui de 380 millions, qui a été publié par l'administration européenne des douanes chinoises, comme résultat du recensement de 1881. Mais il importe de considérer que ces terres ne comprennent pas de pâturages et sont presque exclusivement consacrées à produire les éléments de l'alimentation humaine : la laine et le cuir sont en effet très peu employés en Chine ; le beurre, le fromage et le lait ne sont pas des articles de consommation commune ; la culture du coton et du mûrier n'occupe qu'une très faible portion du sol ; enfin les chevaux et autres bêtes de somme sont nourris d'avoine, de sorgho et de riz.

Le pied ou *chih* est l'unité de longueur; il n'est pas aisé d'en avoir la valeur exacte, car elle varie de dix à douze centimètres selon les provinces et les villes. Les Européens, pour leurs rapports commerciaux avec les Chinois, ont adopté dans la pratique l'évaluation du *chih* à *treize pouces anglais et un huitième*. Il se divise en dix *tsun* et chaque *tsun* en dix *fan*. Le *li* est la mesure des distances; il est actuellement de 200 au degré, c'est-à-dire qu'il représente la dixième partie d'une lieue astronomique. La mesure foncière est le *mao*, égal à 6,000 pieds carrés. Cent *mao* font un *king*.

Les poids communs sont le *taël*, le *catty* et le *picoul*, qui répondent assez bien à l'once, à la livre et au quintal. Beaucoup de choses qui se vendent chez nous selon la longueur ou la qualité se vendent au poids en Chine : par exemple, le bois, la soie et les étoffes de tout genre, les grains, la volaille, les liqueurs alcooliques. Les mesures de capacité se rapprochent du décilitre, du demi-litre, du litre et du boisseau, mais ne sont guère qu'approximatives, le boisseau seul ou *pao* étant soumis à la vérification et au timbre officiel. Les fractions décimales du taël ou once sont appelées le *mèce*, le *candarin* et le *cach* par les Européens, le *tsien*, le *fan* et le *li* par les Chinois : ce sont ces divisions du poids qui servent de base au système monétaire. On compte donc par taëls, *tsien* ou *mèce, candarin* et *cach;* mais la seule monnaie chinoise est le *tsien* ou sapèque qui pesait primitivement le dixième d'un taël ou once. Elle est mince, ronde et percée d'un trou carré qui permet de l'enfiler sur un cordon.

L'une des faces porte le mot *pao*, qui signifie « circulation », et le nom de la province en langue mandchoue; le revers porte les mots *Taou-Kouang tung pao*, qui signifient « monnaie courante du règne de Taou-Kouang ». Cette monnaie devrait être composée normalement de 50 pour cent cuivre, 41 1/2 zinc, 6 1/2 plomb, 2 étain, ou de parties égales de cuivre et de zinc. Mais depuis une cinquantaine d'années elle est toujours allée en perdant de son poids et de son titre; de telle sorte qu'aujourd'hui le change varie de 900 sapèques à 1,800 pour une pièce de 5 francs en argent.

C'est le gouvernement chinois qui est responsable de cet abaissement du titre, car il y a un hôtel des monnaies dans chaque capitale de province. Mais les directeurs de ces établissements sont les premiers à favoriser le faux monnayage. Il est remarquable que jamais la Chine n'ait frappé de monnaie d'or et d'argent. Elle fait sous ce rapport une exception unique parmi les nations orientales.

En revanche, elle importe et démonétise des quantités considérables de dollars et de piastres mexicaines. L'usage du pays, après avoir reçu ces pièces d'argent en payement, est de les fondre en lingots du poids de cinq à cinquante taëls, qu'on appelle vulgairement *semelles*. Il en est de même de l'or, qu'on fond en petites barres d'une dizaine de taëls, de la forme d'un bâton d'encre de Chine, ou bien en feuilles épaisses. Les impôts et droits de douane se payent toujours en *semelles* d'argent à 98/100 de fin.

Le papier-monnaie, connu en Chine dès la plus haute antiquité, était très usité sous la monarchie mongole. W. Vissering, étudiant un billet de banque de la dynastie des Ming, y a trouvé les propres expressions inscrites sur les assignats de la Convention française : *La loi punit de mort le contrefacteur; la nation récompense le dénonciateur.* Le texte chinois dit : *Quiconque émet ou emploie un billet contrefait sera décapité; quiconque dénonce le faussaire ou aide à l'arrêter recevra une récompense de 250 onces d'argent.* Dès le temps de saint Louis, le moine Guillaume de Rubrouk, son envoyé à la cour du prince mongol Mangou-Khan, rapportait la nouvelle que « la monnaie du Cathay est faite de coton, grande comme la main et sur laquelle ils impriment certaines lignes ou marques faites comme le sceau du khan. » Environ trente ans plus tard, Marco Polo appréciait cette invention en digne citoyen de la plus puissante cité commerciale et maritime de l'Europe. Le chapitre est intitulé : « Comment le grand khan fabrique avec l'écorce des arbres une substance analogue au papier, et qu'il fait passer comme monnaie dans tout son Empire. » Ces billets avaient cours forcé. « Personne, remarque le grand voyageur vénitien, n'oserait les refuser sans s'exposer à la mort; personne n'y songe, d'ailleurs, tant il est commode de se servir d'une monnaie aussi légère et de transporter cent besants au poids d'un seul en or. » Il raconte alors que grâce à cette invention le grand khan peut accaparer toutes les matières précieuses qui pénètrent dans ses États, « et cela, sans qu'il lui en coûte rien. S'il arrive qu'une de ces pièces de papier soit usée ou déchirée, le porteur n'a qu'à la présenter à la Monnaie, où, pour une minime commission de trois pour cent, on lui en donne une neuve en échange. » Pauthier a calculé que, dans les trente-quatre ans de son règne, Kublai, le grand khan dont parle Marco Polo, avait émis pour plus de trois milliards de francs de ce papier-monnaie.

Mais depuis l'accession de la dynastie mandchoue, c'est-à-dire depuis le milieu du dix-septième siècle, il n'y a pas eu d'émission de billets de banque par le gouvernement chinois, si ce n'est en 1858, au cours de l'insurrection des Taï-Ping. Il fallut y renoncer, personne ne voulant de ce papier. D'autre part, la liberté des banques étant absolue en Chine, sous la réserve de certains droits de patente à payer à l'État, la variété des billets mis en circulation par ces banques est presque illimitée. A Tien-Tsin seulement il y a trois cents maisons qui en émettent, et quatre ou cinq cents à Pékin. En certains cas, la banque d'émission a une notoriété si restreinte que ses billets sont acceptés seulement dans le quartier ou dans la rue où elle est établie. Aussi, dans la plupart des cas, le preneur se réserve-t-il vingt-quatre heures de délai pour vérifier l'authenticité et la valeur du papier, et la condition est formellement stipulée sur l'endos, *par-devant témoins*, ce qui ne contribue pas à faciliter la transaction. Ces banques font d'ailleurs toutes les opérations usitées en Europe et fournissent à leurs clients des traites sur les diverses places de l'empire; mais à un taux très élevé. Le prêt sur gages, à intérêts usuraires, est aussi extraordinairement développé; il joue un très grand rôle dans la vie commerciale et l'on peut dire dans la vie générale, car les Chinois de toute classe ont constamment recours à des établissements analogues à nos monts-de-piété. Otto Hübner est d'avis que la liberté des banques, telle qu'elle existe dans l'Empire du Milieu, est le meilleur des systèmes et répond à tous les besoins. Macleod, dans sa *Theory and Practice of Banking*, montre que tous les phénomènes consécutifs à l'émission du papier-monnaie, tels qu'ils sont observés depuis un siècle ou deux en Europe et en Amérique, s'étaient produits en Chine à des époques bien antérieures.

Le revenu public n'est pas chose facile à évaluer en Chine; outre que les fonctionnaires, par suite du système régnant de malversation universelle, ont tout intérêt à en altérer les chiffres, le gouvernement même, à tort ou à raison, croit devoir en faire le plus souvent mystère: l'usage reçu de payer certaines taxes en nature, par conséquent en denrées de valeur variable, complique encore le problème. Les Chinois, comme le remarque de Guignes, sont d'ailleurs si portés à s'exagérer la richesse et la puissance de leur pays, qu'il ne faut pas songer à obtenir des données même approximatives par une enquête personnelle; sans compter que l'autonomie complète des provinces rendrait la tâche fort ardue, pour ne pas dire tout à fait impraticable. Ces motifs divers expliquent la différence des évaluations données à diverses époques par les statisticiens : différence telle, qu'on peut se demander s'il s'agit dans certains de ces chiffres du revenu total de l'empire ou seulement d'un résidu fiscal envoyé à la métropole après que les dépenses locales ont été réglées. Le missionnaire Trigault, par exemple, n'évaluait le revenu de l'empire, en 1587, qu'à vingt millions de taëls, tandis que Nieuhoff, en 1655, le portait à cent huit millions; Magalhaens, douze ans plus tard, à cinquante millions de dollars, et Le Comte à soixante-dix millions. Des chiffres plus dignes de confiance et d'ailleurs infiniment plus intéressants, puisqu'ils s'appliquent à l'époque présente, ont été fournis par l'administration des douanes chinoises, composée d'Européens qui se sont donné la mission de jeter quelque jour sur la statistique de l'empire. D'une analyse attentive des diverses sources de revenu dans les dix-huit provinces, ils déduisent les chiffres suivants, qu'on peut accepter comme au moins très approchés de la réalité :

Impôt foncier perçu en argent....	18.000.000	taëls.
Impôt foncier payé en nature :	13.100.000	—
Li-kin ou droits intérieurs sur les marchandises	20.000.000	—
Droits de douane perçus par les étrangers.	12.000.000	—
Droits d'importation et d'exportation sur le commerce indigène.	3.000.000	—
Gabelle.	5.000.000	—
Ventes des degrés universitaires, offices et dignités	7.000.000	—
Divers.	1.400.000	—

soit un total général de 79,500,000 taëls, et, en mettant le taël intérieur à 6 fr. 50, de 536,750,000 francs. C'est un revenu énormément inférieur à celui d'une puissance européenne quelconque, proportionnellement à la population. Il suffit de constater, par exemple, qu'en France l'impôt dépasse 98 francs par tête, et qu'en Chine il n'atteint pas 1 fr. 25. Il est vrai que les exactions personnelles des fonctionnaires du Fils du Ciel rétablissent dans une large mesure l'équilibre. Mais ces chiffres n'en témoignent pas moins de la puissance latente que révélera l'Empire du Milieu le jour, peut-être prochain, où il saura développer ses revenus.

Pour le présent, le déficit chronique est son lot, et ses dépenses dépassent constamment ses recettes. Comment ce déficit est-il comblé? C'est encore ce qu'on ne saurait dire exactement, les procédés mis en œuvre étant de leur nature irréguliers et variables. Tantôt on a recours à une altération du titre des monnaies, tantôt à des augmentations provisoires de droits et à ce que nous appelons des centimes additionnels, à des ventes extraordinaires d'offices et de dignités, enfin à des contributions directes frappées sur les riches, les usuriers prospères ou les fonctionnaires prévaricateurs. Il paraît aussi que les mines d'or et d'argent, les pêcheries de perles de la Mandchourie et d'ailleurs, les pierres précieuses apportées d'Ili et de Khoten fournissent des ressources secrètes et qui ne sont point portées au budget. C'est une opinion commune en Chine que le gouvernement possède des trésors inépuisables en lingots d'or amoncelés et enterrés depuis des siècles. Parfois cette opinion est arrivée jusqu'en Europe. Elle ne paraît pas justifiée par les faits et, si ces trésors ont jamais existé, il semble que la cour de Pékin en ait vu la fin. En 1832, l'empereur avouait un déficit annuel de vingt-huit millions de taëls; en 1836, ce déficit s'était encore accru, et il fallut, pour le combler, des ventes extraordinaires d'offices. En 1852-55, le gouvernement chinois dut recourir à des confiscations et à la réduction générale des salaires officiels. L'insurrection des Taïping acheva de le mettre aux abois, et c'est à peine si son revenu reprit une marche ascendante vers

1867. Mais bientôt la grande famine de 1878, la plus terrible que le monde moderne ait vue, rouvrit l'ère des déficits, ère que la guerre de 1884-85 n'aura sûrement pas aidé à fermer.

A s'en tenir pourtant aux données générales du budget impérial, ce budget devrait toujours se régler par des excédents d'une cinquantaine de millions de francs. Voici quelle en est l'économie générale, par ordre de dépenses :

Appointements des fonctionnaires civils et militaires..........	7.773.000 taëls.
Solde de 600.000 hommes de troupes, à 3 taëls par mois, moitié en nature, moitié en argent...........	21.600.000 —
Solde de 242.000 cavaliers à 4 taëls par mois	11.616.000 —
Chevaux, à 20 taëls.	4.840.000 —
Uniformes, 4 taëls par homme . . .	3.368.000 —
Armement..............	842.000 —
Marine et gardes-côtes	13.500.000 —
Canaux et frais de transport de numéraire................	4.000.000 —
Service des fortifications et de l'artillerie.	3.800.000 —

Ce qui donne un total général de 71,339,500 taëls, inférieur de 8,160,500 taëls au total des recettes prévues. Mais il y a le budget extraordinaire des transports de troupes, secours aux princes et tribus de Mongolie, pertes résultant des mauvaises récoltes, révoltes dans les provinces excentriques, etc... Et le déficit grandit toujours. Encore est-il certain que les dépenses sont systématiquement exagérées dans ce tableau et que le grand moyen d'arriver à un équilibre au moins apparent est de réduire les effectifs sous les armes, ou de ne pas payer la solde des troupes, qui s'arrangent alors pour la prélever en nature sur le paysan. Mais, d'autre part, il y a eu, depuis 1874, divers petits emprunts extérieurs contractés par l'entremise des banquiers de Chang-Haï ou de Hong-Kong, et dont le produit passe pour avoir été exclusivement consacré à des constructions de forts ou à des achats de canons.

En 1833, la *Gazette officielle de Pékin* a publié un curieux travail, dû à un financier indigène, nommé Na : il s'attachait à démontrer que les dépenses normales de l'Etat, en temps de paix, ne devraient jamais dépasser trente millions de taëls. Ce beau projet, selon le sort commun des plans de réduction des dépenses, n'a jamais été mis à exécution, et, s'il l'avait été, il est au moins douteux que le contribuable chinois y eût rien gagné. La véritable réforme fiscale, la seule qui puisse donner au budget de l'Empire du Milieu son développement normal, consisterait à faire entrer dans les caisses de l'Etat les sommes immenses qui s'égarent présentement dans les poches de ses fonctionnaires. La véritable plaie de ce budget, c'est le vol organisé, le péculat, l'extorsion à tous les degrés de la hiérarchie officielle. Personne ne l'ignore, et, s'il en fallait une preuve, on la trouverait dans la désignation même des appointements alloués aux employés de l'Etat. Le traitement fixe, régulier, qui figure au *Livre Rouge* en regard de chaque fonction, est absolument dérisoire et purement nominal; mais à côté de ce traitement il y a toujours une somme beaucoup plus forte, allouée à titre de *yang-tien*, c'est-à-dire d'*assurance contre l'improbité* (littéralement *gratification contre la faim*). Un gouverneur général, par exemple, n'a que 200 taëls de traitement fixe (à peine treize cents francs), mais il a quinze à vingt mille taëls de *yang-tien*; un juge en a de trois à huit mille; un préfet, de deux à cinq mille ; etc... Cette précaution de la loi n'empêche nullement les uns et les autres de prélever sur la fortune publique des sommes beaucoup plus fortes; mais le montant de ces exactions échappe nécessairement à toute évaluation, même approximative.

XV. — Commerce. Douanes maritimes.

Le commerce extérieur de la Chine n'a pas changé depuis que le monde occidental est entré en relations avec elle, et consiste toujours en échanges de son thé, de ses soieries, de ses laques, de ses poteries et de ses émaux contre nos cotonnades, nos lainages, nos métaux, nos fourrures, et surtout, hélas! contre l'opium anglais. L'usage de cette drogue est pourtant relativement récent, car on n'en trouve aucune mention dans les mémoires des missionnaires jusqu'au commencement du siècle, et c'est seulement vers 1767 que l'importation de l'opium a commencé à prendre une certaine importance. Ce commerce était alors dans les mains des Portugais. La Compagnie des Indes anglaises entreprit, vers 1773, de leur faire concurrence et établit un dépôt dans la baie de Lark, au sud de Macao. Très gênée par les pirates et les douaniers chinois, elle ne pouvait guère introduire son abominable poison dans l'Empire du Milieu que par voie de contrebande. Un édit de 1800, rendu par l'empereur Kia-King, en avait même formellement interdit l'entrée sous des peines sévères, en se basant sur ce qu'il était impossible de laisser son peuple « échanger son bon argent contre la vile drogue des étrangers, et perdre ensuite son temps ou sa santé à la consommer ». Mais la vénalité des mandarins permettait toujours d'éluder les règlements opposés à l'introduction de l'opium; l'usage de ce narcotique faisait des progrès désastreux; le moment vint où la violation des lois devint si évidente à la fois et si onéreuse à la Chine, qu'elle tenta un effort désespéré pour s'affranchir du joug britannique et jeta à la mer la cargaison d'opium de deux navires anglais. Comment cette affaire amena la guerre entre la Grande-Bretagne et l'Empire du Milieu, comment cette guerre se termina par le payement d'une indemnité de six millions de dollars pour les cargaisons détruites et par la reconnaissance légale du commerce de l'opium, sous condition d'un droit d'entrée à payer au gouvernement chinois, c'est ce qu'il serait oiseux de rappeler ici. Il faut se contenter de constater que jamais l'abus de la force et la démoralisation systématique de toute une race par une civilisation prétendue supérieure ne se sont aussi effrontément étalés sous le soleil. Le docteur Martin a publié à Paris, en 1871, une belle *Etude statistique et morale* de la question. Présentement, la culture du pavot est libre en Chine et s'y développe dans des proportions alarmantes, mais l'importation annuelle de l'opium n'en est pas moins de cinq à six millions de kilogrammes, d'une valeur moyenne de *trois cents millions de francs*. Presque tout cet opium vient de l'Inde par navires anglais : l'importation persane et turque, quoiqu'en progrès rapides, ne représente guère que la cinquantième partie de la valeur totale. En 1879, cette valeur a atteint son maximum et dépassé trois cent cinquante millions de francs.

Après l'opium et les produits de manufacture européenne, les principaux articles d'importation sont la noix de bétel, la biche-de-mer, les nids d'hirondelle, l'ambre, la cornaline, l'ivoire, les bois de marqueterie, la laque de Sumatra, les épices de Bornéo, le storax de Java, le cachou japonais, le benjoin, etc. De son côté, la Chine exporte, avec la soie, le thé, le nankin, le bambou, les porcelaines, les laques fabriqués, les nattes, la houille, l'indigo, le papier, l'alun, la rhubarbe, le cubèbe, l'huile de casse, le sang-dragon, le camphre et un grand nombre d'autres produits pharmaceutiques. Son commerce de long cours se partage en deux courants principaux, celui qui va de l'Inde et de l'archipel indien aux ports chinois, et celui qui franchit le canal de Suez. Le premier s'étend à une plus grande variété d'objets, mais sans atteindre comme valeur les chiffres du second. Les jonques chinoises vont surtout à Singapour, à Bornéo, à Bangkok, à Manille, aux côtes de la Corée et du Japon : elles y apportent des ustensiles de ménage, des fruits, du coton, des soieries à bon marché et un grand nombre de produits métalliques. Le riz est le principal article d'importation de Manille et de Bangkok; le rotin, le poivre et le bétel arrivent surtout de Singapour et de Bornéo. Le commerce extérieur de la Chine a une tendance marquée à passer aux mains des compagnies de navigation à vapeur étrangères ou indigènes. Mais le cabotage garde une certaine vitalité, et jusqu'à ce jour la navigation fluviale est restée exclusivement chinoise.

La valeur moyenne du commerce extérieur de la Chine, de 1871 à 1881, a été de 137 millions de taëls haikouan, (le taël haikouan, monnaie de compte de commerce international, vaut 6 fr. 85). L'exportation figure dans ce total pour une valeur moyenne de 75 millions de taëls, c'est-à-dire de moitié environ.

La part des diverses marines dans ce commerce extérieur a été, en 1882, pour cent : 61. 17 à la marine anglaise, 26. 16 à la marine chinoise, 3. 85 à l'Allemagne, 3. 55 à la France, 1. 81 au Japon, 0. 92 à l'Amérique. Encore, dans ce tableau, faut-il mettre au compte de l'Angleterre une bonne part des 26. 16 pour cent nominalement attribués à des navires chinois.

Le revenu moyen des douanes maritimes chinoises dans la période de 1871 à 1881 a été de 14 millions de taëls. Ces douanes sont administrées par des fonctionnaires européens, pour la plupart anglais. Etablies en 1842 par le traité de Nankin dans les cinq ports ouverts aux étrangers, elles furent d'abord aux mains d'employés indigènes, comme elles l'avaient été précédemment à Canton. Mais en 1853, le port de Chang-Haï étant tombé au pouvoir des insurgés cantonais, le directeur des douanes, Wu-Kien-Chang, fit appel aux consuls de France, d'Angleterre et d'Amérique pour prendre possession provisoire du service. Le gouvernement chinois se trouva si bien de cette expérience et de l'accroissement de revenu qui en résulta pour lui, qu'il laissa fonctionner le système à Canton et se montra disposé, après la conclusion des traités de Tien-Tsin, en 1858, à l'étendre à tous les autres ports ouverts. Les douanes maritimes de la Chine furent ainsi graduellement confiées à une administration européenne, dirigée par un Inspecteur Général. Cette organisation avait principalement pour but, quand elle fut mise en vigueur, en 1860, de garantir le payement de l'indemnité due par la Chine à la France et à l'Angleterre. Le payement une fois effectué, le gouvernement chinois maintient le nouveau régime, mais en s'attribuant 40 pour cent du produit des douanes maritimes, qui appartenait précédemment tout entier aux provinces où il était perçu. C'était autant de perdu désormais pour ces provinces. D'autre part les 60 pour cent qui leur restaient ne tardèrent pas à être saisis par la cour de Pékin sous une forme ou sous une autre, et spécialement à titre de garantie d'intérêts pour les petits emprunts partiels qu'elle prenait l'habitude de contracter en Europe. Or, le produit de ces emprunts n'a jamais été appliqué à des travaux d'utilité publique dans les provinces maritimes ; à peine a-t-il servi à élever quelques phares ; tout le reste s'en est allé en armements et en établissements militaires. Les provinces maritimes, privées de leur revenu principal, ont dû naturellement se créer d'autres ressources : elles n'y sont parvenues qu'en instituant de véritables douanes intérieures sous forme de droits de transit payés par les marchandises circulant dans la province. Ces droits sont levés par les autorités locales, comme ils pourraient l'être chez nous à l'octroi des villes ou aux écluses des canaux ; ils sont presque impossibles à éluder même pour les marchandises qui ont déjà acquitté les droits de douanes maritimes. Il en résulte pour la plupart des produits européens un renchérissement qui commence en quittant la côte, pour aller en augmentant à mesure qu'ils s'enfoncent dans l'intérieur: renchérissement dans le commerce étranger souffre autant que les populations mêmes de la Chine.

C'est là qu'est le vice du système, l'obstacle qu'il est indispensable d'écarter si l'on veut que les échanges se développent entre l'Empire du Milieu et l'Occident. Maintenant que les portes de la Chine sont forcées, c'est son territoire même qu'il s'agit de libérer et d'ouvrir à l'industrie des nations européennes. Leurs efforts communs devraient tendre vers ce but et ce ne sont pas les arguments qui leur manquent : car les produits chinois, après avoir acquitté les droits de douanes dans nos ports, ne rencontrent plus chez nous d'obstacles qui les arrêtent, et le principe de la réciprocité exige qu'il en soit de même en Chine pour les produits occidentaux.

COMMERCE EXTÉRIEUR DE LA CHINE

DE 1871 A 1881.

—

(Valeur en Taëls Haikouan.)

Années.	Importations.	Exportations.	Totaux.
1871	70.103.077	66.853.161	136.956.238
1872	67.317.049	75.228.125	142.605.74
1873	66.637.209	69.451.277	136.088.486
1874	64.360.864	66.712.868	137.073.732
1875	97.803.247	68.912.929	133.716.170
1876	70.269.574	80.850.512	151.120.086
1877	73.233.896	67.445.022	140.678.918
1878	70.804.027	67.172.179	137.976.206
1879	82.227.424	72.281.262	154.508.686
1880	79.293.452	77.883.587	157.177.039
1881	91.910.877	71.452.974	163.363.851

EXPORTATIONS CHINOISES A L'ÉTRANGER

EN 1880 ET 1881.

Produits.	1880.		1881.	
	Quantité.	Valeur en taëls haïkouan.	Quantité.	Valeur en taëls haïkouan.
Soie, picouls.	114.821	29.831.444	106.632	25.833.201
Thé, »	2.097.119	35.723.169	2.137.473	32.890.268
Sacs, pièces.	749.383	20.555	860.558	31.002
Bambou.	»	74.597	»	86.167
Fèves, picouls.	154.645	159.996	112.628	139.006
Cassia »	33.785	225.692	57.456	300.303
Camphre, picouls.	12.327	100.679	9.317	79.625
Porcelaines, picouls.	75.142	379.574	78.593	387.006
Houille	161	34	1.478	308
Vêtements et chaussures . .	»	327.518	»	358.301
Coton, picouls.	20.315	182.918	23.139	228.391
Bibelots.	»	44.948	»	43.364
Peintures	»	3.195	»	183
Eventails, pièces.	6.287.989	38.831	2.017.157	27.713
Poissons et légumes, picouls.	65.940	165.922	66.008	146.262
Pétards, picouls.	27.011	260.010	31.380	322.522
Farines et grains, picouls. .	149.394	139.653	39.911	49.361
Fruits, picouls	73.720	92.913	87.140	106.756
Fibres végétales, picouls. .	1.185	104.719	1.589	148.985
Chanvres, picouls.	19.548	160.602	20.771	158.143
Peaux et corne, picouls. . .	20.785	253.548	38.526	473.555
Indigo, picouls	2.847	13.768	1.764	7.163
Lung-nyans, picouls.	8.030	34.669	7.592	30.753
Nattes, pièces.	384.680	533.027	360.827	358.537
Plantes médicinales, picouls.	28.676	194.451	31.916	194.000
Métaux manufacturés, picouls	14.284	147.405	14.804	135.778
» non manufacturés, picouls	217	875	2	4
Nankins et lainages, picouls.	6.511	122.815	8.750	172.205
Galles, picouls	47.090	432.774	44.260	402.017
Huiles, »	3.692	70.295	9.442	159.516
Papier, livres, picouls. . . .	43.581	512.720	53.438	597.496
Rotin, picouls.	2.085	8.975	2.757	11.901
Rhubarbe, picouls.	6.153	212.527	6.814	245.957
Peaux de chevreaux, pièces.	244.193	152.486	330.922	262.780
Pailles tressées, picouls. . .	48.970	1.227.670	50.502	1.362.984
Sucre, picouls.	1.138.196	3.263.889	957.564	2.584.000
Tabac, »	19.077	167.931	7.250	73.388
Vermicelle et macaroni, picouls.	26.991	125.422	40.122	154.159
Divers.	»	2.366.290	»	1.853.845
VALEUR TOTALE. . . .	»	77.883.587	»	71.452.974

REVENU DES DOUANES MARITIMES CHINOISES
DE 1871 A 1881.

(En taëls haikouan.)

Années.	Droits sur les produits indigènes expédiés		Droits sur les produits étrangers importés		Total.
	Aux pays étrangers.	Aux ports chinois.	Par navires étrangers.	Par navires indigènes.	
1871.	5.246.467	1.138.116	9.508.972	1.707.174	11.246.146
1872.	5.840.261	1.099.724	10.029.050	1.649.586	11.678.636
1873.	4.978.179	1.158.938	9.238.675	1.738.407	10.977.082
1874.	5.535.041	1.147.686	9.775.743	1.721.529	11.497.272
1875.	5.640.062	1.291.922	10.030.226	1.937.883	11.968.109
1876.	5.772.709	1.222.860	10.318.631	1.834.290	12.152.921
1877.	5.703.321	1.140.442	10.356.415	1.710.663	12.067:078
1878.	5.803.485	1.306.118	10.524.811	1.956.177	12.483.968
1879.	5.958.176	1.426.894	11.391.329	2.140.341	13.531.670
1880.	6.096.290	1.572.392	11.899.995	2.358.588	14.258.583
1881.	6.809.486	1.460.182	12.494.889	2.190.273	14.685.162

TABLEAU COMPARATIF DU COMMERCE EXTÉRIEUR DE LA CHINE EN 1854 ET 1882.

Importation.

	En 1854.	En 1882.
Opium	15.500.000 taëls haikouan.	26.746.297 taëls haikouan.
Coton	2.600.000 »	22.706.784 »
Marchandises diverses	3.640.000 »	28.262.149 »
	21.740.000 taëls haikouan.	77.715.230 taëls haikouan.
	francs 140.219.000	francs 532.349.325

Exportation.

	En 1854.	En 1882.
Thé	9.700.000 taëls haikouan.	31.332.207 taëls haikouan.
Soie	5.850.000 »	22.837.252 »
Sucre	*mémoire.*	3.103.377 »
Produits divers	975.000 »	10.064.010 »
	16.525.000 taëls haikouan.	67.336.846 taëls haikouan.
	francs 113.076.250	francs 461.257.095

XVI. — Tribunaux, procédures et peines.

Fort avancée à quelques égards dans les voies de la civilisation, la Chine en est encore au point de vue judiciaire à une phase de développement qui ressemble à l'état de l'Europe avant la Révolution française.

Toutes les causes, civiles ou criminelles, sont jugées par un seul et même magistrat, et la fonction judiciaire se confond souvent avec la fonction administrative. Les crimes et délits militaires seuls sont jugés par les officiers de l'armée.

A la base de l'organisme judiciaire se trouvent les « anciens » de village, qui forment une sorte de conseil municipal, règlent les affaires de la commune, et ont le devoir de toujours chercher à concilier les parties en matière civile. Si l'entente est impossible, les plaideurs s'adressent en première instance au juge de district et peuvent ensuite aller en appel devant les juridictions supérieures d'arrondissement, de département et de province. Pour certains cas spéciaux, l'appel peut aller jusqu'à l'empereur, mais jamais directement : la difficulté des communications aidant, ce droit est à peu près théorique. Néanmoins la *Gazette officielle* enregistre de temps à autre quelques exemples d'appels de ce genre, dans le but évident de montrer que le souverain veille toujours sur l'administration de la justice. Parfois ces jugements impériaux sont accompagnés d'un décret de dégradation ou de bannissement du magistrat indigne.

Un juge est toujours censé présent à l'audience, et accessible à toute heure en son prétoire. C'est là, naturellement, une fiction légale. En réalité, le juge siège quand bon lui semble, quoiqu'il ait ordinairement une heure de prédilection, entre le lever du soleil et l'après-midi. L'étiquette exige qu'il ne se montre pas dans les rues sans porter son costume officiel et sans être accompagné d'une escorte. Cette escorte varie, bien entendu, selon son rang dans la hiérarchie. Au minimum, c'est-à-dire pour un simple magistrat de district, elle se compose de deux courriers criant à haute voix de faire place au juge, de deux porteurs de gongs, frappant de temps à autre un nombre de coups proportionné à son rang, de deux licteurs munis de fouets et de chaînes, enfin d'un acolyte tenant le parasol d'honneur ou *lo*. Le dignitaire est porté dans une chaise par quatre valets à sa livrée; son secrétaire et ses huissiers l'accompagnent à pied ou en palanquin.

Le tribunal est ordinairement une salle des plus simples, ouvrant directement sur la voie publique. Le juge y siège derrière une table ou sont déposés ses godets et pinceaux à écrire, son sceau et des marques qui servent à indiquer le nombre de coups de bâton alloué à chaque condamné. Le fauteuil est orné d'une licorne héraldique. C'est à peu près la seule décoration visible sur la nudité des murs, avec quelques inscriptions classiques, dont une invitant le magistrat à se montrer pitoyable au malheureux. A ses côtés et derrière lui, secrétaire, huissiers et licteurs sont prêts à exécuter ses ordres. Tout accusé traduit devant le juge s'agenouille à ses pieds. On ne s'adresse à lui que sous le titre de *lao-yé* ou « seigneur », *fa-lao-yé* ou « grand seigneur », *fa-jin* ou « haut magnat », selon son rang.

La fonction d'avocat est inconnue en Chine. Toute accusation, toute déclaration, tout plaidoyer portés devant un juge doivent être à l'avance écrits par un notaire qui en donne lecture à l'audience. Ces notaires achètent leurs charges, comme les nôtres; ce sont les seuls hommes de loi chinois qui présentent quelque analogie avec nos avoués ou les solicitors anglais. Ils ont la réputation d'être fort attachés à leurs honoraires. Inutile de dire que l'institution du jury est chose inconnue dans l'Empire du Milieu. Le juge forme à lui seul tout le tribunal; mais il a le droit, dans les causes épineuses, de se faire assister de tels autres fonctionnaires qu'il lui plaît de requérir. On voit, pour certains procès retentissants, un gouverneur général prendre ainsi jusqu'à quinze et seize assesseurs. Le Code chinois règle très minutieusement tous les détails de la procédure civile et criminelle; il exige que la loi dont il est fait application soit citée textuellement dans la sentence et édicte des peines sévères contre les magistrats coupables d'illégalités ou de cruauté. Mais ces prescriptions sont très mal observées, spécialement en ce qui touche à la torture.

C'est le grand moyen mis en usage pour obtenir des aveux, le juge chinois n'attribuant jamais aucune importance à la déclaration d'un accusé ou d'un témoin.

La section 1re du code criminel, relative à la question ordinaire et extraordinaire, présente des ressemblances frappantes avec la pratique de nos Parlements à la veille de 1789. Elle stipule que la torture devra être appliquée exclusivement aux pieds et aux mains, avec une série de cinq barres pour les unes et de trois coins pour les autres, et autorise aussi l'emploi du bambou. Mais elle est muette sur tout mode de supplice différent. La variété de ces supplices n'en est pas moins illimitée dans la pratique. Un des plus fréquents consiste à tirer indéfiniment les oreilles du patient; un autre à lui battre les lèvres à coup de baguette jusqu'à ce qu'elles soient réduites en pulpe sanglante; d'autres à lui brûler les doigts, préalablement enduits de matières résineuses; à le pendre par les pouces; à le tenir agenouillé sur un mélange de verre pilé, de sable et de sel jusqu'à ce que ses rotules excoriées deviennent le siège de douleurs intolérables. Milne raconte avoir vu un malheureux soumis à cette épreuve. Il avait les bras liés derrière le dos à un bâton tenu par deux licteurs. S'il faisait un mouvement pour soulager ses souffrances en changeant de posture, un grand coup de bambou sur la tête le rappelait à l'ordre. Le pauvre diable était blême et tremblant de fièvre; il implorait d'une voix saccadée la pitié de ses bourreaux, qui répondaient en ricanant : « Souffre ou avoue!... » Parfois, l'atrocité des supplices est si révoltante que le sentiment public se soulève et qu'une plainte arrive jusqu'à l'empereur. Tel fut le cas pour un magistrat coupable d'avoir mis en usage la torture de l'eau bouillante, la section des tendons d'Achille et la pendaison par les mains clouées sur une poutre. Ainsi qu'en témoigne la *Gazette officielle*, le souverain exonéra ce juge de toute culpabilité, sous prétexte que les crimes du supplicié étaient véritablement odieux.

Les pénalités principales édictées par le Code chinois sont la cangue, le fouet, les coups de bambou, la transportation à temps et à vie, le bannissement, la mort.

La cangue ou *kia* équivaut à notre « exposition » de jadis. C'est une peine qui peut être assez anodine, une sorte de censure ou de réprimande sans aucun caractère infamant, ou au contraire devenir très dure — selon la manière dont elle est appliquée. L'appareil, composé d'un assemblage de planches épaisses de bois dur pesant quinze ou vingt kilogrammes, est ordinairement carré, et large d'un mètre en tous sens ; un trou percé en son milieu permet d'y passer la tête du patient, qui soutient le poids sur ses épaules. Dès lors, il ne peut plus arriver à porter les mains à sa bouche, ni à se coucher pour dormir. On l'autorise le plus souvent à s'accroupir à terre, de façon que le poids de ce collier de bois porte sur le pavé. Le supplice ne devient véritablement pénible que s'il se prolonge et si les gardiens du condamné refusent de lui ôter sa cangue pour la nuit. Une inscription fixée sur le bois dit aux passants le nom, l'adresse et le délit du patient. Quand l'exposition ne doit durer qu'un jour et se motive par un refus de payer les taxes ou par une tentative de fraude contre la gabelle, le condamné est habituellement forcé de rester debout, au soleil, dans quelque endroit public, à la porte d'un bureau officiel ou d'un temple. Si la peine doit s'étendre à une plus longue période — elle est parfois de trois mois — on oblige le condamné à s'en aller

par les rues mendier sa nourriture; il rentre le soir
dormir à la prison, où on lui ôte son collier pour la
nuit. Certaines cangues ont deux trous, et deux patients
y sont placés simultanément, ce qui est une aggravation
de peine évidente. D'autres sont portées sur une charpente à quatre montants, où le condamné est enfermé
debout, avec une main et un pied placés entre deux
planchettes spéciales, dans la posture la plus atroce
ment incommode. Cette sorte de cage est toujours dressée
de telle sorte que le pied libre du supplicié ne fasse
qu'effleurer le sol et que le poids du corps porte presque
entièrement sur la nuque et sur les deux membres
immobilisés. Il est rare que le patient résiste plus de
trois jours à cette pendaison raffinée; il expire ordinairement après quarante-huit heures. C'est un supplice
réservé aux sacrilèges et aux violateurs de sépultures.

Le fouet est plutôt l'assaisonnement préalable et
obligé d'une condamnation quelconque qu'une pénalité
proprement dite : il n'en est pas même question dans
la sentence du juge; mais ses acolytes commencent toujours par l'appliquer. C'est aussi un châtiment infligé
par mesure de police aux voleurs à la tire et autres
délinquants pris en flagrant délit. En ces sortes de cas,
l'exécution a lieu dans les rues, où le coupable est pro-
mené les fers aux mains et deux petits drapeaux plantés
dans les oreilles, précédé d'un porteur de gong, d'un
porteur d'écriteau et suivi du bourreau, qui le frappe
sur les épaules avec un fouet ou un rotin, en criant :
« Voilà la punition des voleurs! » Il arrive parfois que
le volé suit le cortège et arrache le fouet des mains de
l'exécuteur pour lui montrer la véritable manière de

s'en servir. Le bambou n'est appliqué que sur sentence directe stipulant le nombre des coups : on en donne de dix à cinquante avec la petite canne, de cinquante à cent avec la grande. L'exécution a lieu au tribunal et suit immédiatement la sentence : le condamné, dépouillé de sa culotte, est frappé avec une grande rigueur, et il est rare qu'au cinquième ou sixième coup son sang ne coule pas.

Parfois il montre un certain stoïcisme. Le plus souvent, il pousse des hurlements, dont le seul effet est d'épanouir dans un large sourire la face du juge et de ses officiers.

Les peines corporelles peuvent en général se racheter à prix d'argent. Il existe même un tarif légal des équivalences, et le juge est tenu d'appliquer ce tarif si le condamné n'a pas atteint sa quinzième année ou a passé la soixante-dixième.

La transportation à vie, ou *mank-ouan*, est ordinairement appliquée aux faussaires et escrocs. Ils sont envoyés dans les colonies pénales de la Tartarie ou des provinces du Nord et employés soit aux travaux agricoles, soit aux mines. Le voyage se fait à pied, à raison de vingt à vingt-cinq kilomètres par jour. Comme nos anciens forçats, ceux de la Chine sont formés par chaînes de cinq ou six condamnés et se rendent à destination sous la direction de gardes-chiourmes spéciaux. Les fatigues et les privations qu'ils subissent en tuent un grand nombre. Il paraît que les vieillards et les femmes meurent presque toujours avant le terme du voyage. La transportation à temps, ou *man-laou*, dure de dix à quinze ans. Elle est généralement appliquée pour les vols de peu d'importance ou pour le crime de recel. Les condamnés de cet ordre sont toujours internés dans les établissements pénitentiaires des provinces centrales. Comme les autres, ils voyagent par chaînes.

Le banissement se complique souvent de la marque. Dans ce cas, la joue du condamné est tatouée de signes indiquant son nom, son origine et la nature de son crime. Il est conduit à la frontière — généralement au delà de la grande muraille — et averti que, s'il est repris sur le territoire chinois, il sera mis à mort sur simple constatation de son indentité.

Il y a plusieurs modes d'exécution capitale. Les plus ordinaires sont la décapitation et la strangulation. Celle-ci est réputée la plus honorable. Elle s'opère, comme en Espagne, avec une espèce de *garrot* qui serre contre un poteau le cou du condamné, au moyen d'une cheville de bois que tourne le bourreau. La décollation est plus infamante, les Chinois croyant qu'il est honteux de ne pas conserver entier le corps qu'ils ont reçu tel de leurs ancêtres. Mais la décapitation ordinaire peut s'aggraver d'une procédure plus humiliante encore, si le juge stipule que le condamné sera *ling-chi*, c'est-à-dire « coupé en morceaux ». C'est la peine réservée aux parricides, aux meurtriers de leur mère, de leur frère, de leur oncle ou de leur tuteur, aux femmes qui assassinent leur mari. Pour l'exécuter, on attache d'abord le patient sur une croix, puis on dissèque son corps en cent vingt, en soixante-douze, ou trente-six, ou vingt-quatre morceaux. Une faveur insigne, que l'empereur seul peut accorder, est que le nombre des morceaux soit réduit à huit. La loi stipule formellement l'ordre et la marche de l'opération, qui doit commencer par l'ablation des sourcils, pour continuer par l'ablation des épaules, celle des muscles pectoraux, des avant-bras, des bras, des cuisses, des mollets, du cœur ; enfin par la section de la tête, des mains, des pieds et du bassin. Cet épouvantable supplice est fréquemment appliqué pour crime politique, par une extension de l'idée de parricide à l'attentat contre le souverain. Gray l'a vu successivement infligé à Tai-Chi-Kouei, fameux chef des rebelles Hakka, et une femme appelée Lan-Laam-Chi, qui avait empoisonné son mari dans l'espoir de se faire épouser par un voisin nommé Chan-Aze. Le même auteur a vu, en 1872, envoyer au supplice une chaîne de vingt-deux malfaiteurs, qui devaient être, le lendemain et après, suivis de fournées égales. Il a pu constater à cette occasion que les gardiens de ces malheureux avaient au moins l'humanité de leur cacher jusqu'au dernier moment le sort qui leur était réservé.

En général, le condamné chinois accepte assez philosophiquement son sort. Il est de règle avant l'exécution qu'on le transporte en palanquin au yamen du juge, pour une constatation finale d'identité. Cette cérémonie ne manque guère de flatter son amour-propre et de lui faire dire qu'il est décidément un personnage d'importance, puisqu'on lui épargne la peine de marcher. Ses parents ou amis l'attendent le plus souvent dans la cour du yamen pour lui offrir un goûter de gâteaux, de porc frais et de vin, complété par quelques noix de bétel. Ces noix sont un narcotique assez fort ; elles produisent une congestion presque immédiate de la face, et c'est sans doute ce qui a fait croire à certains voyageurs que l'usage chinois est de laisser les condamnés s'énivrer d'opium pour marcher au supplice. Ce qui est vrai, dans l'Empire du Milieu comme ailleurs, c'est que ses gardiens, ordinairement assez peu pitoyables, lui témoignent ce jour-là quelques égards. S'il n'a pas de parents pour lui donner le goûter d'adieu, ce sont eux qui se chargent habituellement de le lui fournir. Ils ont soin aussi qu'il soit proprement vêtu. Tout cela le console et soutient son courage.

Presque toujours il demande à fumer une cigarette quand ses porteurs le reprennent sur leurs épaules pour l'étape finale, et c'est avec nonchaloir, presque avec indifférence, qu'il se remet aux mains de l'exécuteur. Parfois, pourtant, il y a des caractères intraitables et qui ne se laissent pas amadouer par les politesses de la dernière heure. On cite un condamné qui se mit, au moment suprême, à invectiver son bourreau en lui disant qu'il fallait vraiment n'être pas propre à grand'chose dans ce monde, pour consentir à faire un pareil métier. Un autre, qui avait le cou très long, insistait pour ne pas baisser la tête, après s'être agenouillé, en objectant qu'un exécuteur quelque peu adroit ne pouvait véritablement pas le manquer. Le bourreau lui répliqua très posément qu'il avait en effet un cou très remarquable, mais que dans son intérêt même et pour ne pas risquer de le gâter, il ferait mieux de le placer dans la position normale. Sur quoi, le condamné, frappé de la justesse de cet argument, baissa la tête et fut décapité d'un seul coup.

Ordinairement, les restes du supplicié sont rendus à sa famille; mais, en certains cas, sa tête est exposée dans une cage au lieu où le crime a été commis.

A côté de ces peines légales, il y en a beaucoup d'autres qui se sont introduites dans la pratique. Par exemple, un mode d'exécution sommaire fréquemment employé par les « anciens » de village, consiste à coudre le condamné dans un sac et à le jeter dans le plus prochain vivier. On voit souvent en Chine des hommes privés d'une oreille. Ce sont, en général, des paysans impliqués à tort ou à raison dans des troubles politiques et auxquels l'un des deux partis a fait subir cette mutilation. Les prisonniers ou forçats employés dans les villes traînent fréquemment, non pas un boulet, comme jadis ceux de nos bagnes, mais une lourde pierre attachée par une chaîne à leur cou. Parfois aussi, on les expose en public par escouades de cinq et six, le pied passé dans une « barre de justice ». Affaire de coutumes locales.

Il est impossible d'établir la statistique des exécutions capitales en Chine. La *Gazette officielle* donne bien habituellement en automne un prétendu total de ces exécutions; mais on peut seulement considérer le chiffre de huit à neuf cents, auquel elle arrive en moyenne, comme celui des condamnations soumises à l'approbation souveraine. Or, dans la plupart des cas, cette approbation est considérée comme inutile et la procédure est tout à fait sommaire. Le gouverneur général d'une province peut prendre place au fauteuil, examiner cinq ou six accusés, les condamner à mort, signer l'ordre d'exécution et les envoyer au supplice en moins de temps qu'il n'en faut pour le dire. La chose n'arrive pas communément, mais elle s'est vue. Et, parfois, c'est vingt, trente, cent accusés ou un plus grand nombre qui sont expédiés ainsi d'un trait de pinceau. Les mouvements politiques, tout spécialement, donnent lieu à de véritables boucheries. A la suite de l'insurrection du Kouang-Toung, en 1854-55, *quatre-vingt-trois mille* prisonniers furent exécutés dans la seule ville de Canton, sans compter ceux qui moururent en prison, de faim ou de misère physiologique.

Les prisons chinoises sont en effet les plus abominables qu'il y ait au monde. Elles se composent d'un nombre variable de salle carrées, pavées en granit et palissadées de pieux énormes, autour desquelles court un chemin de ronde bordé d'un mur extérieur. On y pénètre par une porte surmontée d'une tête de tigre aux mâchoires béantes et aux yeux furibonds. Cet emblème se répète en pierre dans le chemin de ronde. Il représente le dieu tutélaire des geôliers, qui ne manquent pas de lui offrir matin et soir leurs dévotions. Des deux côtés de la porte se trouvent ordinairement les bureaux et logements réservés aux officiers de la prison et qui peuvent être assez élégants. Quant aux salles affectées aux détenus, elles sont toujours d'une saleté horrible. L'atmosphère en est empestée. On n'y trouve ni moyens d'aération suffisants, ni provisions d'eau, ni rien qui indique la moindre préoccupation hygiénique. Elles ont pour unique mobilier un lit de camp sordide, formé de quelques ais portés sur des poutrelles, et un baquet commun, avec un autel dédié à Hong-Koung-Chou-Chou, divinité qui passe pour avoir la spécialité d'adoucir le cœur des méchants. Les prisonniers sont entassés là au hasard, sans air, sans eau, presque sans vivres, dans un état d'épouvantable malpropreté. Jamais ils ne prennent d'exercice; il leur est interdit de se raser la tête ou la barbe; le peigne, la brosse et le savon sont choses inconnues dans cet enfer; aussi tous ces malheureux, émaciés et blêmes, ont-ils l'aspect le plus farouche et le plus hideux.

A leur entrée, on leur a pris leurs vêtements pour les remplacer par une livrée de cotonnade rouge, portant en grosses lettres le nom de la prison. La faim est leur supplice de toutes les heures; à peine ont-ils droit à une poignée de mauvais riz à l'eau. Il faut dire que le directeur achète sa charge, n'a pas d'appointements et reçoit seulement de l'État vingt-cinq sapèques par jour (environ huit centimes) pour l'entretien de chaque prisonnier. Encore n'est-il pas certain de les toucher régulièrement. Il est vrai qu'il vend des vivres à ceux qui ont quelque argent. En Chine, comme ailleurs, il y a une « pistole » pour les détenus riches. Mais le régime ordinaire est nécessairement atroce. Il faut remonter chez nous aux temps de la Bastille, en Angleterre à ceux qui ont précédé la réforme pénitentiaire du philanthrope John Howard, pour trouver quelque chose d'analogue aux horreurs d'une prison chinoise.

La mortalité y est naturellement effroyable. Pour la limiter dans une certaine mesure, la loi stipule que cette mortalité ne doit pas dépasser deux pour cent par mois, ce qui reconnaît en quelque sorte au directeur le droit d'assassiner chaque année le quart de ses détenus. Mais cette loi, comme la plupart des règlements de l'Empire du Milieu, est constamment éludée : tout au plus sert-elle à éliminer un directeur, quand on a besoin de sa place. Le régime des prisons chinoises est, au surplus, si notoirement horrible, que la compassion publique s'en émeut souvent. Il n'est guère d'accession au trône qui n'entraîne une amnistie; il n'est pas rare non plus qu'un fonctionnaire, un marchand laissent en mourant un legs destiné à adoucir le sort des détenus. Dans certaines villes, il y a ainsi des fondations perpétuelles pour fournir des éventails en été, des vêtements chauds en hiver, aux malheureux prisonniers. En profitent-ils, seulement? Il faut l'espérer, sans trop le croire. Opinions proverbiales en Chine : le mandarin vole par an au moins dix fois la valeur de ses appointements ; et la prison tue dix fois plus d'hommes que le bourreau.

Dans l'enceinte de la prison, au pied du chemin de ronde, on trouve ordinairement des cellules réservées soit aux femmes détenues, soit aux familles que la loi permet d'arrêter et de retenir comme otages quand un de leurs membres est en état de contumace et persiste à se soustraire à la justice. La détention de ces otages se prolonge souvent pendant des années. On cite, entre autres exemples de cet ordre, celui de la mère de Hong-Siou-Tsouen, le plus fameux chef des Taï-Ping, laquelle mourut en prison après treize ans de captivité. La loi chinoise confond volontiers les membres d'une même famille dans la répression du crime commis par un seul. Il arrive que les fils ou parents d'un condamné sont mis à mort uniquement à raison de cette parenté, et sans qu'aucun fait spécial ait été relevé à leur charge personnelle.

Ce sont là des conséquences extrêmes de l'esprit de clan qui règne en Chine et qui a souvent pour résultat d'entraver le cours de la justice. Une famille puissante a une liste « d'hommes dévoués. » Quelqu'un de ses membres est-il accusé d'un crime ou d'un délit, un de ces hommes se présente aussitôt à sa place, en se déclarant coupable. Puis, le jour du jugement venu, le clan fournit d'innombrables témoins pour établir soit un alibi, soit un cas de légitime défense, s'il s'agit d'un meurtre, ou toute autre justification, s'il s'agit d'un délit moindre. Ces « hommes dévoués » sont sûrs qu'en cas de mort leur famille sera défrayée de tout par le clan reconnaissant, et qu'en cas de succès ils recevront eux-mêmes une récompense en argent ou en terres. Il n'en faut pas plus pour les décider à courir ce terrible risque. Des substitutions de ce genre se voient, parait-il, même après que la condamnation à mort est prononcée, et il y a des exemples de gens qui trouvent à prix d'argent à se faire remplacer dans ce cas suprême. Un mode d'évasion de la loi plus commun consiste à acheter la complicité des geôliers pour qu'ils déclarent le condamné mort subitement et le laissent emporter dans un cercueil.

Il arrive aussi qu'un chef de clan, procédant comme nos barons féodaux, se transforme en bandit, arme ses domestiques et fait peser sa tyrannie sur des districts entiers. La justice est généralement obligée, dans des cas pareils, de recourir à la ruse pour surprendre le criminel et le faire arrêter.

Des bandes de vagabonds appelés *hakka* ou « hôtes » parcourent les provinces à la manière des bohémiens d'Europe et deviennent parfois un danger pour la sécurité des habitants sédentaires. Le gouvernement s'arrange alors pour concéder à ces vagabonds des terres incultes et les leur faire défricher, avec dispense de tout impôt pendant plusieurs années.

Le voleur de grand chemin revêt, en Chine, la forme spéciale de *dakoit*, ou « pirate de rivière ». Il s'embusque comme un rat d'eau le long des voies navigables, reste au guet dans les herbes ou les bambous, et, s'il voit une occasion favorable, un sampan sans défense, il se jette sur sa proie. Ces brigands sont la peste des plus grands fleuves et notamment du Yang-Tze-Kiang. La principale occupation des magistrats est de les traquer et d'établir un état de sécurité au moins suffisant pour permettre la levée des impôts. C'est toujours une opération difficile, le paysan ayant une tendance naturelle et sans doute justifiée à croire que le percepteur réclame plus qu'il ne devrait. Certains districts sont en état de résistance chronique au fisc, et toujours prêts à résister, même par la force, à ses prétentions. De telles habitudes entraîneraient bien vite la dislocation d'une société européenne. Mais la Chine est vaste et si fourmillante d'habitants, le fond de sa population est si pacifique et si laborieux que ces exceptions se fondent dans la masse et n'exercent pas une action appréciable sur la santé générale de la nation.

Il faut d'ailleurs le constater : la loi chinoise si sévère dans son principe, si souvent cruelle dans l'application, rachète dans une certaine mesure sa férocité par quelques traits où se révèle le profond esprit de famille qui domine tout dans le Royaume-Fleuri. Elle recommande l'indulgence au juge dans les cas où le coupable soutient ses parents âgés ; si deux frères sont condamnés pour le même crime, elle stipule qu'un seul en portera la peine ; le père est-il transporté, son fils a le droit et presque le devoir de l'accompagner au lieu de son exil.

Il en est de même de la femme du condamné. Les idiots, les fous, les vieillards, les infirmes, sont exceptés de l'application rigoureuse des lois. Certains mois, certaines saisons, sont des périodes de trêve dans la répression. C'est peu de chose sans doute. Encore aime-t-on à opposer ces indices d'humanité aux affreux exploits de la Thémis chinoise. On y trouve au moins pour l'avenir un germe de clémence et de pitié.

XVII. — La famille. — Le mariage et le divorce.

Le culte des mânes, le respect de l'âge, l'obéissance filiale, le pouvoir à peu près illimité du mari sur sa femme, tels sont les principes fondamentaux de la famille chinoise. C'est un devoir absolu pour les enfants de soutenir leurs parents âgés ou infirmes. Peut-être faut-il chercher dans cette règle essentielle la véritable raison qui fait souhaiter aux Chinois d'avoir une nombreuse lignée de fils et de petits-fils. L'habitude, chez les frères et cousins, de rester groupés au lieu d'origine, et la loi des héritages qui confère à chaque enfant un droit dans la propriété indivise, sous la dictature d'un seul, contribuent aussi à développer cet esprit familial si remarquable dans la constitution de la société chinoise. Enfin, la religion nationale, où le culte des ancêtres joue le principal rôle, concourt encore à resserrer les liens naturels entre tous les rameaux issus d'un même tronc. Ces coutumes ont leurs avantages au point de vue de l'assurance mutuelle contre la misère; elles réalisent depuis des siècles l'application pratique la plus parfaite que le monde ait jamais connu de l'idéal rêvé par Fourier. Mais, outre qu'elles paralysent singulièrement l'essor de l'activité individuelle, elles entrent souvent en conflit avec l'intérêt général. L'esprit de famille, surtout quand il se transforme en esprit de clan, devient aisément, en Chine comme ailleurs, une cause de troubles et de crimes. On ne compte guère que quatre cents clans proprement dits dans tout l'empire du Milieu; malheureusement, les représentants de ces clans se trouvant disséminés partout, le résultat est le même que s'il y en avait des centaines de mille. Les rivalités locales, les haines héréditaires, les actes de violence, sont le produit naturel du tempérament tout spécial né de ce patriotisme de clocher. C'est surtout dans les provinces de Kouang-Toung et de Fo-Kien qu'on le trouve encore vivant. La *Gazette officielle* en a fourni un exemple curieux dans la pétition d'un habitant de Cho-Cho-Fou, au Kouang-Toung. Cet homme exposait que « deux de ses parents ayant refusé de se joindre à des cousins à eux, dans une querelle de clan, s'étaient vus soumis à des persécutions atroces. Comme résultat de cette querelle, en moins de quatre ans, dix personnes avaient déjà perdu la vie et vingt autres des deux sexes, emmenées en captivité, avaient été privées des yeux, des oreilles et des pieds. Trente maisons étaient en ruines; plus de cent hectares de terre ravagés : dix mille taëls avaient été soustraits, des temples jetés à bas, des sépultures violées, des digues détruites. C'est en vain que le gouverneur offre mille taëls de récompense pour la capture des coupables; personne n'ose les appréhender et le danger devient de jour en jour plus pressant. »

En général, il faut pourtant reconnaître que l'organisation de la famille chinoise répond admirablement aux instincts et aux besoins les mieux définis de l'humanité.

Si l'enfant est destiné à avoir des obligations très étroites envers ses parents, il commence par être de leur part l'objet de préoccupations et de soins non moins actifs. Il aura un jour des devoirs; mais du moins tout dans son éducation concourt à les lui inculquer, et la loi chinoise n'exigera pas de lui qu'il les remplisse sans s'en être lentement imprégné par tous les pores. Chaque initiation de sa vie, depuis la première application du rasoir à sa jeune tête, vers l'âge d'un mois, et son entrée à l'école, vers six ou sept ans, jusqu'à son mariage, aux environs de la dix-huitième année, devient un événement que la famille entière célèbre par une fête. Jamais il ne se sent isolé et comme étranger au milieu des siens. Tout lui crie, au contraire, qu'il appartient indissolublement à un groupe d'êtres ayant de lointaines racines dans le passé, déstiné à s'élargir à l'infini dans l'avenir, et où il a sa fonction solidaire des autres. Si humble que soit sa condition, il connait ses ancêtres par leurs noms et lenrs actes. Il sait qu'à son tour il figurera sur la liste avec une note adéquate à ses mérites. Le sentiment de l'honneur prend un rôle prépondérant dans ses déterminations, en même temps que le respect filial devient la règle essentielle de sa conduite. Tout cela peut être artificiel et en bien des cas inutile. Mais c'est évidemment un puissant ressort de paix sociale, d'harmonie et de bonheur.

Le premier nom qu'un petit Chinois reçoit au moment où on lui rase la tête, quatre semaines après sa naissance, s'appelle son « nom de lait ». Ce n'est souvent qu'un numéro d'ordre, comme *A-yan*, *A-sam*, *A-luk*, c'est-à-dire numéro 1, numéro 2, numéro 3. Il le porte jusqu'au moment où il entre à l'école, et en prend alors un autre en rapport avec les qualités intellectuelles qu'on lui suppose ou qu'on lui souhaite; par exemple: « Mérite naissant », « Écriture élégante », « Olive qui va mûrir », « Encre parfaite », etc... Quant au nom de famille, naturellement il ne change pas; mais ce nom s'énonce toujours avant le prénom, au contraire de ce qui a lieu en Europe, et le titre honorifique les suit tous deux. Ainsi un Fils de Han, ayant le rang de *Sien-Sang*, c'est-à-dire « professeur », le prénom de *Wan-Taï*, c'est-à-dire « Rempart des lettres », et le nom de *Liang*, c'est-à-dire « Millet », énoncera ces qualifications Liang, Wan-Taï, Sien-Sang.

Les filles n'ont qu'un « nom de lait », comme *Fleur*, *Petite Sœur*, *Pierre précieuse*, qu'elles échangent en se mariant contre un surnom comme *Fleur de Jasmin*, *Lune argentée*, *Parfum suave*, etc. Mais en parlant d'elles on les désigne dès lors par le nom de famille de leur mari, suivi de leur nom de famille propre, comme on dit chez nous Mme X... *née* Z. D'autre part, ce mari lui-même a pris à l'occasion de son mariage un troisième prénom, qui sert désormais à le désigner, à moins qu'entrant au service de l'État il n'en prenne un quatrième. Enfin, s'il est négociant, il en adopte un cinquième ou « nom de commerce »; et, en tout cas, il en reçoit un dernier à sa mort.

La naissance d'une fille est généralement considérée comme un malheur, au moins dans les classes déshéritées. Est-il vrai que l'infanticide soit un crime plus fréquent dans l'Empire du Milieu qu'en Europe? C'est ce qui n'est pas démontré. Mais il est certain qu'il s'y applique spécialement aux enfants du sexe féminin. La coutume de leur atrophier les pieds en les comprimant à l'aide de ban-

délettes ne semble pourtant pas avoir pour but de maintenir les femmes dans un état d'infériorité et d'esclavage,
comme on le croit communément, Elle est plutôt un
signe distinctif de la race chinoise proprement dite et un
développement de l'idéal esthétique de cette race.
Comme nous, les Fils de Han pensent que le pied d'une
femme doit être petit : logiques jusqu'au bout, ils l'atro-
phient pour lui assurer cette qualité. Nous déformons
bien le foie de nos filles avec des corsets qui lui donnent
l'aspect d'une gourde! Les deux procédés se valent. Aux
yeux d'un Chinois, le pied-bot de sa belle est un symbole
de grâce, de touchante faiblesse et d'élégance. Il le compare à une fleur de lis qui va s'ouvrir. C'est un jonc ou
un roseau que nous prenons pour terme de comparaison.

Le mariage est entouré d'une solennité qui ne laisse
pas de surpendre, étant donné qu'elle s'associe avec la
plus large polygamie. C'est que la première femme, la
légitime, a chez les Chinois, comme autrefois chez les
Romains, une situation à part. Elle assure la continuité
de la race. A ce titre, sa fonction a quelque chose de
sacré et la distingue des concubines. Aussi est-ce presque
toujours la famille assemblée qui se charge de la choisir.
Ce choix s'effectue très souvent par l'intermédiaire d'une
classe particulière de personnes appelées *mei-jin*, véritables agents matrimoniaux qui ont pour profession de tenir
registre des partis disponibles. D'autres fois, le mariage
a été arrangé de très longue date entre les familles,
alors que les deux futurs conjoints étaient encore à la
mamelle. Quoi qu'il en soit, quand il est arrêté, les cérémonies commencent. Tout d'abord, le père et le frère du
fiancé envoient officiellement un de leurs amis à la

famille de la jeune fille, pour s'enquérir de son prénom et de la date de sa naissance : on pourra alors, par la comparaison des horoscopes, s'assurer que l'union projetée promet d'être heureuse. Ces préliminaires accomplis, si tous les signes sidéraux sont favorables, le messager vient demander dans les formes la main de la future épouse. La réponse est naturellement affirmative ; mais elle est encore verbale. La famille du fiancé réclame un engagement écrit. Ce contrat signé, elle envoie aux parents de la jeune fille des présents en rapport avec sa fortune. Il ne reste plus alors qu'à prendre jour pour le mariage, non sans avoir consulté l'almanach. Ce jour venu, le fiancé envoie ses amis, avec accompagnement de musiciens et de lanternes, chercher sa jeune femme, qui lui est aussitôt amenée en pompe.

Il y a quelquefois alors des surprises pénibles, résultant de ce que les charmes de l'épousée ne sont pas au niveau de ce qu'on attendait. Gray conte une scène de ce genre dont il a été témoin à Canton. Le mariage avait été célébré chez la mère du fiancé, déjà fort avancée en âge et en train de mourir. Cette circonstance avait même fait hâter la cérémonie, les pères et mères chinois tenant beaucoup à ne pas quitter ce monde sans avoir marié leurs enfants. La pauvre femme gisait donc dans le vestibule de sa maison, les pieds vers la porte, afin d'être toute prête au grand voyage, quand les amis de son fils amenèrent la jeune épouse, enveloppée selon l'habitude des voiles les plus épais. Aussitôt on procède à sa toilette de bienvenue, on la débarrasse de ses voiles pour qu'elle puisse s'asseoir entre des flambeaux devant la petite table nuptiale et s'exhiber le visage découvert à la curiosité de l'assistance. O désenchantement! La malheureuse est atteinte de la lèpre!... Les sœurs et les cousines du fiancé éclatent en larmes ou en cris d'indignation. On fait pleuvoir sur la tête de l'infortunée jeune femme une grêle d'invectives, qu'elle reçoit pâle de honte et de douleur. Un ami commun s'interpose. On la renvoie sur l'heure à sa famille, qui consent bien à la reprendre, mais refuse de restituer la somme envoyée à titre de présent de noces. Pendant ce drame, la mourante, immobile sur sa couche, n'avait même pas la force d'exprimer les sentiments qui l'agitaient intérieurement. On aurait pu croire qu'elle avait déjà exhalé le dernier soupir, tant ses yeux étaient fixes, sa face blanche et ses lèvres blèmes. La mort ne vint pourtant qu'à la fin de la nuit la délivrer de ce qui devait être pour elle, dans les idées chinoises, la plus atroce des humiliations.

Dans l'Empire du Milieu, la parenté la plus éloignée est une cause d'empêchement du mariage. Un homme ne peut pas épouser une femme qui porte le même nom de clan ou de famille que lui. Si cela lui arrive, il est condamné à recevoir soixante coups de bambou. Au cas où il épouserait une de ses cousines ou une tante, la peine édictée par la loi est la mort par strangulation. Les gens de police, les bateliers, les acteurs et les esclaves n'ont pas le droit de se marier hors de leur classe; et il est formellement interdit de procéder à la cérémonie nuptiale pendant qu'on est en deuil. La saison considérée comme la plus convenable pour les mariages va du quinzième jour du huitième mois au quatrième mois de l'année suivante. Cette saison est même si bien consacrée par l'usage que les libraires publient, quand elle approche, toutes leurs nouveautés en fait d'épithalames. Par contre, le neuvième mois est regardé comme spécialement défavorable à la consécration d'un mariage, et il faut, pour se résoudre à l'adopter, un cas de force majeure. En certaines provinces, la cérémonie a toujours lieu le soir, sans doute pour que la procession aux flambeaux ait plus d'éclat. Cette procession est en effet la grande affaire et en quelque sorte le signe extérieur de l'union qui se contracte. Tous les parents ou amis des deux familles y figurent avec leurs tablettes honorifiques, leurs écussons, des emblèmes variés et autant de bannières, de lanternes, de gongs qu'il est possible d'en mettre en ligne.

Un Chinois peut prendre tel nombre de femme qu'il juge à propos, mais la première a toujours le pas sur les autres; c'est elle qui gouverne le ménage et qui est considérée comme la véritable maîtresse du logis, devant laquelle les concubines ne peuvent même pas s'asseoir sans sa permission. Si le mari est titré, occupe un rang dans la hiérarchie civile ou militaire, elle seule participe à ces honneurs et les partage avec lui. Même dans le cas où elle meurt, les épouses inférieures ne sortent pas de leur condition, qui est essentiellement servile. Il faut qu'elles aient donné des enfants au maître pour être jugées dignes de rendre le dernier soupir sous le même toit que lui. En général, quand une concubine est gravement malade et en danger de mort, on la transporte hors de la maison. La raison de ce traitement barbare gît sans doute dans le fait que cette catégorie d'épouses appartient souvent à la classe des esclaves et même des filles publiques. Chose singulière, les cérémonies du mariage s'accomplissent dans leur cas à peu près de la même manière que pour la première femme, quoique avec moins de pompe. Leurs enfants sont légitimes comme ceux du premier lit. Mais, sauf en certains cas exceptionnels, elles restent dans la maison sur le pied de simples servantes.

Au surplus, la première femme elle-même n'est guère autre chose qu'une servante en chef. Dans les classes les plus élevées, et quasi princières, elle va à la cour, sort en litière à visage découvert et mène une vie qui rappelle à quelques égards celle d'une dame européenne. Mais, dans les classes moyennes, la femme chinoise ne sort pas du gynécée, et son existence est tout entière vouée aux soins du ménage. La qualité de mère d'un ou plusieurs fils lui confère seule une autorité positive, qui devient une véritable dignité quand ces fils sont mariés et l'entourent de brus soumises à ses lois.

La paix règne-t-elle toujours entre ces quatre ou cinq épouses? On peut en douter, si l'on se rapporte au proverbe chinois d'après lequel « neuf femmes sur dix sont jalouses ». Il semble pourtant que les gynécées du Royaume-Fleuri ne soient pas plus bruyants ni plus orageux que ceux de l'Occident. L'habitude a, dans ces sortes d'affaires, une influence souveraine. Accoutumée à considérer son mari comme un être supérieur et un roi absolu, l'épouse chinoise supporte sans doute le partage plus aisément que ne le feraient ses sœurs d'Europe. En certains cas, elle est la première à conseiller au maître d'introduire dans le ménage telle jeune femme, esclave d'un voisin ou autre, dont elle entend vanter l'activité, les talents culinaires, la douceur ou même la beauté. Elle considère que cette adjonction rehausse son propre prestige, en élargissant son action. Ce sont des mœurs que nous avons quelque peine à comprendre. Mais peut-être, après tout, sont-elles plus logiques et plus sages que les nôtres, comme elles sont incontestablement moins hypocrites. Étant donné que la plupart des hommes sont polygames, le législateur chinois, avec tous les législateurs orientaux, a jugé qu'il était préférable de régulariser les choses et d'endiguer un instinct irrésistible. Les enfants, qui importent surtout, bénéficient assurément de ce système, et la bâtardise y est chose à peu près inconnue. Quand il n'aurait pas d'autre mérite, celui-là suffirait à balancer les plus graves inconvénients. Sans doute, un ménage à quatre ou cinq ne réalise pas l'idéal qu'un européen cultivé se fait du foyer domestique. Nous trouvons volontiers aussi la condition de la femme chinoise, internée dans sa prison conjugale, étrangère à toute activité intellectuelle, fort au-dessous de celle que nous avons faite à nos compagnes. Mais n'y a-t-il pas beaucoup à dire sur le convenu et le décousu de nos mœurs, sur l'absurdité de certaines fictions légales ou mondaines, disons le mot, sur l'amère bêtise de la plupart de nos coutumes matrimoniales? La meilleure preuve que le mariage est très mal compris chez nous, c'est qu'on s'y marie de moins en moins. En Chine, au contraire, un vieux garçon ou une vieille fille sont des phénomènes tout à fait exceptionnels.

Du reste, dans les grandes villes du littoral, une révolution s'opère déjà dans les mœurs, même pour les femmes. Les filles de riches marchands sont maintenant élevées à l'européenne, comme leurs frères. Elles ont des maîtres, des répétiteurs qui les instruisent à domicile; et, devenues grandes, elles se montrent en public, vont même au théâtre, où elles arrivent, des fleurs au front, nonchalamment soutenues par le bras d'une suivante.

La loi chinoise reconnaît sept motifs légitimes de divorce: la stérilité de la femme, l'inconduite, la jalousie persistante, le bavardage excessif, le vol, l'insubordination, la lèpre. Il n'y a pas de cas de divorce contre le mari. Mais, s'il garde sa femme après l'avoir convaincue d'adultère, il est passible de peines rigoureuses; et, s'il l'abandonne, elle peut se remarier après trois ans avec l'autorisation d'un magistrat. La femme qui se fait enlever par un amant et qui est reprise peut être vendue comme esclave par le mari. Si elle se rend coupable de bigamie, elle est condamnée à mort et étranglée. Est-elle surprise en flagrant délit d'adultère, son mari a le droit de la tuer, mais à la condition formelle qu'il tue aussi le complice. S'il se contentait de mettre à mort l'un des deux coupables, il serait poursuivi et jugé comme meurtrier. Une autre prévision formelle de la loi, c'est qu'il doit procéder lui-même à sa vengeance sommaire et ne pas se faire aider, sous peine de se voir condamné pour assassinat. Il va sans dire que sur ce point la loi est fréquemment éludée. Le mari place ses amis en embuscade pour se faire prêter main forte au besoin, et il s'arrange pour que leur concours ne puisse être établi. L'affaire faite, et le cas soumis au magistrat, non seulement le mari est acquitté, mais il reçoit un diplôme d'honneur sur soie rouge, avec une bourse de menue monnaie. Gray raconte à ce sujet une histoire dont il a été témoin. Un marchand de Canton nommé Souen-Lou soupçonnait sa femme A-Cha-Ong d'entretenir des relations coupables avec un jeune homme qu'il venait d'adopter. Selon la coutume de tous les maris de la terre, il prétexta d'un voyage pour éclaicir ses soupçons et annonça qu'il s'en allait pour affaires dans le Kouang-Si. Deux domestiques affidés, qu'ils laissait derrière lui, devaient placer à la porte de la maison un long bâton d'encens allumé, si les amants trompés par le prétendu départ, en profitaient pour prendre rendez-vous. Au milieu de la nuit, Souen-Lou rentre subitement, trouve la bougie d'encens brûlant à la porte, et, se précipitant dans sa chambre, égorge les deux coupables de sa propre main. Telle du moins fut sa déclaration devant le juge, qui le combla d'éloges. Mais les parents de sa femme disaient hautement que le double meurtre avait été accompli par les deux domestiques et non pas par le mari.

Il paraît d'ailleurs que les maris chinois ne procèdent pas toujours d'une manière aussi tragique. Très souvent ils se contentent de donner un tour de clef à la porte, d'enfermer les coupables et de rançonner la famille de l'amant. Si cette famille est pauvre et n'a pas la somme jugée nécessaire pour panser la blessure du mari, il coupe la natte de cheveux de son rival, ce qui est le comble de l'humiliation, puis le livre au magistrat, qui le fait fouetter par la ville, souvent en compagnie de sa complice. Dans le cas de composition, ou, comme nous dirions, de chantage, il va de soi que le mari garde sa femme. S'il y a divorce, la femme rentre chez ses parents, pourvu qu'ils consentent à la reprendre. Au cas contraire, le mari la vend comme esclave, c'est-à-dire la livre à la prostitution publique. Quand le divorce a pour cause une simple incomptabilité d'humeur, ou des fautes vénielles, il est pourtant d'usage que le mari lui assure des aliments. Voici un exemple d'annonce légale se rapportant à une séparation de ce genre :

« Ma seconde femme Kouang-Wong-Chi s'étant montrée tout à fait négligente dans l'accomplissement de ses devoirs domestiques, en dépit de mes avertissements réitérés, je soussigné, Kouang-Wong, marchand en cette ville, après avoir soumis le cas aux anciens, me vois réduit à la douloureuse nécessité de la répudier. Elle peut donc, à dater de ce jour, devenir, si bon lui semble, la femme d'un autre. Je lui assure une provision pécuniaire. Si, en dépit de cette précaution, je venais à apprendre qu'elle se livre à l'inconduite, je lui rappelle que j'ai toujours le pouvoir de l'appréhender et de la traduire devant un tribunal qui la condamnerait à la prison. D'autre part, il doit être entendu que, si des infortunes quelconques frappaient désormais cette femme, ses parents et tuteurs n'auraient plus aucun droit sur moi. En foi de quoi, j'écris cet acte de divorce et je le place dans ses mains. Le sixième jour du sixième mois de la sixième année de Tung-Chi. Signé : Kouang-Wong. »

Il n'est pas considéré comme décent pour une veuve de se remarier. Du moins un second mariage n'est autorisé par la loi chinoise que dans le cas de pauvreté extrême et de pénurie absolue. Le juge peut même condamner à soixante ou quatre-vingts coups de bambou

la veuve qui convole à de nouvelles noces. Si elle a des
enfants de son second mari, ces enfants sont regardés
comme étant de naissance peu relevée, quelle que soit
d'ailleurs leur position sociale. C'est l'usage en Chine
de renouveler les cérémonies nuptiales quand les deux
époux ont vu naître leur troisième génération. Ces
« noces d'argent » sont la reproduction exacte des premières, — à ce point que la femme retourne dans sa
famille pour se voir demandée dans les formes et trans-
portée en pompe au domicile conjugal. Un usage plus
singulier est celui qui consiste à marier les morts. Quant
un garçon meurt à douze ou treize ans, ses parents ne
manquent guère, vers l'époque où il aurait atteint sa
dix-huitième année, de le marier en effigie à une fille
décédée la même année que lui. Dans ce but, on a
recours aux services d'un agent matrimonial, on fait la
demande officielle aux parents de la morte, on consulte
les horoscopes, enfin on procède à toute la cérémonie
exactement comme si les deux conjoints vivaient encore.
Coutume poétique et touchante, à tout prendre, et qui
témoigne de la place que les absents tiennent encore au
cœur de ceux qui les aimaient.

Les cérémonies funéraires jouent d'ailleurs un rôle
capital dans la vie familiale. Elles commencent avant
le décès même, par le transport du mourant dans le vestibule de la maison, où l'on tourne ses pieds vers la
porte, en disposant autour de lui ses meilleurs vêtements;
il est même d'usage de s'en procurer de plus beaux qu'il
n'avait coutume d'en porter, et la vue de cette splendeur
est pour lui un sujet d'orgueil. Il en remercie ceux qui
se disposent à l'ensevelir, en se félicitant d'être si super-

bement accoutré pour arriver devant les ancêtres. Au moment où il expire, le plus proche parent lui ferme les yeux en disant : « Ne sois pas triste de nous quitter : tu t'en vas au bonheur éternel et nous tous qui restons après toi nous aurons soin de te rendre les honneurs posthumes, avec l'espoir d'être heureux ici-bas par ta bienfaisante influence ». On tire alors l'horoscope du défunt ; on brûle autour de lui des parfums et des papiers chargés de devises ; on pose à la porte un écriteau indiquant ses noms, prénoms et qualités ; on y dispose un porche de nattes pour les prêtres et les musiciens ; enfin on dépose le mort dans la bière la plus luxueuse qu'on ait pu se procurer, s'il n'a pris soin lui-même de l'acheter de longue date ; on lui met à la main un éventail et un rouleau de papier couvert de pensées empruntées aux anciens sages ; on lute avec soin et on vernit le cercueil. Enfin on s'occupe de trouver un terrain propice pour l'inhumation, quand la sépulture de la famille est trop éloignée pour qu'il soit possible de songer à y transporter le défunt. Ce choix du terrain funéraire est confié à des géomanciens de profession : c'est une affaire de la dernière importance, car elle peut influer au plus haut degré sur la prospérité des survivants et de toute la famille. Il est essentiel que le mort ait à sa droite et à sa gauche les deux principaux courants qui traversent la terre, celui du « dragon » et celui du « tigre » ; il faut que l'emplacement soit sec, pour que les fourmis blanches ne s'attaquent pas au cercueil ; il est indispensable qu'il soit voisin d'un cours d'eau, ou d'une colline, ou d'un ravin, pour des motifs variés ; enfin, les gens du métier seuls peuvent déterminer par la direction des ruisseaux, la forme des terres mâles et femelles, la couleur du sol, l'aspect des éléments, l'orientation de l'aiguille aimantée, si l'endroit choisi réunit toutes les conditions voulues. Parfois, pendant qu'on le cherche, le cercueil reste des mois et des années dans la maison mortuaire: il est exposé dans une chapelle ardente, où l'on brûle de l'encens matin et soir. Mais toutes les difficultés sont-elles enfin résolues, et le tombeau est-il achevé de bâtir, on arrête un jour pour les funérailles, qui se font en grande pompe, au milieu de tous les parents et amis. Seules les filles mariées du défunt sont absentes du cortège : elles ne font plus partie de sa famille. Mais les fils, petit-fils et parents de tout ordre mènent le deuil, habillés de blanc, marchant à reculons, et témoignant la plus vive douleur quand même la mort remonte déjà à plusieurs années.

La chapelle des ancêtres figure dans toutes les maisons, mais plus particulièrement dans celle du fils aîné. Chez les riches, elle forme un bâtiment distinct; chez les pauvres, c'est une simple chambre ou même un coin du logis. Elle ne contient, en général, que les tablettes des prédécesseurs immédiats; le nom des ancêtres plus éloignés est simplement écrit sur des listes déposées en des tiroirs spéciaux. Tous les jours, on brûle de l'encens et des papiers à devise devant ces tablettes, qu'on a soin de disposer par ordre chronologique, de manière que celles d'une même génération se trouvent sur une seule ligne. Ces chapelles, parfois très vastes et ornées avec une grande richesse, servent les jours de fête pour les réunions et les dîners de famille. Il y a, tous les ans, cent six jours après le solstice d'hiver, une sorte de

carême spécial ou « tsing-ming », dédié aux ancêtres
C'est à cette époque qu'on répare les sépultures, qu'on
les nettoie, qu'on les embellit.

Il ne faut s'y tromper, ce culte de la tombe, qui
s'étonnait si prodigieusement les jésuites, n'est pas,
chez les Chinois, une simple habitude inconsciente. Il
a ses racines dans la philosophie nationale. Pour les
Fils de Han, la mort n'est pas la séparation du corps et
du principe de vie : c'est le passage de l'être humain de
l'état de mouvement à l'état d'immobilité, et d'un genre
d'existence à un autre. Le cadavre retourne, il est vrai,
au réservoir commun; mais c'est pour y garder un
rôle, une personnalité, des sentiments, un intérêt dans
sa postérité, une action sur les choses de ce monde.
Aussi n'est-il pas, pour les Chinois comme pour les
races spiritualistes, un objet d'épouvante ou de dégoût,
mais au contraire un objet de vénération. Ce culte n'est
pas, autant qu'on pourrait le croire, spécial à l'Empire
du Milieu. Ne le voit-on pas grandir chez les nations
occidentales à mesure que les religions s'effacent? Nulle
part, il n'est aussi profond, aussi général qu'à Paris, la
ville du monde qui s'occupe le moins d'une vie future.

En Chine, ces choses ne sont pas seulement réglées
par la coutume, mais par la loi du pays. Et la loi
s'étend à tout, à la construction et au style des maisons, au luxe de la table, à la richesse de l'ameublement ou du costume. Elle indique, par exemple, comment doivent être établies les fondations de la demeure
d'un fonctionnaire du premier rang : il faut qu'elles
plongent à vingt pouces au-dessous de la surface du
sol; que le palais se compose de neuf grandes salles

donnant accès à autant d'appartements; que les piliers supportant la toiture de ces salles soient faits de bois durs, et peints en noir, les poutrelles dorées et couvertes de dragons volants, les plafonds intérieurs ornés de figures de dragons et de phénix. La décoration des toits, celle des portes, ne sont pas moins exactement indiquées.

Il en est de même pour chaque rang, pour chaque degré social. La demeure d'un fonctionnaire du neuvième ordre ne comporte que cinq appartements; celle d'un simple citoyen ne doit pas avoir le moindre ornement. Le costume qui convient à chacun, en hiver et en été, est stipulé avec le plus grand soin. En hiver, le chapeau sera recouvert de satin sombre et doublé en dessous de drap noir; les bords en seront relevés; il pourra être orné d'un gland de soie rouge. En été, il sera fait de paille ou de bambou et couvert de soie fine; les bords n'en seront pas relevés. La tunique extérieure sera de telle longueur, de telle forme, de telle couleur; la tunique de dessous, boutonnée par devant. Une classe devra porter de la soie; une autre ne pourra s'en servir à aucun titre, même en manière de couvre-pieds ou de rideaux. Les boutiquiers et artisans devront toujours être vêtus de coton, avec une pèlerine de drap pour l'hiver. La peau de mouton sera la seule fourrure permise acteurs, aux esclaves et aux bateliers. Le droit même de tenir une canne à la main est réservé aux gens âgés de soixante à soixante-dix ans. Toutes ces prescriptions sont sanctionnées par des peines : quiconque s'en écarte est mis à la cangue pour un premier délit et peut être fouetté s'il y a récidive.

XVIII. — Mœurs domestiques.

La maison chinoise est peut-être la mieux conçue qu'on trouve dans les cinq parties du monde. Généralement composée d'une série de pièces de plain-pied, formant un vaste rez-de-chaussée sans étages, garantie par des treillages extérieurs contre la curiosité du passant, ouverte à l'intérieur sur une cour ou sur un jardin, elle représente l'idéal du foyer, tel que peut le rêver un poète. Elle est construite en briques, ce qui lui donne une grande légèreté, en permettant de varier à l'infini le décor et la couleur des parois. La hauteur de la toiture, sa forme spéciale, assurent aux chambres les plus modestes des proportions aussi satisfaisantes pour l'œil que pour les poumons. Ce toit déborde de tous côtés la muraille extérieure et souvent abrite une véranda qui court tout autour de la maison. Des tuiles vernies, des piliers peints, des arêtes aux teintes vives achèvent de donner à l'ensemble un aspect gracieux et gai. La disposition intérieure se résoud d'ordinaire en enfilades de chambres carrées, séparées et éclairées par des cours ou reliées par des galeries couvertes. Quand la famille prend un grand développement et reste au lieu d'origine, il arrive que des suites d'appartements contigus successivement ajoutés au corps de logis principal, finissent par constituer un véritable phalanstère.

Ce plan général est celui des palais comme il est celui des demeures privées. Quelques édifices publics, quelques hôtels et restaurants montrent des étages et par conséquent des escaliers; mais c'est par exception. Le plus souvent, l'architecture chinoise reste fidèle à son principe, qui est la reproduction permanente de la tente primitive.

On n'arrive ordinairement à la porte des maisons de campagne qu'en franchissant deux ou trois grilles de bois espacées à travers une pelouse. A la ville, le seuil des plus belles demeures se trouve sur la rue, au-dessus d'un perron de deux ou trois marches. Ce perron donne accès dans un vestibule ou dans une cour. A droite se trouve la loge du concierge; à gauche un autel élevé aux dieux domestiques et la liste des dignités ou fonctions remplies par le maître du lieu. La porte, éclairée au dehors par des lanternes de papier qui descendent des gouttières, est ornée d'attributs variés selon le rang du propriétaire, mais toujours elle présente soit l'image sculptée soit au moins le nom des dieux You-Loui et Chin-Fou, et courant sur les montants, sur le linteau, des inscriptions, devises ou proverbes de bon augure.

Dans le vestibule ou dans la cour, un écran mobile, ordinairement garni de plantes grimpantes, masque l'entrée de la salle de réception. Cette salle est toujours meublée au chevet d'une table où l'on voit des brûle-parfums, des vases, des pots de fleurs : c'est l'autel des dieux lares. En avant de l'autel, un large sopha offre ses coussins au visiteur.

A droite et à gauche, des rangées de chaises sont alignées face à face et séparées par des tables basses. Tous ces meubles sont en ébène sculpté ou en bois imitant l'ébène. Des porcelaines, des bronzes, des écrans de jade, des étagères et cabinets chargés de livres et de bibelots, complètent la décoration. Le sol est pavé de briques ou de marbre. L'ensemble, un peu froid, rappelle assez l'idée que nous pouvons nous faire, d'après les ruines de Pompeï, d'un atrium latin. Ce n'est pas la seule analogie qu'on trouve entre les mœurs intimes de l'Empire du Milieu et celles des Romains.

La salle de réception marque une limite que l'étranger ne franchit guère. Au delà se trouvent les pièces réservées aux femmes, la cuisine, les chambres à coucher. Ces pièces s'ouvrent les unes sur les autres par des portes qu'on prend soin de ne pas faire de formes ou de dimensions pareilles, et surtout de ne pas percer symétriquement face à face, — de crainte que les mauvais sorts ne puissent entrer trop aisément. Les fenêtres et lucarnes qui éclairent ces appartements étaient autrefois garnies de lamelles taillées dans l'écaille d'huître, ou de papier transparent, que la vitre européenne tend depuis quelques années à remplacer.

Nulle part on ne trouve de cheminées. Le fourneau de cuisine même est ordinairement portatif, ce qui permet de l'établir dans les cours intérieures, quand le temps n'est pas pluvieux. Le seul appareil de chauffage des maisons chinoises est le *kang* ou sopha de briques, où dort une grande partie de la population : c'est un massif de maçonnerie analogue au poêle russe et sous lequel se place un réchaud de braise. La houille qui abonde dans le sous-sol de l'Empire du Milieu étant pas encore peu utilisée pour les usages domestiques, et le bois étant relativement rare en Chine, les Fils de Han sont très ménagers de combustible. Ils le réservent habituellement aux usages culinaires et se contentent en hiver de se vêtir chaudement.

L'alimentation est surtout végétale; elle l'est du moins beaucoup plus que celle de tout autre peuple. Le riz en première ligne, le maïs, le millet, le blé et une multitude de légumes pour la plupart inconnus à l'Europe en forment la base. On ne demande pas en Chine : *comment allez-vous? mais chi kouo fan?* « Comment avez-vous mangé votre riz? » Le poisson est, après les végétaux de tout ordre, l'aliment principal des classes populaires. Il pullule dans les innombrables rivières, lacs et étangs du Royaume-Fleuri et ne coûte guère en moyenne que trois à quatre centimes la livre. Trois cent cinquante millions de Chinois au moins vivent à peu près exclusivement de riz et de poisson. La viande de bœuf et de mouton est peu répandue; en revanche on mange une énorme quantité de porcs, de chiens nourris de riz, de poulets et de canards. Il n'est presque point de famille, si pauvre qu'elle soit, même à bord des barques innombrables dont tous les fleuves sont couverts, qui n'élève son cochon et sa flotille de canards.

Le jeune chien passe pour un aliment si délicat que les bouchers ont l'habitude d'en mettre des morceaux sur leurs autres viandes pour allécher le client. Le rat est aussi un article de consommation assez habituel, spécialement pour les vieillards des deux sexes : on lui attribue la propriété de faire repousser les cheveux. Les huitres et mollusques de toute sorte, les sauterelles, les chrysalides de ver à soie jouent aussi un rôle important dans l'alimentation. Les nids d'hirondelle (*collocalia esculenta*) la biche-de-mer ou trépang, les ailerons de requin, les yeux de chat et les langues d'oiseau, dont la légende fait volontiers la nourriture habituelle des Chinois, doivent être considérés comme des raretés exclusivement réservées aux classes riches. Tous les aliments sont uniformément frits dans l'huile ou bouillis à l'eau, après avoir été d'abord divisés en petits morceaux, pour en faciliter la cuisson, et aussi sans doute pour en aider l'absorption, qui s'opère à l'aide d'une cuiller ou de deux baguettes.

Les vins chinois se font avec toutes sortes de fruits et méritent plutôt le nom de liqueurs; ils ont leur rôle traditionnel dans les cérémonies et dans les fêtes privées : mais la boisson universelle de toutes les heures et de tous les repas est la décoction de feuilles de thé. Le caractère paisible, laborieux et gai du Chinois est peut-être dû dans une large mesure à l'habitude de se contenter de cette boisson, et surtout de la prendre si faible qu'il peut en absorber de très grandes quantités sans le moindre inconvénient. Cette habitude resserre les liens domestiques par les longues heures qu'elle fait passer à table. Elle excite les fonctions digestives et intellectuelles sans présenter les dangers de l'alcoolisme même le plus anodin. La Chine a rendu à l'Europe un service inestimable en lui faisant connaître le thé. Ce que l'humanité pourrait faire de mieux pour sa santé, pour son bonheur, pour sa richesse, serait assurément de renoncer à ses boissons fermentées, quel qu'en soit le nom ou l'espèce, pour s'en tenir au breuvage parfumé et doucement exhilarant des Fils de Han.

Nulle part au monde on ne s'invite aussi fréquemment à dîner. L'invitation est ordinairement écrite plusieurs jours à l'avance sur une carte de papier rouge, avec la formule : « Le — heureux jour du présent mois, une petite fête intime attendra l'illumination de votre présence. Avec les compliments de Chan-Wang. » Après quoi, un domestique vient indiquer de vive voix l'heure du festin, ou même chercher les convives. Le moment arrivé, ils sont accueillis par l'amphitryon, en grand costume, qui les engage, après les salutations d'usage, à imiter son exemple et à se mettre à l'aise. S'il fait chaud, chacun profite de la permission, se dépouille de presque tous ses vêtements et reste le torse nu. On s'assied alors deux par deux devant des tables basses couvertes de porcelaines, de fruits, de gâteaux et de fleurs, — rarement devant une grande table unique. L'hôte s'excuse, dans un petit compliment préliminaire, du pauvre dîner qu'il a l'audace d'offrir à ses invités, et le festin commence. Il se compose parfois d'une soixantaine de plats différents. Le service étant assez lent, on fume des pipes et l'on boit des tasses de thé pour remplir les entr'actes.

Une autre distraction très appréciée consiste à jouer d'une table à l'autre au jeu que les Italiens appellent *morra*, et que les Égyptiens connaissaient avant les Romains, car on en trouve la représentation sur leurs peintures murales. Il consiste à jeter brusquement en l'air un ou plusieurs doigts, en indiquant un chiffre que le partenaire doit compléter sans délai par le nombre de doigts nécessaire. Le perdant boit aussitôt à la santé du gagnant et doit renverser sa tasse pour montrer « rubis sur l'ongle ». C'est une grande source de gaîté pour les convives, qui rient à se tordre en se frappant l'abdomen.

Ces festins ont souvent lieu sur les *bateaux-fleurs*, tant calomniés en Occident. Les bateaux-fleurs sont tout simplement des restaurants flottants, ornés de lanternes, de verres de couleur et de guirlandes, où l'on retient un salon pour régaler ses amis. Au lieu d'être servi par un garçon, comme aux cabarets d'Europe, on l'est par des servantes de quatorze à quinze ans, accortes et proprettes, avec des fleurs naturelles piquées dans leurs noirs cheveux, des bracelets au bras, des mains fines et de tout petits pieds. Quand on veut bien faire les choses, on a soin d'inviter quelques musiciennes à la mode. Ces jeunes femmes, pour la plupart jolies et bien élevées, participent à la fête uniquement pour chanter et dire des vers. Les choses se passent le plus décemment du monde : il s'agit d'une réunion galante et non pas d'une orgie. Seulement, les convives « se mettent à l'aise » et poussent le sans-façon, s'il fait chaud, jusqu'à exposer leur gros ventre à la brise des éventails, comme dans une « école de natation » parisienne. Il n'en a pas fallu davantage pour effaroucher la pudeur britannique et répandre partout la légende des bateaux-fleurs.

Peut-être aussi y a-t-il dans l'affaire un peu de rancune : après l'ambassade de lord Amherst, le commissaire-général chinois qui le reconduisait de Pékin à Canton, lui donna à dîner sur un bateau-fleur. Trois jeunes dames assistaient au festin. Elles chantèrent tour à tour

en s'accompagnant du luth, dirent des vers, se montrè-
rent si modestes et si charmantes, que l'ambassadeur
voulut savoir leurs noms et qualités. Le commissaire-
général se trouvait en veine de gaîté : il répondit gravement que la plus grande était la femme du gouverneur,
les deux autres celles du trésorier et du chancelier littéraire. Le fait fut aussitôt consigné dans la relation de
l'ambassade, comme un triomphe diplomatique sur les
préjugés traditionnels des dames cantonaises... Les
Chinois en rient encore.

Les Fils de Han sont assurément un peuple sensuel,
comme tous les Orientaux ; mais les mœurs ne sont chez
eux ni meilleures ni pires qu'en Occident. La retraite où
vivent les femmes, en compagnie de leurs enfants, dans
les profondeurs d'un gynécée fermé, est une garantie
positive de tranquillité pour les familles. Il en est de
même de l'usage de se marier jeune et de la faculté pour
le mari d'introduire dans le ménage autant de concubines
qu'il peut en nourrir. Tout cela canalise pour ainsi dire
les instincts les plus impérieux de l'humanité, en leur
donnant une allure régulière. La dépravation de la rue
a pu frapper les étrangers dans les villes du littoral,
comme dans tous les ports du monde : elle n'est un
caractère spécifique ni dans les villes de l'intérieur, ni
dans les campagnes. Nulle part, au contraire, on ne voit
populations plus sobres, plus laborieuses et plus sages,
— plus courtoises surtout.

Un Chinois vous parle de votre père sous le titre de
« vénérable vieux prince », de votre femme sous celui
de « l'illustre dame », de votre demeure comme « du
noble palais » ; lui-même, il s'intitule sur ses cartes de

visite « votre stupide jeune frère », et se croit tenu de désigner sa compagne légitime par l'appellation méprisante de « la pauvre sotte du dedans. » Cette politesse cérémonieuse peut faire sourire par ses formes ampoulées. Elle n'en est pas moins aimable et touchante, quand on la rencontre chez le paysan, chez le plus rude ouvrier ou chez l'enfant. Or, c'est en Chine un trait constant dans toutes les classes et qui se retrouve dans les provinces les plus reculées. Quel voyageur ne voudrait pouvoir en dire autant de tous les pays et de tous les peuples avec lesquels il entre en contact ?

Le vice le plus universellement répandu en Chine est la passion du jeu. Cette passion se manifeste à tous les âges : le premier soin d'un enfant de quatre ans, à Canton ou à Chang-Haï, s'il arrive qu'on lui donne une sapèque, est de la risquer à pile ou face aussitôt qu'il en trouve l'occasion. Les femmes passent leur vie à jouer aux cartes et aux dominos. On trouve des dés sur toutes les tables de restaurant. Les porteurs de palanquin, les bateliers, les soldats ont tous des cartes dans leurs manches et les exhibent à la première occasion. Quant aux maisons de jeu proprement dites, elles sont partout, — et jusque dans les salles inoccupées des yamens officiels. Gray en cite deux, à Canton, qui sont ouvertement tenues par des magistrats du Nam-Hoï et du Foun-Yu. Les voleurs y pullulent, cela va sans dire. Parfois le scandale est si grand, que les négociants d'un quartier sont obligés de se coaliser pour demander la suppression d'une de ces tavernes : ils ferment alors leurs boutiques et se mettent en grève, jusqu'à ce que justice soit faite.

Un des jeux les plus répandus est le *fan-tan*. Il se joue

surtout dans des tripots en commandite, dirigés par quinze ou seize associés et composés de deux salles : dans l'une on joue de la monnaie de cuivre, dans l'autre de la monnaie d'argent. Des figures numérotées sont placées sur la table. Le croupier a devant lui une pile de jetons : il en prend une poignée ou deux, qu'il dépose au centre du tapis et recouvre immédiatement d'une sébile. Aussitôt les « pontes » placent leur enjeu sur les numéros. Il s'agit pour eux de deviner combien de jetons resteront au tas placé sous la sébile, après qu'on en aura divisé le total par quatre. A cet effet, on découvre le tas pour en tirer les jetons quatre à quatre, au moyen d'une baguette d'ivoire. Diverses combinaisons règlent le gain d'après les chances encourues. Il paraît à peu près impossible de tricher. D'autres maisons de jeu n'emploient que les cartes, qui sont connues en Chine de toute antiquité, et plus petites, plus nombreuses aussi que les cartes européennes.

Au surplus, les manières de parier de l'argent varient à l'infini. C'est ainsi que presque tous les paniers de marchands d'oranges ambulants deviennent en quelque sorte des tables de jeu. On gage que telle orange contient tel nombre de pépins. La vérification faite, si l'hypothèse se trouve juste, le marchand paye trois, quatre sapèques par pépin ; dans le cas contraire, c'est l'acheteur mal inspiré qui perd son enjeu. Chez les bouchers, le joueur parie qu'une pièce de viande pèse tel poids : s'il devine juste, il l'emporte gratis ; dans le cas contraire, il en paye le prix et s'en va avec sa courte honte. Les fruitiers ont des espèces de carquois pleins de baguettes, les unes marquées d'un signe particulier, les autres sans aucune marque : on achète pour une piècette le droit de tirer une de ces baguettes et de recevoir un prêt en nature ou en argent, si l'on tombe juste.

Les concours d'oiseurs chanteurs, les combats de grillons, en hiver les combats de cailles, sont aussi des occasions de paris fort populaires. Il y a des grillons célèbres pour leur bravoure et qui se vendent fort cher à raison des sommes considérables qu'ils ont values à leur propriétaire. Fa-Tî, près de Canton, et Cha-Pî, près de Whampoa, sont les localités à la mode pour ce sport tout spécial.

Ces habitudes de paris constants ont souvent pour effet de porter la ruine et le désespoir dans les familles. Aussi les suicides sont-ils très fréquents en Chine, — si fréquents, que les passants ne se dérangent même pas en voyant un pendu volontaire se balancer aux branches du premier arbre qu'il a trouvé à son gré. La manie-suicide accompagne les émigrants chinois sur les terres les plus lointaines. Bedford Pim raconte, dans sa « Porte du Pacifique », qu'à l'époque où l'on exécutait les travaux du chemin de fer de Panama, il n'était pas rare, le matin, de trouver cinq ou six coolies pendus le long de la voie. Très souvent, ce sont les femmes et les enfants du joueur qui se suicident, pour en finir avec une vie de misères et d'anxiétés continuelles. Le jeu n'est pourtant pas la cause unique de ces morts volontaires : fréquemment elles résultent d'une querelle et du vif sentiment de l'injure reçue. C'est ainsi que le portier du consulat anglais de Canton s'empoisonna, il y a quelques années, parce qu'on l'accusait faussement d'avoir tué un serin appartenant au jardinier. Le laudanum est le poison ordinaire. Sans doute, le besoin de mettre un terme à une existence devenue trop lourde se complique en pareil cas d'un goût très vif pour l'ivresse que procure l'opium.

Ce goût déplorable est, en effet, avec la passion du jeu, la grande maladie chinoise. Comment s'est-elle développée? C'est ce qu'il serait difficile de dire, si l'on ne voyait de nos jours en Europe, par les progrès soudains de la *morphinomanie*, l'attraction invincible que les narcotiques exercent trop souvent sur ceux que le hasard a amenés à en essayer comme remède. L'humouriste Thomas de Quincey a raconté dans un livre célèbre ses impressions de « mangeur d'opium. » Conduit à prendre du laudanum, à l'âge de dix-huit ans, pour apaiser d'affreuses douleurs d'estomac, il en absorba bientôt des doses énormes et devint l'esclave de cette habitude. C'est avec une extrême difficulté qu'il parvint à s'en défaire. Chose curieuse, d'après ses dires, confirmés par beaucoup d'autres témoins, les sensations que procure l'ivresse de l'opium ne sont rien moins qu'agréables. Elles consistent en de véritables cauchemars, dans une obsession accompagnée d'une angoisse des plus pénibles. Et pourtant l'organisme humain, une fois habitué à ce poison, en a soif : il le veut, il l'exige, — il faut le lui donner...

L'usage de l'opium ne paraît avoir été connu en Chine qu'à la fin du dernier siècle. Les écrits des missionnaires ne le signalent même pas avant le siècle présent. C'es incontestablement la Compagnie des Indes anglaises qui en porte la responsabilité. Mais en 1780 son importation d'opium ne s'élevait guère encore qu'à un millier de caisses par an. Vingt ans plus tard en 1800, cette importation avait déjà fait des progrès assez inquiétants pour que l'empereur Kia-King jugeât nécessaire d'interdire l'introduction de la « vile drogue » des étrangers. On sait comment cette interdiction fut vaine, comment le mal s'étendit, se généralisa et finit par aboutir à la guerre entreprise par la Grande Bretagne pour obliger la Chine à recevoir son poison indien. Aujourd'hui, la passion funeste a gagné toutes les classes ; non seulement l'Empire du Milieu importe tous les ans pour deux ou trois cent millions de francs d'opium anglais (sans compter la contrebande), mais il plante le pavot et le cultive sur son propre sol.

Le fumeur d'opium satisfait habituellement sa passion en des établissements spéciaux où tout est préparé pour la servir. Il en existe maintenant dans tous les pays où le cooliechinois a pénétré. On en trouve à Sydney, à Melbourne, à San-Francisco, à New-York ; bientôt sans doute on en verra en Europe. Des stalles garnies de nattes forment des espèces de lits de repos où le fumeur se couche après avoir donné ses ordres. Sa pipe, qu'il appelle assez justement le « pistolet à fumer », *yen-tsiang*, se compose d'un long tube terminé par un petit plateau : au centre de ce plateau se place la boulette d'opium, de la forme et de la dimension d'un petit pois. Cette boulette, allumée à une lampe disposée à cet effet, s'aspire d'un seul trait, de manière à n'en pas perdre une bouffée. Les vieux fumeurs savent garder longtemps la fumée dans leurs poumons, tout en respirant par le nez. Ils renouvellent la procédure jusqu'à épuisement de la dose qu'ils se sont fixée.

Au début de l'opération, l'opium a un effet exhilarant.

Le sujet bavarde et rit sans motif, mais peu à peu sa gaîté fait place à la stupeur. Ses traits se tirent et deviennent d'une pâleur caractéristique; son pouls tombe; il se renverse sur sa couche et s'endort.

Ce sommeil dure ordinairement d'une à trois heures. Le fumeur en sort dans un état de dépression générale un dégoût profond de tout, un souvenir accablant des visions obsédantes qui ont agité son cerveau, — mais avec le désir secret de reprendre de l'opium, ou du moins avec le sentiment intime que rien ne pourra l'empêcher d'en reprendre.

Les débutants se contentent généralement d'une pipe. La majorité des fumeurs en consomment dix ou douze, quelques uns vont jusqu'à vingt ou trente. Le docteur Smith, médecin en chef de l'hopital de Pé-Nang écrit : « Les effets de cette triste habitude sur l'être humain se manifestent principalement par la stupeur, la perte de la mémoire, l'affaiblissement général de toutes les facultés mentales, l'émaciation, la débilité; les lèvres et les paupières prennent un ton livide, le teint est plombé, le regard atone, l'appétit nul ou dépravé. »

Il en résulte une inaptitude croissante au travail, accompagnée de vertiges, de larmoiement, de mélancolie chronique et d'affaissement complet de sens moral. Le fumeur d'opium ne s'astreint plus à aucun devoir, il néglige sa famille et ne recule devant rien pour se procurer les quelques sous nécessaires à la satisfaction de son vice : il vole, il assassine, il vend ses enfants comme esclaves ; heureux quand la paralysie générale, la dysenterie ou le suicide viennent à temps le soustraire à ces extrémités. Dans ses effets indirects, l'habitude de l'opium n'est donc pas moins terrible que l'alcoolisme. Ses inspirations immédiates sont pourtant moins farouches : il est rare que le fumeur d'opium ait des accès de brutalité, qu'il batte sa femme, qu'il brise ses meubles ou se montre querelleur. Au contraire, il est calme, silencieux, indifférent : son ivresse est celle d'un peuple doux et paisible et non pas la folie sanguinaire du gin ou du whiskey. Mais l'une est au fond aussi désastreuse que l'autre ; c'est une triste note pour la Grande-Bretagne qu'elles lui doivent toutes deux leurs plus beaux spécimens et leurs plus nombreuses victimes.

XIX. — Les forces de terre et de mer.

Confucius avait appris aux Chinois à ne compter, pour faire des conquêtes, que sur le prestige et la contagion des avantages résultant d'un bon gouvernement. Il les avait avertis qu'il n'en faudrait pas plus à la longue pour amener leurs voisins à solliciter l'annexion. Cette pensée, d'une justesse si haute, s'est historiquement réalisée. Peu à peu, tous les peuples contigus à la Chine propre sont entrés dans son orbite, et c'est volontairement qu'ils l'ont fait. Ils n'ont jamais eu à s'en plaindre : leurs mœurs particulières, leur indépendance, leur autonomie, ont toujours été respectées. La constitution graduelle de l'Empire du Milieu est un exemple admirable des résultats obtenus par une politique extérieure résolument pacifique.

Mais ce n'est pas à dire pour cela que la Chine ait jamais négligé l'art de la guerre. Il existe chez elle, de toute antiquité, non seulement des traités de tactique, mais de véritables manuels du soldat. Un de ces petits livres pourrait être utilisé même par une armée de l'Europe moderne. Il est divisé en dix-huit chapitres : le premier traite des différentes formations et des ordres de marche, explique la nécessité de se procurer de bonnes cartes du pays où l'on opère et de les étudier avec soin ; il recommande au soldat de ne jamais commettre une exaction inutile et de toujours chercher à se concilier les populations par une conduite absolument correcte ; le second chapitre est consacré à la construction des ponts en campagne, au service des éclaireurs et des espions ; le troisième traite de la fortification passagère, de la place des sentinelles et vedettes, des mesures à prendre pour que les troupes puissent se trouver sous les armes au premier signal, et en général de la police militaire. Le reste du volume analyse les avantages des divers ordres de bataille, traite du choix des positions, du service de l'état-major et de la meilleure manière de disposer les troupes de réserve.

Ce n'est pas, tant s'en faut, le seul ouvrage consacré à ces matières. Aucune littérature n'est plus riche en livres de tout ordre sur les diverses branches de l'art militaire. Mais, comme un peuple de lettrés qu'ils sont, les Chinois ont toujours donné beaucoup plus d'importance à la théorie qu'à la pratique. Aussi en sont-ils restés pour le recrutement des officiers aux idées féodales, qui exigeaient avant tout d'un chef de troupes l'adresse et la force physiques ; et leurs soldats, en dépit de qualités réelles, ont-ils toujours été battus par les Mongols, les Mandchous, les Huns, les Tartares. Il est vrai que les Fils de Han ont non moins régulièrement pris leur revanche pendant la paix, en absorbant corps et biens le vainqueur. Une fois bien armé, et commandé par des officiers venus d'Amérique ou d'Europe, le soldat chinois n'en est pas moins un adversaire avec lequel il faut compter. Gordon, le héros de Khartoum, lui avait de longue date rendu ce témoignage.

« Il faut en finir, écrivait-il, avec la vieille légende de la poltronnerie du soldat chinois, qui demande seulement à être bien commandé. La régularité de ses habitudes, si remarquable en temps de paix, fait place en campagne à une audace voisine de l'imprudence. Son intelligence et son excellente mémoire en font aisément un très bon sous-officier ; la froideur de son tempérament et son calme imperturbable ne sont pas des qualités moins précieuses. Physiquement, il n'est peut-être pas en moyenne aussi robuste que l'Européen, mais il l'est beaucoup plus que les autres races de l'Orient. Une modeste ration de riz, de légumes, de poisson salé et de porc lui suffit pour supporter les plus grandes fatigues, soit dans un climat tempéré, soit dans les régions tropicales qui ont bientôt raison de l'énergie européenne. Il a peu de besoins, point de préjugés de caste, et les boissons alcooliques ne le tentent pas. Son tempérament lymphatique ou bilioso-lymphatique l'affranchit des maladies inflammatoires et la diathèse tuberculeuse lui est presque inconnue. »

La dynastie mandchoue qui a conquis la Chine il y a deux siècles y campe encore avec tous ses partisans à peu près comme Guillaume et ses Normands occupèrent la Grande-Bretagne après Hastings. Voilà ce qu'il faut toujours avoir en vue pour comprendre l'organisation militaire de l'Empire du Milieu. La première distinction à faire parmi les troupes chinoises est en effet celle de l'armée des Huit Bannières, ou force personnelle des usurpateurs, et de l'armée du Drapeau-Vert, ou milice nationale. Ces deux éléments, non seulement ne se confondent jamais, mais sont opposés l'un à l'autre sur toute l'étendue du territoire et savamment répartis de manière à se balancer aussi exactement que possible.

Les « hommes de bannière » sont tous Mandchous, Tartares, ou *Han-kiun*, c'est-à-dire descendants des Chinois qui abandonnèrent la cause des Ming à l'époque de l'invasion. Ces trois nations sont rangées sous huit bannières, dont les trois premières, purement mandchoues, sont dites *supérieures*, et les cinq autres *inférieures*, savoir :

1. Jaune.	5. Rouge.
2. Jaune bordée.	6. Rouge bordée.
3. Blanche.	7. Bleue.
4. Blanche bordée.	8. Bleue bordée.

Il y a vingt-quatre capitaines généraux ou commandants bannerets (*tou-toung*) — un par bannière de chaque race.

Ces troupes forment presque exclûsivement la garnison de la métropole : elles fournissent des détachements campés auprès des divers mausolées de la famille impériale et dans toutes les places fortes des dix-huit provinces. La plupart des hommes qui en font partie sont mariés et ont reçu une concession de terres, véritable fief où ils mènent la vie du soldat-laboureur. Ceux qui restent cantonnés à Pékin sont distribués en divers corps.

En première ligne vient la garde impériale, placée sous la direction du ministère de la maison de l'empereur :

le droit d'y servir est héréditaire, pour les soldats comme pour les officiers. Tant que le Fils du Ciel est à Pékin, la garde veille aux vingt-quatre portes de l'enceinte défendue; lorsqu'il quitte la capitale, elle est exclusivement chargée de l'escorter. Elle ne permet à personne d'entrer au palais ou d'en sortir sans une autorisation régulière. Armée, pour le service extérieur, d'arcs, de flèches et de mousquets, elle ne porte que la hallebarde pour le service intérieur.

Au-dessous de la garde viennent cinq corps métropolitains, savoir : l'Avant-Garde, les Troupes d'appui, les Fiers Cavaliers, les Mousquetaires, les Braves et Audacieux.

Ces cinq corps s'augmentent enfin d'une Gendarmerie, ou force à pied, chargée plus spécialement du maintien de l'ordre dans la capitale.

L'uniforme de ces troupes est la casaque jaune, bleue ou rouge, bordée d'une autre couleur, le pantalon bleu, la cuirasse de plaques de cuivre ou de fer ouatée, le casque d'acier poli, parfois damasquiné, toujours protégeant la nuque et les oreilles. Sur la poitrine, un signe indiquant le corps auquel appartient le soldat; sur le dos le mot *young*, « courage ». Le bouclier de parade à tête de tigre, l'arc et les flèches sont maintenant remplacés en service actif par le fusil à tir rapide (de divers modèles, mais plus spécialement des systèmes Remington et Enfield) et la ceinture à cartouches.

Toutes ces troupes de Bannière sont passées en revue, au moins de trois ans en trois ans, par l'empereur en personne. A cet effet, elles se réunissent dans le Nan-Yen ou parc réservé, qui s'étend hors de la porte sud de

Pékin, et y dressent leurs tentes en trente-six camps contigus, occupant chacun un parallélogramme de 400 pieds chinois de long sur 240 de large. Elles doivent recevoir leur solde mensuellement. Mais le payement en étant assez irrégulier, il arrive, quand elle se fait trop attendre, que les hommes se portent au domicile de leurs chefs et la réclament à grands cris. Mackenzie raconte avoir vu une troupe de soldats ameutés piller la caisse militaire, puis obliger leur capitaine-général à mettre tous ses uniformes en gage pour leur en donner le produit.

On évalue à 230 000 hommes l'effectif général des troupes de Bannière campées dans toute l'étendue de l'empire. Sur ce chiffre il n'y en a guère qu'un sixième environ, celui qui forme la garnison de Pékin, qu'on puisse regarder comme une force sérieuse. Les autres sont plutôt un péril pour le gouvernement chinois, à la fois parce que l'inaction les a rendus incapables de tout service militaire et parce que leur présence dans les villes fortifiées rappelle incessamment sa défaite à la nation que leurs ancêtres ont asservie.

A côté de ces troupes dynastiques et avant d'arriver à l'armée chinoise proprement dite, il faut mentionner les autres feudataires militaires de l'empire, disséminés dans la Mongolie intérieure et extérieure, et les troupes de tribu obéissant au ministre résident de chaque contrée. Ces forces irrégulières constituent sur le papier 199 bannières et 19 ligues comprenant environ 172 000 fantassins, 16 000 cavaliers et 6 000 officiers de tout grade.

L'armée du Drapeau-Vert, *Lu-tying*, ou armée chinoise

proprement dite, se compose de volontaires recrutés dans les dix-huit provinces et répartis en dix-huit corps correspondant à ces divisions administratives. Son effectif est de 600 000 hommes, s'il faut s'en rapporter aux états de solde fournis par les officiers. Il se divise en *ma-ping*, ou cavalerie, *pou-ping*, ou infanterie, *chaou-ping* ou garnisons sédentaires. En temps de paix, cette milice n'est guère occupée qu'à maintenir l'ordre public, à transporter le riz du gouvernement, à réparer les routes, les ponts, écluses et canaux. Son caractère provincial est des plus marqués, à ce point qu'il est presque impossible de l'employer hors de son territoire propre. Mais sa valeur n'en est peut-être que plus réelle au point de vue défensif, qui est toujours celui de la Chine. Il y a là, en tout cas, une mine presque inépuisable pour le recrutement des colonnes mobiles par l'appât d'une haute paye, si le besoin s'en fait sentir. Ce ne sont jamais les hommes qui ont manqué au Fils du Ciel; il n'y a pas d'exemple qu'il ait eu recours à la levée en masse de tous les adultes valides, quoique les lois de l'Empire l'autorisent à la décréter, en cas de péril national ou même local. Le capitaine W. Gill, de l'armée anglaise, qui a fait récemment dans l'Empire du Milieu un voyage d'observations purement militaires, estime que l'évaluation courante des effectifs, loin d'être exagérée, est plutôt un peu au-dessous de la vérité. Il admet que la moyenne des forces du Drapeau-Vert dans chaque province est de 34 600 hommes et 640 officiers.

Les forces navales de la Chine se divisent en deux sections, appropriées aux « eaux intérieures » et aux « eaux extérieures ». Il y a une quinzaine d'années, elles étaient

encore exclusivement destinées à prévenir la contrebande
et à empêcher les « dix mille iles » de devenir des repaires
de pirates. Aussi se composaient-elles uniquement de
jonques de guerre, d'aspect plus monumental que terrible, et de côtres légers pour le service des côtes. Ces
jonques survivent encore, en grand nombre : elles doivent à leurs châteaux d'avant et d'arrière une certaine
ressemblance avec les navires de Louis XIV; mais les
formes en sont d'ailleurs très variées. Les Chinois se sont
appliqués de tout temps aux constructions navales; ce
sont eux qui ont eu les premiers l'idée de diviser le fond
des navires en compartiments séparés, de sorte qu'une
voie d'eau ne puisse jamais causer qu'un dommage par-
tiel. Ils ont aussi inventé, bien avant Fulton, les bâtiments
à roues, que des hommes font aller en tournant des ma-
nivelles. De très longue date, il y a eu des arsenaux de
constructions et de réparations navales sur tout le littoral du Royaume-Fleuri; l'innombrable population qui
vit de la pêche sur ces côtes fournit des matelots excellents, sans parler des multitudes flottantes qui naviguent
sur les fleuves et les lacs de l'intérieur. Il était donc
naturel que le gouvernement chinois se préoccupât avant
tout de mettre sa flotte de guerre au niveau de celle du
Japon. C'est ce qu'il a systématiquement cherché à faire
depuis 1874, en consacrant à cet objet le produit presque
intégral de deux emprunts (environ 56 millions de francs
à 8 pour 100). Au moment où l'amiral Courbet a entamé
ses opérations dans les mers de Chine, la marine militaire de l'Empire se composait de 49 navires à vapeur
de force diverse, jaugeant 23,000 tonnes et portant
286 canons des modèles les plus récents. Sans parler de

huit cuirassés, d'un maniement sans doute difficile pour des marins encore novices, elle comptait une douzaine de croiseurs de premier ordre, construits sur les chantiers de la Tyne, et les plus rapides qu'aucune flotte ait encore possédés.

La direction générale de ces forces apppartient au ministère de la guerre ou *Ping-Pou*, un des six grands départements placés sous l'autorité générale du Conseil de cabinet. Il a pour fonction « d'aider le souverain à protéger son peuple par le bon gouvernement des choses militaires dans la métropole et dans les provinces; de proposer les nominations et révocations dans l'armée; de constater les accessions aux grades héréditaires; de régler les arrangements postaux et les envois de courriers; d'examiner les candidats; de contrôler les comptes. » La marine dépend comme l'armée de terre de ce département. Mais, en dépit de ses attributions variées, l'autonomie complète des vice-royautés et gouvernements lui laisse peu de chose à faire. C'est surtout une administration des postes pour l'expédition des ordres et la réception des rapports. Un de ses bureaux a pour fonction spéciale de « pourvoir à la transmission des nouvelles de victoires »; c'est une façon poétique de dire que les courriers de ce bureau voyagent avec une rapidité particulière et comme s'il s'agissait d'apporter l'annonce d'un triomphe. Trois autres divisions président à la distribution des récompenses et des blâmes, à l'achat des chevaux pour les troupes montées et au contrôle général des comptes. Le ministère de la guerre, toujours en vertu de la division des pouvoirs si savamment organisée en Chine, n'a aucune action ni sur les troupes de gendarmerie métropolitaine, ni sur les hommes de Bannière » Les premiers sont sous la direction spéciale d'une sorte de préfecture de police désignée sous le nom de *Noui-Ou-Fou ;* les seconds ne relèvent que du Conseil des capitaines-généraux, formé de vingt-quatre membres, un par Bannière de chaque race.

La cinquième section du Code chinois, composée de soixante et onze chapitres, constitue l'ensemble des lois militaires. Elle traite de la garde de l'empereur, de l'administration de l'armée, du commandement, de la défense des places et frontières, de la répartition des troupes dans les diverses garnisons, de la police des camps et des villes, de la discipline, de l'alimentation, de la remonte, des moyens de transport, etc.

Le gouvernement militaire de chaque vice-royauté ou province est placé dans les mains d'un *ti-fouh* (général en chef). Il y en a seize pour tout l'empire. Dix de ces dignitaires ne commandent que les troupes de terre ; deux sont amiraux ; quatre commandent à la fois les forces de terre et de mer de leur circonscription. Dans cinq provinces, ce commandement est dévolu au *fou-taï,* ou gouverneur, qui réunit ainsi la fonction militaire et la fonction civile. Enfin la province de Kiang-Sou (Nankin) a deux *ti-fouh.*

Les garnisons d' « hommes de Bannière » disséminées dans les diverses provinces ne relèvent pas de ces commandement militaires. Leur *tsiang-kioun* (général) a le pas sur le *ti-fouh,* qu'il est même spécialement chargé de surveiller au point de vue de la fidélité dynastique, et ne reçoit d'ordres que de Pékin, par l'intermédiaire du capitaine-général de sa Bannière. En dehors même des affaires militaires, le général-banneret doit toujours être appelé au Conseil par le vice-roi (*tsoung-fouh*) et le *fou-taï*, pour délibérer sur les affaires d'importance — ce qui accentue encore son rôle de commissaire de l'intérêt mandchou. Mais, par une tradition qui s'est perpétuée après la conquête et qui marque bien le caractère général des institutions chinoises, les fonctionnaires civils ont toujours la préséance dans ce Conseil, comme ils ont la responsabilité des mesures prises.

La répartition des troupes du Drapeau-Vert dans les diverses garnisons de chaque province est aussi méthodique et aussi régulière qu'elle peut l'être dans une armée européenne. Elles se divisent, à peu près comme celles des Romains, en légions, cohortes, manipules et centuries, avec des officiers et sous-officiers correspondant à ces divisions. Les officiers de la flotte ont des grades de même nom que ceux de l'armée de terre et peuvent passer d'un service à l'autre, comme cela avait lieu jadis en Occident. Du reste, les amiraux et vice-amiraux restent toujours sur le littoral, quelles que soient les missions confiées à leurs subordonnés en mer ou le long des fleuves.

Le système de contrôle mutuel et de bascule qui domine toute la vie politique en Chine se poursuit jusque dans le choix des quartiers généraux attribués à chaque chef militaire. Si la place a une importance stratégique ou commerciale, les choses sont toujours combinées de telle sorte que les commandants supérieurs s'en partagent les parties vitales. C'est ainsi qu'à Canton le gouverneur général est établi à la Ville-Neuve auprès de la direction des douanes, tandis que le commandant-banneret et le lieutenant-général du Drapeau-Vert occupent tous deux la Ville-Vieille. D'autre part, ce même gouverneur général, qui est investi du commandement suprême des quatre-vingt mille hommes de la province, n'en a que cinq mille sous son commandement direct, encore sont-ils campés à soixante-quinze kilomètres de la cité; et le général-banneret, qui a également cinq mille hommes sous ses ordres, les garde tous à sa disposition dans la place même. De telle sorte qu'au besoin le chef mandchou pourrait faire échec au gouverneur général, en attendant des ordres ou des secours de la métropole.

Le recrutement des officiers pour l'armée du Drapeau Vert s'opère de la même façon que pour les autres emplois publics, c'est-à-dire par voie de concours. Seulement ce concours, au lieu de porter sur l'ensemble de connaissances particulier au lettré chinois, porte dans ce cas exclusivement sur l'adresse, la force et l'aptitude physique. Les candidats sont tous des fils de familles riches ou tout au moins aisées, car ils ont à s'équiper, à se monter et à s'armer avant de pouvoir se faire inscrire au bureau du district. Le jour de l'examen venu, ils s'assemblent au champ de manœuvres pour subir diverses épreuves athlétiques, telles que maniement de poutres chargées de poids, escrime du sabre et de la lance, tir à l'arc à pied et à cheval. Les triomphateurs de ce concours du premier degré se rendent alors au chef-lieu du département, puis au chef-lieu de la province, pour passer au second et troisième degrés par des concours du même genre, en présence du préfet et du chancelier-littéraire. Les vainqueurs de la troisième épreuve reçoivent le titre de « bacheliers militaires » et deviennent admissibles aux grades d'officier dans l'armée. Tous les trois ans un grand concours a lieu à Pékin entre ces bacheliers pour le titre de *ku-jin*, qui leur assure des postes dans les états-majors provinciaux. Il paraît que l'adresse de ces jeunes gens à l'arc est généralement surprenante : à cinquante mètres, soit à pied, soit à cheval et au galop, ils logent tous une flèche dans une cible de vingt centimètres de rayon, et la plupart sont d'une force herculéenne. Mais le développement cérébral ne va pas de pair chez eux avec le développement musculaire; ils ignorent les plus simples éléments de l'artillerie, de la fortification et même de la tactique; à peine savent-ils lire et écrire : aussi sont-ils tenus en mince estime dans ce pays où les lettres mènent à tout, et, quel que puisse être en certains cas leur courage personnel, sont-ils presque toujours de pauvres officiers. Le soldat n'a aucune confiance en eux; le fonctionnaire civil les méprise et dédaigne de frayer avec ceux qui ne se signalent pas par un certain mérite intellectuel; la bourgeoisie les considère à peu près comme des lutteurs de fête foraine; le paysan voit en eux de simple voleurs de riz et de canards. Bref, même quand il obtient la rare distinction de la plume de paon, conférée par le souverain en personne, l'officier chinois manque de prestige.

Le recrutement des officiers de la flotte s'opère par le même procédé que celui des officiers de l'armée de terre. C'est par l'adresse à l'arc que s'obtient une commission d'enseigne. La moindre pratique du sextant, du compas et des cartes marines serait assurément préférable. Aussi ne faut-il pas s'étonner que l'officier de marine chinois ne soit guère jusqu'à ce jour qu'un pirate patenté et monté sur un côtre douanier, avec l'unique préoccupation d'accoster les navires de commerce indigène, pour leur extorquer, sous prétexte de contrebande, les contributions les plus illicites. Un vaisseau-école a bien été installé à Fou-Tcheou; mais les classes lettrées ont jusqu'ici montré peu d'empressement à profiter de ses leçons.

Le point de départ des réformes dans l'armée chinoise remonte à l'expédition franco-anglaise de 1860, et surtout aux succès du corps de volontaires organisé en 1862 à Chang-Haï par l'Américain Ward pour lutter contre les Taï-Ping. C'est ce corps, soldé par les négociants de la ville et composé partie d'aventuriers cosmopolites, partie d'indigènes, qui devait bientôt conquérir sur vingt champs de bataille le titre de *Chang-Ching-Kioun*, « Armée-Toujours-Victorieuse », et — sous la direction de Gordon, qui succéda à Ward après son lieutenant Burgevine — achever l'écrasement de l'insurrection. On vit là pour la première fois ce que des soldats chinois pouvaient faire sous le commandement d'un chef habile et énergique. L'esprit soupçonneux de la cour de Pékin fut le premier à s'en inquiéter. Elle s'empressa de dissoudre l'Armée-Toujours-Victorieuse aussitôt qu'elle n'en eut plus besoin. Mais l'expérience semblait faire désormais; la réorganisation de l'armée chinoise à l'européenne ne paraissait plus qu'une question de temps et d'argent. Le temps ne manqua pas; l'argent fit défaut, sans doute, ou l'activité; en dépit des plans excellents que Gordon, au comble de la faveur et de la popularité, avait laissés derrière lui quand il rentra en Angleterre, la réforme militaire marcha avec une extrême lenteur.

Après 1871, le vent de réorganisation militaire qui soufflait sur l'Europe ne fut pas sans influence sur l'Empire du Milieu. Tso-Tsong-Tang, un de ses meilleurs officiers généraux, soumit au cabinet de Pékin un plan qui substituait à l'éparpillement des forces chinoises en dix-huit corps d'armée quasi indépendants la concentration de ses forces sous la capitale, en une armée homogène. Li-Hong-Tchang, vice-roi du Péh-Tchi-Li et Chen-Pao-Tchen, vice-roi du Liang-Kiang, se déclarèrent partisans de cette réforme. Mais le cabinet hésita à accroître dans une si large mesure le pouvoir de Li-Hong-Tchang, qui a son quartier général à Tien-Tsin. Il recula et préféra s'en tenir aux antiques errements.

En 1880, au moment où la Chine se trouva sur le point d'entrer en conflit armé avec la Russie, au sujet du Kouldja, la réorganisation avait fait si peu de progrès que Gordon, rappelé en toute hâte à Pékin, à titre de médecin consultant, conseilla formellement une prudente réserve. « Théoriquement, la Chine est peut-être invincible, dit-il aux ministres du Fils du Ciel; mais, si vous vous engagez dans une guerre prématurée, les faits se chargèrent de vous démontrer en quels milliers de points vous êtes vulnérables. » On l'écouta, et la guerre n'eut pas lieu. Une fois de plus, on prit la résolution de procéder à une réforme lente et méthodique.

Mais, comme toujours en pareil cas, on alla au plus pressé, en commençant des travaux de fortification sur le Peï-Ho, en achetant des canons et des navires de guerre. La réorganisation proprement dite de l'armée fit peu de progrès. Pendant plusieurs années, elle fut systématiquement limitée à deux corps, celui qui bordait la frontière russe après avoir reconquis le Tchiang-Pelou, et celui qui défend les abords de Pékin à Tien-Tsin, Ta-Koou et Peï-Tang. Puis, 20,000 hommes du Kouang-Si reçurent des fusils modernes. C'est seulement à l'occasion du conflit avec la France quele corps du Yun-Nan fut à son tour armé de carabines à tir rapide et obtint des instructeurs européens. A la vérité, les bandits cosmopolites, rangés sous le drapeau noir de Luh-Vinh-Phuoc, avaient été de longue date approvisionnés par le commerce anglo-américain en fusils Remington et Martini-Henry. La première partie de la campagne, qu'un certain nombre de réguliers chinois firent comme « Pavillons noirs », aida beaucoup à les aguerrir et à les familiariser avec cet armement nouveau. Une centaine d'officiers américains et allemands acheva le reste. Les Fils Han apprirent à se servir du fusil, à s'entourer de retranchements, à toujours assurer sur leurs derrières le service des communications et des approvisionnements. En même temps, la fabrication des armes et des munitions à Fou-Tcheou, Chang-Haï, Canton, Hang-Cheou, Tsi-Nyan-Fou et Tien-Tsin recevait une impulsion soudaine. Au début des hostilités, quatre mille ouvriers chinois y travaillaient déjà activement depuis huit ou dix ans sous la direction de cent cinquante Européens. Les brillantes opérations de la rivière Min vinrent pour quelques jours suspendre la fabrication dans l'arsenal de Fou-Tcheou. Mais la demande était trop impérieuse pour que les travaux ne fussent pas promptement réorganisés. Des juges compétents estiment que la Chine ne doit pas avoir produit depuis un an moins de quatre-vingt mille fusils de précision, sans compter ceux qu'elle a pu recevoir en contrebande.

A l'intérieur de l'Empire du Milieu, l'architecture militaire est encore dans l'enfance et rappelle celle de nos places fortes avant Vauban. Les murailles des villes fortifiées sont généralement hautes de vingt à trente mètres, et parfois assez larges pour porter deux voitures européennes allant de front. Presque partout, elles tombent en ruine; mais, quand le besoin s'en fait sentir, elles sont promptement complétées avec des ouvrages en terre, et mises en état de défense. Ces murailles sont d'ailleurs pourvues de tourelles, d'embrasures pour les canons et de créneaux pour la mousqueterie. On y voit aussi de place en place d'énormes tas de pavés destinés à rouler en cas d'assaut sur le crâne des ennemis. Ces engins primitifs sont loin d'être méprisables : en 1860, lors de l'expédition franco-anglaise, un assez grand nombre de soldats européens furent tués de cette manière à l'assaut de Canton. Les murailles sont toujours percées de portes majestueuses aux quatre points cardinaux. Celle du Sud est considérée comme la porte d'honneur : c'est par là que les fonctionnaires impériaux font leur entrée; on n'y laisse jamais passer ni convois funèbres, ni troupeaux, ni aucun objet considéré comme impur. Par une extension de cette coutume, la porte Sud de la capitale reste toujours fermée et ne s'ouvre que pour l'usage exclusif du souverain. La défense des places d'après les principes modernes étant la branche la plus coûteuse et la plus compliquée de l'art militaire, les Chinois y ont encore fait peu de progrès. Pourtant, dans cette direction même, ils ne sont pas restés inactifs au cours de la dernière décade. D'importants travaux de fortification et d'armement ont été exécutés sous la direction d'ingénieurs européens aux abords de Tien-Tsin et de Pékin, de Fou-Tcheou, de Chang-Haï, de Canton. Cinq cent quatre-vingts canons d'acier de l'usine Krupp sont déjà montés dans dans ces divers ouvrages, et des faits récents ont révélé chez les Fils de Han des progrès soudains dans l'art de remuer la terre. Il faut s'attendre à les voir, aussitôt qu'ils en auront le loisir, étendre leur plan de défense à tout le littoral.

XX. — La Chine et le monde extérieur.

Les étrangers qui visitent l'Empire du Milieu ont une tendance commune à rabaisser le caractère des Chinois et à les placer au plus bas degré de l'échelle des nations, soit pour la vigueur intellectuelle, soit pour la moralité. On les déclare volontiers privés d'énergie, incapables d'observer un contrat, impuissants même à dire la vérité. tant le mensonge est devenu pour eux une habitude invétérée. Et ceux qui portent ces jugements ne manquent pas de faits pour les appuyer. Mais peut-être n'en voient-ils pas la vraie cause, qui est à la fois dans la corruption du gouvernement national et dans la pauvre idée que les Européens ont donnée d'eux-mêmes aux populations du Royaume-Fleuri. Il faut considérer qu'on n'y trouve pas, comme base de l'ordre établi, le sentiment d'un devoir social ou simplement du respect des lois. Le Chinois méprise le représentant du pouvoir, déteste le juge, considère le percepteur comme son ennemi naturel. S'il les tolère, tout en cherchant perpétuellement à les frustrer, c'est uniquement parce que sa philosophie lui enseigne la résignation à l'inévitable, et parce que l'intérêt personnel, élargi jusqu'à l'intérêt familial, lui conseille l'obéissance apparente comme la plus sûre des politiques. Mais il n'en a pas moins des qualités de premier ordre.

« Je trouve dans cette race, écrit de Chang-Haï le consul américain Seward, un dévouement absolu de l'individu à sa profession, quelle qu'elle soit, une persistance remarquable dans le chemin une fois choisi, un sens très droit du juste et de l'injuste. Les gens du peuple sont pleins d'esprit pratique; les classes supérieures ont le goût des lettres, l'ambition d'étendre leurs connaissances, l'habitude du travail régulier et continu. On trouve chez les gouvernants beaucoup de dignité, une véritable largeur de vues, un patriotisme des plus délicats. Qui oserait dire qu'un tel peuple n'ait pas devant lui un avenir plus merveilleux encore que son passé? »

Quant aux étrangers, le Fils de Han les juge sur leurs actes, et il faut bien reconnaître que ces actes ne sont pas en général de nature à lui inspirer la vénération. Son cerveau n'est pas le leur, ni ses habitudes de penser. Toutes ses traditions tendent à lui donner de sa supériorité sur eux une opinion inébranlable. Balfour fait cette observation frappante : « Jamais un missionnaire européen n'a converti un lettré chinois; *il n'existe pas un seul exemple d'une telle conversion.* » C'est que le Chinois instruit ne peut avoir que du mépris pour les systèmes religieux ou philosophiques de l'Occident. Le sien lui paraît nécessairement préférable. L'Européen est à ses yeux un ouvrier mécanicien des plus habiles, et rien de plus. On peut lui emprunter quelques-unes de ses trouvailles, un canot à vapeur, un fil télégraphique, un fusil à tir rapide, deux ou trois cents volumes de renseignements techniques. Quant à lui emprunter ses vues générales de l'univers (si contradictoires), sa métaphysique (si nuageuse), sa morale (si insuffisante), l'idée n'en viendra jamais au Fils de Han. Une seule propagande aurait peut-être quelques chances de réussir chez lui, — celle qui prendrait pour base de ses enseignements les œuvres d'un Auguste Comte, d'un Herbert Spencer, d'un John Stuart Mill ou d'un Schopenhauer. La tâche serait digne de tenter une société nouvelle de missionnaires, et l'expérience vaudrait en tout cas qu'on la fît. Mais les concepts théologiques d'une secte syriaque de la décadence romaine, quel intérêt pourraient-ils avoir pour un élève de Confucius et de Çakya-Mouni? S'il daigne les approfondir, c'est seulement pour se dire que ses maîtres à lui sont autrement forts.

Encore si les prédicateurs de cette parole exotique se recommandaient par le respect des lois chinoises ou tout au moins par l'harmonie de leurs enseignements; mais ils se traitent mutuellement d'hérétiques, et sont pour le pays où ils viennent s'établir une source constante d'embarras. La circulaire que le Tsong-Li-Yamen adressait en 1871 aux ministres accrédités à Pékin, exposait très nettement ses griefs contre les missionnaires. Elle se plaignait que les évêques catholiques de la Chine eussent graduellement pris l'habitude de se donner pour de hauts fonctionnaires européens et d'usurper les insignes extérieurs des dignitaires de l'Empire, — la chaise verte à quatre porteurs réservée aux mandarins du troisième rang, le sceau analogue en forme ou grandeur à celui du Fils du Ciel lui-même, et dont la perte entraîne la mort pour le gouverneur qui en est dépositaire. La note chinoise appelait l'attention des ministres étrangers sur les orphelinats de la Sainte-Enfance, et demandait qu'aucun établissement de ce genre ne pût s'ouvrir sans autorisation régulière; elle réclamait fort justement que ces maisons fussent soumises à une surveillance effective, qu'aucun enfant ne pût y être reçu ou retenu contre le gré de ses parents. Enfin, elle faisait ressortir la tendance qu'ont les chrétiens chinois à se grouper autour des missions et à se former en communautés qui ne reconnaissent plus aucune autorité, sinon celle de leur chef religieux. Ces plaintes étaient assurément légitimes. Quelle est la nation civilisée qui laisserait des prêtres mahométans ou bouddhistes s'installer dans ses ports, y créer des établissements inviolables, usurper l'écharpe du maire ou la broderie du sous-préfet, ériger en acte méritoire le détournement des mineurs, se constituer en adversaires systématiques de l'administration locale?... La circulaire du Tsong-Li-Yamen le constate, et le fait n'est que trop notoire : des bandits échappent fréquemment à l'action des lois chinoises en adoptant la religion chrétienne et obtenant ainsi une protection qui devrait leur être refusée. Le besoin de s'assurer un asile est le motif déterminant de ces prétendues conversions; car, une fois converti, le néophyte est couvert par le missionnaire, lequel à son tour est couvert par le consul. Il arrive que de petites communautés catholiques, exclusivement recrutées parmi les classes criminelles d'une province, défient la justice et tiennent en échec l'autorité du gouverneur...

Comment s'étonner que de pareilles imprudences aboutissent à des complications internationales? Une mère se plaint que son enfant a été baptisé sans son consentement ; un meurtrier échappe à la répression ; le bruit se répand que les « bonzes étrangers » ont jeté un sortilège sur le pays, empoisonné les puits, provoqué une épidémie : un beau jour on les massacre, — et voilà la puissance militaire d'une grande nation mise en jeu pour laver dans le sang de dix à vingt mille hommes les bévues d'un missionnaire trop zélé... Si seulement tant d'efforts aboutissaient à des résultats appréciables ! Mais les statistiques même de la Propagation de la Foi montrent que ses « baptiseurs ambulants » arrivent à peine à ondoyer par an, *in articulo mortis*, dix à douze mille petits Chinois qui passent aussitôt dans un monde meilleur ; et quant aux convertis adultes, dont le nombre diminue de jour en jour, au lieu d'augmenter, tous, sans exception, appartiennent aux classes absolument illettrées, si ce n'est pas aux classes criminelles. Le chargé d'affaires de France à Pékin, M. de Rochechouart, dans la réponse qu'il adressait le 14 novembre 1871 au Tsong-Li-Yamen, ne cherchait même pas à réfuter des plaintes si fortement motivées. Il convenait de bonne grâce que les chrétiens créent au gouvernement chinois des embarras perpétuels, en déclarant d'ailleurs qu'à son sens c'était surtout parce qu'ils fournissent un prétexte aux adversaires systématiques des étrangers. « Toutefois, disait-il pour conclure, il faut reconnaître que le danger existe, qu'il a augmenté dans les dernières années et pourrait devenir irrémédiable, si une entente parfaite ne s'établissait entre les deux gouvernements. » Ce danger pèse surtout sur la France, disons-le en passant, car l'Espagne et l'Italie, non plus que la Belgique ou la

Bavière, n'ont jamais eu garde d'accorder une protection effective au missions catholiques.

Une autre source de malentendus a été jusqu'à ces derniers temps l'ignorance de la langue chinoise, qui a constamment caractérisé les diplomates étrangers. La conduite turbulente des matelots occidentaux dans les ports de l'Empire du Milieu, leurs actes d'indiscipline, leur ivrognerie et leurs rixes constantes, n'ont pu contribuer non plus à donner aux Fils de Han une haute idée de la civilisation européenne. L'avidité avec laquelle nos marchands recherchent la soie chinoise, le thé, la rhubarbe et les autres produits de l'Empire du Milieu, le fait même que ces marchands bravent tant de périls et de chances contraires pour se procurer ces articles de négoce, sont faits pour confirmer les Fils de Han dans l'opinion exagérée qu'ils ont d'eux-mêmes : « Que nous importent vos cotonnades et vos petits couteaux, disait une note diplomatique adressée à lord Napier par le gouverneur de Canton : tout cela ne pèse pas pour nous la valeur d'une plume ou d'un cheveu ; tandis que votre nation *vit de notre thé, s'habille de la soie* qu'elle vient chercher chez nous et ne peut pas s'en passer... » Le nom populaire des Européens chez les Chinois est *fan-kouei*, qui signifie proprement « diables étrangers ». Cette appellation et les autres termes de mépris qui servent à désigner les Occidentaux dans l'Empire du Milieu, ont un rôle si marqué dans les jugements portés sur eux par les populations de l'intérieur, que les traités se sont plusieurs fois occupés d'en interdire l'usage. Les mêmes traités ont condamné aussi le mot *aï*, qui signifie « barbare » ; mais il semble que ce soit à tort, et que les Chinois nous l'appliquent au sens grec, c'est-à-dire pour indiquer simplement les gens qui ne parlent pas leur langue. Les termes généraux les plus usités maintenant sont ceux de *ouaï-kouo*, ou « homme du dehors », et de *yang-jan*, ou « homme de l'Océan ». Mais déjà les Fils de Han ont appris à distinguer les Français des Anglais, des Allemands, des Américains. Ils nous appellent *Fo-Kouo :* les autres sont les *Ying-Kouo*, les *Té-Kouo,* les *Mé-Kouo*.

Il faut considérer que dans l'œuvre colossale, presque chimérique, de l'association de la Chine à la grande famille humaine dont elle vit séparée depuis les temps les plus lointains, c'est sur les Fils de Han que pèse tout le poids d'une révolution si capitale. Les nations étrangères ont tout pour elles, — et la puissance des armes, et le bénéfice de l'*ex-territorialité* qu'elles se sont assuré de longue date, et la lettre des traités qu'elles se sont graduellement fait concéder, et la connaissance du but précis qu'elles veulent atteindre : la Chine n'a rien que sa masse, ses traditions, la conviction intime de sa supériorité intellectuelle et morale, l'aversion instinctive qu'elle nourrit pour tout changement, surtout quand le programme de ce changement lui vient d'un monde extérieur qu'elle dédaigne,—surtout quand elle constate qu'on prétend le lui imposer par la force. Au moment où les navigateurs portugais arrivèrent pour la première fois aux côtes de la Chine, à la fin du xve siècle, quelle idée donnèrent-ils des Européens ? Un pauvre idée, assurément, celle d'un ramassis de brigands et d'usuriers. « Idée qui ne dut pas devenir beaucoup plus favorable, écrit sir John Davis, quand les Hollandais et les Anglais entrèrent à leur tour en scène et vinrent lutter d'avidité mercantile avec les Portugais. Aujourd'hui encore, la notion d'étranger européen est intimement associée, dans le cerveau d'un Chinois, à celle d'une race qui se préoccupe uniquement du gain, sans aucun souci des moyens à mettre en œuvre pour obtenir ce gain. »

Veut-on savoir comment cette arrivée de nos marchands est notée dans les annales de l'empire? Le voici : « Environ ce temps, pendant le règne de Ching-Ti (1506), des étrangers de l'ouest, appelés Fo-lan-si (Français ou Francs), disant qu'ils apportaient le tribut, entrèrent subitement dans le port de Canton, et, par le tonnerre de leurs canons, ébranlèrent tous les rivages. Rapport en fut adressé à la cour, qui envoya aussitôt l'ordre de les chasser et d'arrêter leur commerce. A peu près à la même époque, les Hollandais vinrent à Macao sur deux grands navires : c'est un peuple sauvage qui habitait jadis un territoire inculte et n'avait aucune relation avec la Chine. Les vêtements et les cheveux de ces gens étaient rouges, leur taille élevée; ils avaient des yeux bleus, très enfoncés dans la tête, des pieds d'une coudée et deux tiers de long. Leur aspect était étrange et épouvantable. »

Les ambassades envoyées à la Chine par les nations européennes n'ont fait longtemps que la confirmer dans l'opinion de sa suprématie. Elle a cru tout naturellement que c'était un hommage à sa puissance et à sa civilisation. C'est ce qui ressort avec le dernier degré d'évidence d'une étude attentive du beau livre que Yule a consacré à l'histoire des relations de l'Europe avec l'Empire du Milieu, et du grand ouvrage de Richtofen. On voit, par exemple, les premiers ambassadeurs admis en présence du Fils du Ciel se plier sans protestation à l'étiquette de la cour de Pékin et consentir à la dégradante cérémonie du *ko-taou!*

C'est à genoux, se traînant sur les mains, frappant neuf fois de leur front les marches du trône, qu'ils se montrent à «l'Homme seul ». La conséquence fut nécessairement que « l'Homme seul » les prit pour ce qu'ils étaient, — des laquais, — et les traita selon leurs mérites. De Guignes raconte que l'ambassade hollandaise de 1794 reçut de l'empereur comme une marque de sa bienveillance ironique, « un morceau de gateau qui portait encore la trace de ses dents, servi sur une assiette sale et digne tout au plus d'être jeté à un chien ». De telles platitudes pouvaient seulement confirmer la cour de Pékin dans ses préjugés et dans ses prétentions.

L'ambassadeur de Russie, Ismaïlof, arrivé à Tien-Tsin en 1719, consentit de même à la cérémonie du *ko-taou.* Il se contenta de stipuler que le premier ambassadeur du Fils du Ciel envoyé à Pétersbourg se conformerait lui aussi à l'étiquette de la cour russe.

Quant aux Anglais, comme leurs relations avec la Chine eurent pour agents exclusifs, jusqu'en 1834, les représentants de la Compagnie des Indes, leur dignité nationale n'eut pas à souffrir du ton de supériorité toujours affecté à l'égard des nations étrangères par les ministres du Fils du Ciel. Toutefois, en 1792, une ambassade anglaise dirigée par lord Macartney se rendit à Pékin. Elle apportait des présents splendides. Les Chinois en furent émerveillés, mais, selon leur coutume, ils en conclurent que les Anglais s'étaient volontairement rangés parmi les tributaires de l'empereur. Un nouvel ambassadeur britannique, lord Amherst, ancien gouverneur général des Indes, qui se rendit en 1816 à Pékin, ne fut pas reçu à la cour, parce qu'il refusa de s'abaisser au *ko-taou*. Ce fait semble indiquer que lord Marcartney avait consenti à se soumettre, sinon à cette cérémonie, du moins à quelque rite humiliant. Le récit de Staunton admet qu'il « plia le genou » en se présentant devant l'empereur.

On est heureux de constater que la vieille France ne tomba jamais dans l'erreur d'envoyer en Chine des ambassades de ce genre. Nos premières relations diplomatiques avec l'Empire du Milieu datent de Louis XIV, qui écrivit à Kang-Hi en le traitant de « Très haut, très excellent, très puissant et magnanime prince, notre bon et cher ami », pour signer : « votre ami affectionné, Louis ». Si plus tard, en 1844, M. de Lagrené mena à bien la mission dont il était chargé, et réussit à conclure un traité de commerce avec la Chine, sans avoir à subir aucune formalité dégradante, il le dut peut-être pour une bonne part à l'attitude ferme et digne adoptée deux siècles plus tôt par notre diplomatie. Avec les Chinois, rien n'est jamais perdu : il n'y a pas de faute qui ne se paye, ni d'acte de fermeté et de justice qui ne porte son fruit.

Les Espagnols envoyèrent en 1847 au Fils du Ciel une ambassade présidée par don Sinibaldo de Mas, et conclurent en 1864 avec la Chine un traité qui autorisait l'embarquement des coolies pour Cuba. Le traitement que ces malheureux y subirent était si atroce que la Chine dut expédier en 1873 une commission d'enquête à la Havane, et que, depuis cette époque, l'embarquement des *coolies* à cette destination est absolument interdit.

Il en est de même de Manille, où les travaux les plus durs sont faits de très longue date par les Chinois. La manière dont ils y sont traités a sûrement influé sur la tendance assez naturelle qu'ont montré longtemps les fonctionnaires de Canton a témoigner le plus grand mépris aux étrangers, en manière de représailles.

Quant aux Chinois qui passent aux Etats-Unis, à peine ont-ils moins de sujets de plainte. Tantôt on les lapide, tantôt on les *lynche*, sous prétexte qu'ils viennent prendre le travail des ouvriers anglo-saxons, tantôt on se contente de leur en voler le produit. Les compagnies américaines qui transportent des coolies aux Etats-Unis permettent formellement et par contrat de ramener le corps du Fils de Han dans son pays, pour y être enterré conformément à ses rites, s'il meurt au cours de son engagement ; elles ont même soin de retenir d'avance le prix du voyage et du cercueil. Mais quand un de leurs navires a complété son funèbre chargement, elles trouvent plus simple et plus expéditif d'aller le vider en pleine mer. Du moins telle était leur pratique jusqu'au jour où le gouvernement chinois est intervenu directement dans l'affaire, pour y mettre ordre.

Les Danois, les Suédois, les Autrichiens, les Italiens, les Prussiens, les Péruviens, les Mexicains et les Chiliens, tout en entretenant avec la Chine des relations commerciales assez actives, n'en ouvrirent pas d'officielles pendant de longues années.

La guerre de l'opium ne pouvait guère contribuer à relever aux yeux des Chinois le caractère moral de l'Occident. Du moins eut-elle pour résultat d'établir par le traité de Nankin, en 1842, des relations officielles entre l'Empire du Milieu et l'Angleterre — par suite avec l'Europe; car le plénipotentiaire chinois, Ki-Ying, insista fort habilement pour que tous les étrangers fussent désormais, dans les cinq ports ouverts, sur le même pied que les Anglais. La France et les États-Unis d'Amérique s'empressèrent d'accréditer des ministres plénipotentiaires près la cour de Pékin. Une circonstance caractéristique de l'état d'esprit où M. De Lagrené, notre envoyé, et M. Cushing, l'envoyé américain, trouvèrent les autorités chinoises, c'est qu'elles s'attendaient visiblement de leur part à une demande d'indemnité, et furent soulagées d'un grand poids en apprenant qu'il n'en serait pas question. Telle était l'idée que les Anglais venaient de donner à l'extrême Orient de la justice des nations occidentales! Le traité de Whampoa, signé le 23 octobre 1844 entre M. de Lagrené et Ki-Ying, consacra définitivement l'ouverture de la Chine aux puissances étrangères. La Belgique, les Pays-Bas, la Prusse, l'Espagne elle-même s'empressèrent de profiter des avantages que ce traité leur assurait indirectement. Mais un instrument diplomatique ne pouvait suffire à effacer dans les cœurs la défiance que les Européens inspiraient aux Chinois, et, après un demi-siècle, cette défiance n'a pas encore disparu.

Il importe de bien se dire que pour les Fils de Han, de toute antiquité étrangers aux relations diplomatiques avec le dehors, un traité ne saurait dans aucun cas avoir la portée et la valeur qu'il peut garder aux yeux des Européens. Ce serait d'ailleurs une grande erreur de croire que les stipulations de Nankin ou de Whampoa aient jamais été connues de la grande masse du peuple chinois. A peine le furent-elles de la cour de Pékin, s'il est vrai, comme on l'assure, que les minutes originales de ces contrats internationaux n'aient jamais été seulement transmises au cabinet impérial. Cependant on savait vaguement dans les provinces que l'usurpateur mandchou avait dû céder aux prétentions des « diables étrangers », et la connaissance de ce fait, jointe au licenciement des troupes attirées à Canton par l'appât d'une haute paye pour lutter contre les forces britanniques, doit être mise au nombre des causes positives de l'insurrection des Taï-Ping.

Ce nom, comme presque tous ceux que nous appliquons aux choses du Royaume-Fleuri, est d'origine purement européenne. La Chine n'a jamais connu les Taï-Ping, qu'elle appelait *Chang-Mao-Tse*, les « rebelles aux longs cheveux ». L'article 1er de leur programme était l'indépendance de la nation asservie par les Mandchous, et, pour élever autel contre autel, leur grand chef Hong-Siou-Tsouen se déclarait le premier empereur de la « Dynastie de Paix » ou *Ping-Chao*, sous le nom de *Tien-Te* ou « Vertu céleste ». Le préfixe *taï* (grande), ajouté, selon l'usage, au titre de la dynastie, donnait *Taï-Ping-Chao*, « grande dynastie de paix », que les Occidentaux prirent, en l'abrégeant, pour désigner tout le parti.

Hong-Siou-Tsouen était le fils cadet d'un cultivateur des environs de Canton. Né en 1813, il s'était distingué à l'école par sa vive intelligence et se trouvait à l'âge de vingt ans un des candidats les plus brillants du concours pour le degré de bachelier, quand il rencontra au chef-lieu de sa province un prédicateur indigène nommé Liang-A-Fa. Cet homme vénérable lui remit un certain nombre de brochures intitulées : « Bonnes paroles pour la consolation du temps présent », que le jeune candidat emporta chez lui et lut avec intérêt, puis avec avidité. C'étaient tout uniment des pamphlets bibliques, traduits et distribués par un méthodiste américain. Cette lecture, jointe au désappointement qu'il éprouva de ne pas sortir victorieux du concours, exerça sur le cerveau de Siou-Tsouen une influence déterminante. Il fut pris d'accès de mélancolie, dans lesquels il demandait humblement pardon à ses parents de ne pas avoir illustré leur nom par ses succès littéraires, puis d'accès de catalepsie compliqués de visions, où il était tantôt assis sur un « trône de lumière », entouré d'hommes et de femmes célestes, tantôt persécuté par des monstres apocalyptiques et spécialement par une vieille sorcière qui lui reprochait sa malpropreté morale en lui recommandant l'ablution baptismale.

Il finit par se croire investi d'une mission divine, coupa sa natte, laissa croître ses cheveux, renonça à la tunique tartare pour adopter la robe ouverte du temps des Ming et se mit à recruter des disciples. Sa doctrine paraît avoir été un mélange bizarre de conceptions délirantes se rattachant à la manie ambitieuse, d'aspirations antidynastiques et de réminiscences évangéliques. Il eut bientôt deux élèves dévoués, Hong-Jin et Foung-Youn-Tchen. A eux trois, ils décidèrent de renoncer aux préceptes de Confucius et d'adopter l'immersion totale dans une eau courante, comme le signe de la foi nouvelle. Les illuminés de leur espèce n'étaient pas rares dans la province de Canton, et l'opposition à la maison régnante y devenait si active que les mandarins n'essayaient même plus de remonter un courant irrésistible. Siou-Tsouen réunit bientôt de nombreux adhérents qui le reconnurent pour leur chef. Un de ses éléments de succès était la répétition fréquente du signe *Tso-Uen* dans les brochures du méthodiste, qu'il avait prises comme base de sa prédication : ce signe, qui répondait au prénom du nouveau messie, exprime aussi « le tout » et fait partie du mot « Tout-puissant ». On en concluait que Siou-Tsouen était désigné de toute éternité pour régner sur le « Royaume du Ciel » ou « Céleste-Empire », c'est-à-dire sur les hommes.

De là à prendre ouvertement le titre souverain, il n'y avait qu'un faible intervalle. Siou-Tsouen attendit pour le franchir que le nombre de ses adhérents se fût élargi, ce qui prit plusieurs années. Appelant à lui tout les déshérités, tous les nomades, tous les mécontents, renversant les temples, pillant les caisses publiques, il se trouva vers 1850 assez fort pour résister aux troupes impériales envoyées pour l'arrêter, occupa Lien-Chou et s'y fortifia. L'insurrection s'étendit aux districts voisins, puis aux huit provinces limitrophes. Elle menaça bientôt dans son existence même non seulement l'établissement mandchou, mais toute la société chinoise. Chef d'une religion nouvelle, envoyé du *Tien-Fou* ou « Père Céleste », et de Jésus-Christ, son « frère aîné » ou *Tien-Hioung*, le nouveau souverain proclamé à Nankin représentait, en outre, la haine du peuple conquis contre le vainqueur, celle du pauvre contre le riche, celle de la masse taillable et corvéable contre le mandarin. Il groupait autour de lui toutes les rancunes, tous les appétits, toutes les aspirations, tous les fanatismes, toutes les forces révolutionnaires. Personnellement, il avait le prestige des vertus chères aux Chinois : il était studieux, il était sobre, il était bon fils. Son père l'avait béni à son lit de mort en confessant la foi nouvelle et demandant qu'on renonçât pour lui aux rites funéraires du bouddhisme. Enfin, il se montrait commandant militaire d'une énergie et d'un génie hors ligne, administrateur intègre, juge incorruptible, ennemi sans pitié. C'est plus qu'il n'en faut sans doute, avec la décrépitude générale de la société chinoise, pour expliquer la durée de cette insurrection, la plus formidable du siècle. Depuis les anabaptistes, le monde n'avait rien vu de pareil. Le miracle est que la dynastie mandchoue ait pu résister. Elle le dut surtout aux mercenaires européens.

Quand les derniers adhérents de Siou-Tsouen furent écrasés en 1867, l'Empire du Milieu n'était plus que ruines, du Kouang-Si à Tien-Tsin, sur une étendue de huit cents lieues; des trésors d'art sans prix avait disparu; des villes entières étaient détruites; des milliers d'hectares jadis cultivés étaient en friche et déserts; *vingt millions* d'êtres humains avaient péri. Siou-Tsouen luimême était mort en 1864, trente et un an après avoir reçu de Liang-A-Fa l'initiation évangélique. Certes, la *Gazette officielle* de l'empire n'exagérait rien quand elle disait mélancoliquement, en annonçant la fin du grand révolté : « Il n'y a pas de parole pour exprimer la misère et la désolation qui ont été causées par cette homme. » Elle aurait pû ajouter que cet homme était l'élève d'un méthodiste américain.

Au cours même de l'insurrection, la Chine avait pourtant subi un coup plus douloureux encore, celui de la prise de Pékin par une armée anglo-française, après la dispersion de ses bandes mal armées, au pont de Pa-Li-Kao. Un des crimes historiques du siècle, le pillage du Palais-d'Été par le général Cousin-Montauban et lord Elgin, venait de s'accomplir. Des collections uniques, d'une importance capitale pour l'histoire de l'art, avaient été froidement détruites ou dispersées par les représentants armés des deux nations les plus civilisées de l'Europe. La suppression systématique d'un « palais défendu », résidence favorite du Fils du Ciel, pouvait avoir la portée révolutionnaire d'une leçon au peuple chinois. Que devait penser ce peuple doux et fin du pillage de ses richesses artistiques?

Le courage et l'ardeur que les Fils de Han apportèrent à réparer tant de désastres mériteraient seuls la sympathie pour ne pas dire l'admiration du monde civilisé. Leur pays présentait vers 1865 un spectacle comparable à celui de l'Europe centrale à l'époque du traité de Westphalie. En moins de cinq ans, les villes s'étaient relevées, les fermes rebâties, les champs remis en culture, le commerce florissait et l'Empire du Milieu avait repris le cours de ses pacifiques destinées. Souhaitons qu'elles ne soient plus troublées par l'intervention de l'étranger dans ses affaires intérieures. Éclairée désormais par de cruelles expériences, riche d'une jeune génération de lettrés instruits dans tous les arts et toutes les sciences de l'Europe, la Chine entrera de plus en plus dans le grand courant de la civilisation générale.

En 1868, elle s'est décidée à envoyer un plénipotentiaire

à l'Europe, en la personne d'un agent démissionnaire des États-Unis, M. Anson Burlingame. Presque aussitôt elle a nommé directement trois chargés d'affaires accrédités auprès de onze gouvernements. La grande famine de 1878 a fourni à l'Europe l'occasion de se montrer à l'Empire du Milieu sous un jour plus avantageux qu'elle ne l'avait fait encore, en lui envoyant des marques positives d'intérêt fraternel. Peu à peu, la position morale de la Chine dans le concert des nations s'est affirmée, tandis que sa prospérité matérielle se rétablissait dans une large mesure. Il ne lui faut peut-être qu'un grand financier, un cabinet résolu à mettre un terme aux exactions des mandarins de tout ordre, pour que sa merveilleuse richesse naturelle entre définitivement en pleine floraison. Déjà son réseau télégraphique est établi; les mœurs judiciaires commencent à s'adoucir dans les provinces maritimes; les mines entrent en exploitation par les procédés occidentaux; on peut prévoir le jour prochain peut-être où des voies ferrées s'ouvriront sinon dans l'intérieur, au moins sur le littoral.

Mais que l'Occident en soit bien convaincu : tout cela se fera « par les Chinois, pour les Chinois ». L'Empire du Milieu, comme le Japon, est parfaitement décidé à prendre aux « hommes de l'Océan » ce qu'ils peuvent lui apporter d'utile, sans jamais se laisser absorber par eux. C'est lui peut-être qui les inondera bientôt de ses masses profondes et viendra soit par ses produits, soit par ses travailleurs, compliquer encore sur nos marchés le problème économique.

Paris, juin 1885.

FIN.

TABLE DES MATIÈRES

FIN DE LA TABLE DES MATIÈRES.

Paris. — Imp. Gauthier-Villars, 55, quai des Grands-Augustins

CATALOGUE
DE
J. HETZEL & Cⁱᵉ

LIBRAIRIE SPÉCIALE

De l'Enfance et de la Jeunesse

BIBLIOTHÈQUE D'ÉDUCATION ET DE RÉCRÉATION
A L'USAGE DE L'ENFANCE, DE LA JEUNESSE,
DES INSTITUTIONS DE JEUNES GENS ET DE JEUNES FILLES,
BIBLIOTHÈQUES PUBLIQUES, SCOLAIRES ET POPULAIRES.
LIVRES DE PRIX. — LIVRES D'ÉTRENNES.

BIBLIOTHÈQUE DES PROFESSIONS INDUSTRIELLES
COMMERCIALES ET AGRICOLES

MAGASIN ILLUSTRÉ D'ÉDUCATION
ET DE RÉCRÉATION

BROCHÉS		CARTONNÉS
280 fr.	Collection complète, 40 vol.	400 fr.

CAHIERS D'UNE ÉLÈVE DE SAINT-DENIS
COURS GRADUÉ D'INSTRUCTION EN SIX ANNÉES
17 volumes et un atlas. — Brochés, 65 francs. — Cartonnés, 69 fr. 50

LIBRAIRIE GÉNÉRALE

Poésies — Romans — Voyages — Histoire
Sciences et Arts

PARIS
18, RUE JACOB, 18

Envoi *franco* contre mandat pour toute demande au-dessus de 15 fr.

COLLECTION COMPLÈTE
DES QUARANTE PREMIERS VOLUMES DU
MAGASIN D'ÉDUCATION
ET DE RÉCRÉATION
PUBLIÉ SOUS LA DIRECTION DE
MM. JEAN MACÉ — P.-J. STAHL — JULES VERNE
Prix : 280 francs
Payables en 10 termes à répartir en deux ans

Les quarante premiers volumes illustrés parus du *Magasin d'Éducation et de Récréation* constituent à eux seuls toute une bibliothèque de l'enfance et de la jeunesse. L'examen du catalogue général du *Magasin*, que nous tenons toujours à la disposition des parents, leur montrera que les œuvres principales, et pour ainsi dire complètes, de JULES VERNE, de P.-J. STAHL, de JULES SANDEAU, de E. LEGOUVÉ, d'EGGER, de J. MACÉ, de L. BIART et de bien d'autres ; que les plus heureuses séries de dessins de Frœlich, Froment et d'un grand nombre d'artistes éminents, écrites ou dessinées avec un soin scrupuleux, à l'usage spécial de la jeunesse et de la famille, sont contenues dans ces volumes.

Cette collection grand in-8° représente par le fait la matière de plus de cent volumes in-18 ordinaires. Elle est en outre illustrée de plus de quatre mille cinq cents dessins, créés expressément pour le *Magasin d'Éducation*.

Le *Magasin d'Éducation* s'est tenu avec soin en dehors de ce qu'on appelle l'actualité, dont l'intérêt passe et vieillit, pour ne laisser entre les mains de ses lecteurs que des œuvres d'un intérêt durable et permanent. Les premiers volumes, à ce titre, présentent donc un intérêt égal aux derniers, et offrir aux enfants les premières années, s'ils ne les connaissent pas, leur assure des lectures aussi agréables que si on leur donnait les dernières.

*LES TOMES I à XXX
RENFERMENT COMME ŒUVRES PRINCIPALES

Les Aventures du Capitaine Hatteras, Les Enfants du Capitaine Grant, Vingt mille lieues sous les mers, Aventures de trois Russes et de trois Anglais, Le pays des Fourrures, L'Ile mystérieuse, Michel Strogoff, Hector Servadac, Les Cinq cents millions de la Bégum, de Jules VERNE. — **La Morale familière, Les Contes Anglais, La Famille Chester, L'Histoire d'un Ane et de deux jeunes Filles, Une Affaire difficile à arranger, Maroussia, Un pot de crème pour deux,** de P.-J. STAHL. — **La Roche aux Mouettes,** de Jules SANDEAU. — **Le Nouveau Robinson Suisse,** de STAHL et MULLER. — **Romain Kalbris,** d'Hector MALOT. — **Histoire d'une Maison,** de VIOLLET-LE-DUC. — **Les Serviteurs de l'Estomac, Le Géant d'Alsace, Le Gulf-Stream,** etc., de Jean MACÉ. — **Le Denier de la France, La Chasse, Le Travail et la Douleur, A Madame la Reine, La Fée Béquillette, Un premier Symptôme, Sur la Politesse, Lettre à Mlle Lili,** etc., de E. LEGOUVÉ. — **Le Livre d'un père,** de Victor DE LAPRADE. — **La Jeunesse des Hommes célèbres,**

de NULLER. — Aventures d'un jeune Naturaliste, Entre Frères et Sœurs, Voyages et Aventures de deux enfants dans un parc, Les Voyages involontaires, de Lucien BIART. — Causeries d'Economie pratique, de Maurice BLOCK. — La Justice des choses, de Lucie B***. — Les Aventures d'un Grillon, La Gileppe, par le docteur CANDÈZE. — Vieux Souvenirs, Départ pour la Campagne, Bébé aime le rouge, etc., de Gustave DROZ. — Le Pacha berger, par E. LABOULAYE. — La Musique au foyer, par LACOME. — Histoire d'un Aquarium, Les Clients d'un vieux Poirier, de E. VAN BRUYSSEL. — Le Chalet des Sapins, de Prosper CHAZEL. — L'Odyssée de l'ataud et de son chien Fricot, de P.-J. STAHL et CHAM. — Le petit Roi, de S. BLANDY. — L'Ami Kips, de G. ASTON. — La Grammaire de Mlle Lili, de Jean MACÉ. — Histoire de mon oncle et de ma tante, par A. DEQUET. — L'Embranchement de Mugby, Histoire de Bebelle, Une lettre inédite, Septante fois sept, de Ch. DICKENS, etc., etc. — C'est-à-dire une Bibliothèque complète de l'Enfance et de la Jeunesse.

Les petites Sœurs et petites Mamans, Les Tragédies enfantines, Les Scènes familières et autres séries de dessins, par FRŒLICH, FROMENT, DETAILLE; textes de STAHL.

* TOMES XXXI à XL

La Maison à vapeur, La Jangada, L'École des Robinsons, Kéraban-le-Têtu, L'Étoile du Sud, par JULES VERNE. — Leçons de Lecture, par E. LEGOUVÉ. — Les Quatre filles du docteur Marsch, La Première Cause de l'avocat Juliette, Jack et Jane, La Petite Rose, par P.-J. STAHL. — La Vie de collège en Angleterre, Mémoires d'un collégien, Une année de collège à Paris, L'Héritier de Robinson, par André LAURIE. — Le Théâtre de famille, La petite Louisette, par GENNEVRAYE. — Marco et Tonino, Les Pigeons de St-Marc, Un Petit Héros, par M. GÉNIN. — Le livre de Trotty, par CRÉTIN-LEMAIRE. — La Patrie avant tout, par F. DIÉNY. — Travailleurs et Malfaiteurs microscopiques, par I. A. REY. — Voyage au pays des défauts, par M. BERTIN, etc., etc. — Contes et nouvelles, par C. LEMONNIER, LERMONT, BENTZON, DUPIN DE SAINT-ANDRÉ, NICOLE, BLANDY, BÉNÉDICT, BERTHE VADIER, SPARK.

PREMIER AGE. — *Bibliothèque de Mlle Lili et de son cousin Lucien*

55 ALBUMS-STAHL IN-8°

Prix: relié toile, à biseaux, 5 fr.; cart. bradel, 3 fr.

L. BECKER............	L'Alphabet des Oiseaux.
....	Alphabet des Insectes.
COINCHON (A.).....	Histoire d'une Mère.
DETAILLE........	Les bonnes Idées de Mlle Rose.
FATH	La Famille Gringalet. — Gribouille.
—	Pierrot à l'école. — Les Méfaits de Polichinelle. — Jocrisse et sa sœur. — Une Folle Soirée chez Paillasse.
—	† Le docteur Bilboquet.
FRŒLICH........	Alphabet de mademoiselle Lili.
—	Arithmétique de mademoiselle Lili.
— (texte de Stahl) ..	Grammaire de mademoiselle Lili.

FRŒLICH.	L'A perdu de mademoiselle Babet.
—	Bonsoir, petit père.
—	Les Caprices de Manette.
—	Commandements du Grand-Papa.
—	La Crème au Chocolat.
—	Un drôle de chien. — La Fête de Papa.
—	Journée de mademoiselle Lili.
—	Jujules à l'Ecole. — Le petit Diable.
—	Le Jardin de M. Jujules.
—	Mademoiselle Lili aux eaux.
—	Mademoiselle Lili à la campagne.
—	La Fête de Mlle Lili. — M. Toc-Toc.
—	Premier Cheval et première Voiture.
—	Premières armes de Mlle Lili.
—	L'Ours de Sibérie. — Cerf agile.
—	La Salade de la grande Jeanne.
—	Le 1er Chien et le 1er Pantalon.
—	Les Jumeaux.
—	† La Journée de Monsieur Jujules.
FROMENT.	La Boîte au lait. — Hist. d'un pain rond.
—	La petite Devineresse.
—	Le petit Escamoteur.
GEOFFROY	Le Paradis de M. Toto.
—	La première Cause de l'avocat Juliette.
JUNDT.	L'Ecole buissonnière.
LALAUZE	Le Rosier du petit frère.
LAMBERT.	Chiens et Chats.
LANÇON.	Caporal, le Chien du régiment.
MARIE.	Le petit Tyran.
MATTHIS.	Les deux Sœurs.
MÉAULLE.	Petits Robinsons de Fontainebleau.
PIRODON	Hre de Bob aîné. — Hre d'un Perroquet.
—	La Pie de Marguerite.
SCHULER (TH.)	Les Travaux d'Alsa.
VALTON.	Mon petit Frère.

13 ALBUMS-STAHL IN-8

Prix : relié toile à biseaux, 7 fr. 50; cartonné bradel, 5 fr.

CHAM.	Odyssée de Pataud.
FRŒLICH.	Mlle Mouvette. — La Révolte punie.
—	Petites Sœurs et petites Mamans.
—	Monsieur Jujules.
—	Voyage de Mlle Lili autour du monde.
—	Voyage de découvertes de Mlle Lili.
FROMENT et STAHL.	La belle petite princesse Ilsée.
—	La Chasse au volant.
GRISET.	Aventures de trois vieux Marins.
—	Pierre le Cruel.
SCHULER (TH.)	Le premier Livre des petits enfants.
VAN BRUYSSEL	Histoire d'un aquarium.

37 ALBUMS-LIVRES IN-4° EN COULEURS

EN CHROMOTYPOGRAPHIE ET CHROMOLITHOGRAPHIE

Prix : relié toile, tranches dorées, 2 fr. 50; cartonné bradel, 1 fr.

TROJELLI . . . .   Alphabet musical de Mlle Lili.

FROELICH.

Chansons et Rondes de l'Enfance :

Au clair de la lune. — La Boulangère. — Le bon roi Dagobert. — Cadet-Roussel. — Compère Guilleri. — Il était une Bergère. — Giroflé-Girofla. — Malbrough s'en va-t-en guerre. — La Marmotte en vie. — La Mère Michel. — M. de la Palisse. — Nous n'irons plus au bois. — Le Pont d'Avignon. — La Tour, prends garde.

Moulin à paroles. — La Bride sur le cou. — Le Cirque à la maison. — Hector le Fanfaron. — Monsieur César. — Le Pommier de Robert. — Mademoiselle Furet. — La Revanche de François — Jean le Hargneux (16 pl. chromo).

BECKER . . . . †Une drôle d'Ecole.
BOS . . . . Leçon d'Equitation.
COURBE . . . . L'anniversaire de Lucy.
GEOFFROY . . . . Monsieur de Crac.
— . . . . Don Quichotte. — Gulliver.
DE LUCHT . . . . La Pêche au tigre.
MARIE . . . . Mademoiselle Suzon.
MATTHIS . . . . Métamorphoses du papillon.
TINANT . . . . ✓Les Pêcheurs ennemis.
— . . . . Une chasse extraordinaire.
— . . . . La guerre sur les toits.
— . . . . †La Revanche de Cassandre.

Cours d'études complet et gradué d'Éducation

POUR JEUNES FILLES ET JEUNES GARÇONS, A SUIVRE EN SIX ANNÉES
SOIT DANS LA PENSION SOIT DANS LA FAMILLE

CAHIERS
D'UNE ÉLÈVE DE SAINT-DENIS

PAR DEUX ANCIENNES ÉLÈVES DE LA MAISON DE LA LÉGION D'HONNEUR
ET PAR

LOUIS BAUDE, ancien professeur au Collège Stanislas.

La collection complète : Brochée, 65 fr. — Cartonnée, 69 fr. 50

Chaque volume se vend séparément

Sommaire des 12 cahiers. — Introduction. — Grammaire française. — Dictées. — Histoire sainte. — Mappemonde. — Géographie de l'Histoire sainte. — Anciennes divisions de la France par provinces. — Division de la France par départements. — Table chronologique des rois de France. — Arithmétique. — Système métrique. — Lectures et exercices de mémoire. — Étymologies. — Histoire ancienne. — Ères chronologiques. — Mythologie. — Études préparatoires à l'Histoire de France. — Cosmographie. — Géographie de l'Asie Mineure. — Départements et arrondissements de la France. — Géographie de la France. — Histoire romaine. — Histoire de l'Église. — Paris et ses monuments. — Récapitulation de l'Histoire ancienne. — Histoire du moyen âge. — Géographie moderne. — Géographie de l'Europe. — Histoire naturelle. — Précis de l'histoire de la langue française. — Traité de versification. — Histoire moderne. — Géographie de l'Amérique et de l'Océanie. — Curiosités historiques. — Botanique. — Zoologie. — Principales inventions et découvertes. — Principes de littérature. — Histoire de la littérature ancienne et française. — Philosophie. — Table chronologique des principaux événements de l'histoire contemporaine depuis 1789. — Bibliographie. — Philologie des langues européennes. — Précis de l'Histoire générale des études. — Biographie des femmes célèbres. — Notions géographiques complémentaires. — Morceaux choisis.

Sommaire des 4 cahiers préliminaires. — Religion. — Éducation. — Instruction. — Notions sur les trois règnes de la nature. — Connaissance des chiffres et des nombres. — Lectures. — Exercices de mémoire. — Cours d'écriture (avec modèles).

Sommaire du cahier complémentaire. — Considérations générales. — Histoire de l'Architecture. — De la Sculpture. — De la Peinture. — Gravure. — Lithographie. — Histoire de la Musique. — Astronomie. — Archéologie. — Numismatique. — Paléographie. — Minéralogie. — Algèbre et Géométrie. — De la Vapeur et de ses applications. — Télégraphie électrique. — Galvanoplastie. — De la Chloroformisation. — De la Photographie et de l'Aérostation.

ATLAS COMPLÉMENTAIRE
DES CAHIERS D'UNE ÉLÈVE DE SAINT-DENIS

Atlas classique de Géographie universelle, composé de 24 planches en plusieurs couleurs, dressées par M. DUBAIL, ex-professeur adjoint de géographie à l'École de Saint-Cyr. — 1 volume grand in-8, cartonné bradel. Prix : 8 fr.

ÉTUDES D'APRÈS LES GRANDS MAITRES
Dessins par A. COLIN
Professeur de dessin à l'École polytechnique

ALBUM IN-FOLIO, 20 PLANCHES. — Cartonné bradel, 20 francs
Cartonné toile, tranches dorées, 22 francs
Chaque planche collée sur carton, avec texte au dos, 1 fr. 25.

Les programmes d'admission aux Écoles de l'État se trouvent dans les *Grandes écoles civiles et militaires de France*, par MORTIMER D'OCAGNE. — Un beau vol. in-18, 3 fr. (*Voir page 20.*)
Voir pour les *Classiques français*, p. 18.

❋***L'Ile mystérieuse**, 1 vol. grand in-8, illustré de 154 dessins par FÉRAT. Relié, tr. dorées, 15 fr.; toile, tr. dor., 13 fr.; broché . . . .   10 »

❋***De la Terre à la Lune**, 43 dessins par DE MONTAUT. 1 vol. gr. in-8, toile, tranches dorées, 7 fr.; broché,   5 »

***Autour de la Lune** (suite de la TERRE A LA LUNE), 45 dessins per Emile BAYARD et DE NEUVILLE. 1 vol. gr. in-8, toile, tranches dorées, 7 fr.; broché,   5 »

> Ces deux ouvrages réunis en un seul volume grand in-8. Relié, tranches dorées, 14 fr.; toile, tranches dorées, 12 fr.; broché . .   9 »

❋***Aventures de trois Russes et de trois Anglais**, 53 dessins per FÉRAT. 1 vol. grand in-8°, toile, tranches dorées, 7 fr.; broché. . . . .   5 »

❋**Une Ville flottante**, suivie des FORCEURS DE BLOCUS. 44 dessins par FÉRAT. 1 vol. gr. in-8°, toile, tranches dorées, 7 fr.; broché. . . . .   5 »

> Ces deux ouvrages réunis en un seul volume grand in-8. Relié, tranches dorées, 14 fr.; toile, tranches dorées, 12 fr.; broché. .   9 »

❋***Le Pays des Fourrures**, 105 dessins par FÉRAT et DE BEAUREPAIRE. 1 vol. grand in-8°, Rel., tr. dorées, 14 fr.; toile, 12 fr.; broché . . . .   9 »

***Les Indes-Noires**, 1 vol. illustré de 45 dessins, par FÉRAT. Cartonné toile, tr. dorées, 7 fr.; broché. .   5 »

❋***Le Chancellor**, 1 vol. illustré de 58 dessins par RIOU et FÉRAT. Cartonné toile, tr. dorées, 7 fr.; broché.   5 »

> Ces deux ouvrages réunis en un seul volume grand in-8. Relié, 14 fr.; toile, 12 fr.; broché. . . . .   9 »

❋***Le Tour du Monde en 80 jours**, 80 dessins par DE NEUVILLE et L. BENETT. 1 vol. grand in-8°, toile, tranches dorées, 7 fr.; broché. . . . .   5 »

❋**Le Docteur Ox**. 1 volume illustré de 58 dessins par SCHULER, BAYARD, FRŒLICH, MARIE. Prix : cart. toile, tr. dorées, 7 fr.; broché. . . . .   5 »

> Ces deux ouvrages réunis en un seul volume grand in-8. Relié, tr. dorées, 14 fr., toile, tr. dor., 12 fr.; broché . . . .   9 »

❋***Michel Strogoff**. 1 vol. illustré de 95 dessins par FÉRAT. Prix : relié, tranches dorées, 14 fr.; toile, 12 fr.; broché . . . .   9 »

❋**Hector Servadac**, voyages et aventures à travers le monde solaire. 1 beau vol. illustré de 100 dessins, par PHILIPPOTEAUX. Prix : relié, tr. dorées, 14 fr.; toile, tr dorées, 12 fr; broché . . . .   9 »

❋***Un Capitaine de 15 ans**, 1 beau vol. illustré de 93 dessins par MEYER. Prix relié, tr. dorées, 14 fr.; toile, tr. dorées, 12 fr.; broché. . . . .   9 »

***Les Cinq cents millions de la Bégum**, 1 vol. illustré de 48 dessins, par BENETT. Prix cartonné, toile, tr. dorées, 7 fr.; broché. . . . .   5 »

✳**Les Tribulations d'un Chinois en Chine,** 1 vol. illustré de 52 dessins, par BENETT. Prix : cartonné, toile, tr. dorées, 7 fr.; broché   5   »
> Ces deux ouvrages réunis en un seul volume grand in-8°. Relié, tr. dorées, 14 fr.; toile, tr. dorées, 12 fr.; broché.   9   »

*****La Maison à vapeur,** 1 beau volume in-8° illustré de 101 dessins, par BENETT, relié, tr. dorées, 14 fr.; toile, tr. dorées, 12 fr.; broché   9   »

✳*****La découverte de la Terre,** 1 beau vol. illustré de 117 dessins et cartes par PHILIPPOTEAUX, BENETT, MATTHIS et DUBAIL. Prix, relié, tr. dorées, 12 fr.; toile, tr. dorées, 10 fr.; broché.   7   »

✳*****Les grands Navigateurs du XVIII° siècle,** 1 beau vol. illustré de 116 dessins et cartes, par P. PHILIPPOTEAUX et MATTHIS. Prix : relié, tr. dorées, 12 fr.; toile, tr. dorées, 10 fr.; broché   7   »

✳*****Les Voyageurs du XIX° siècle,** 1 beau vol. in-8° illustré de 103 dessins et cartes, par BENETT. Prix : relié, tr. dorées, 12 fr.; toile, tr. dorées, 10 fr.; broché   7   »

*****La Jangada** (HUIT CENTS LIEUES SUR L'AMAZONE), 1 beau vol. in-8° illustré de 95 dessins par BENETT. Prix : relié, tr. dor., 14 fr.; toile, 12 fr.; broché . . .   9   »

L'Ecole des Robinsons, 1 vol. illustré de 51 dessins par BENETT. Prix : cart. toile, tr. dorées, 7 fr.; broché,   5   »

Le Rayon vert, 1 vol. illustré de 44 dessins par BENETT et une carte. Prix : cartonné toile, 7 fr.; broché. . .   5   »
> Ces deux ouvrages réunis en un seul volume grand in-8°. Relié, tr. dorées. 14 fr.; toile, tr. dorées, 12 fr.; broché.   9   »

Kéraban-le-Têtu, 1 vol. illustré de 101 dessins par BENETT. Prix : relié, tr. dorées, 14 fr.; cartonné toile, tr. dorées, 12 fr.; broché   9   »

†**L'Étoile du Sud** (Voyage au pays des Diamants), 1 vol. illustré de 63 dessins par BENETT. Prix : toile tr. dorées, 7 fr., broché.   5   »

†**L'Archipel en feu,** 1 vol. illustré de 51 dessins par BENETT. Prix : toile, tr. dorées, 7 fr., broché   5   »
> Ces deux ouvrages réunis en un seul volume in-8. Prix : Relié, tranches dorées, 14 fr. Toile, tranches dorées, 12 fr. Broché. . . .   9   »

D'ENNERY & JULES VERNE. Les Voyages au Théâtre. 1 beau vol. in-8° illustré de 65 dessins, par BENETT et MEYER. Prix : relié, tr. dorées, 11 fr.; toile, tr. dorées, 10 fr.; broché.   7   »

JULES VERNE & THÉOPHILE LAVALLÉE. ✳*****Géographie illustrée de la France et de ses Colonies.** Nouvelle édition revue et complétée par DUBAIL. 108 grav. par CLERGET et RIOU, et 100 cartes par CONSTANS et SÉDILLE. 1 vol. grand in-8°. Relié, tr. dor., 15 fr.; cart. toile, tr. dor., 13 fr.; broché.   10   »

PETITE BIBLIOTHÈQUE BLANCHE

VOLUMES ILLUSTRÉS GRAND IN-16 COLOMBIER

Chaque volume toile, genre aquarelle, tranches dorées,
3 fr.; broché . . . . 2 fr.

BAUDE (L.). **Mythologie de la jeunesse** . . . . . 1 vol.
BIGNON. **Un singulier petit homme** . . . . 1 »
DE LA BÉDOLLIÈRE. **Histoire de la mère Michel et de son Chat** . . . . 1 »
CHAZEL (PROSPER). **Riquette** . . . . 1 »
CHERVILLE. † **Histoire d'un trop bon Chien** . . . 1 »
CRETIN (E.-M.). **Le Livre de Trotty** . . . . . 1 »
DEVILLERS. **Les Souliers de mon Voisin** . . . . 1 »
CH. DICKENS. **L'Embranchement de Mugby.** 1 »
DIENY. **La Patrie avant tout** . . . . 1 »
A. DUMAS. **La Bouillie de la Comtesse Berthe.** 1 »
OCTAVE FEUILLET. **La Vie de Polichinelle.** 1 »
M. GÉNIN. **Le petit Tailleur Bouton.** . . . . 1 »
—— **Marco et Tonino** . . . . 1 »
—— **⁹Les Pigeons de Saint-Marc** . . . . . 1 »
—— † **Un petit héros** . . . . 1 »
GENNEVRAYE. **Petit théâtre de famille** . . . . 1 »
GOZLAN (LÉON). **Aventures du prince Chènevis** . . . . 1 »
KARR (ALPHONSE). **Les Fées de la Mer.** . . . 1 »
LACOME (P.). **La Musique en famille** . . . . . 1 »
LEMOINE. **La Guerre pendant les vacances.** 1 »
LEMONNIER (C.). **Bébés et Joujoux** . . . . . 1 »
—— † **Histoire de huit bêtes et d'une poupée** . . . . 1 »
P. DE MUSSET. **Mᵣ le Vent et Mᵐᵉ la Pluie** . . . 1 »
NODIER (CHARLES). **Trésor des fèves et fleur des pois.** . . . . 1 »
NOEL (EUGÈNE) **La Vie des Fleurs.** . . . . . 1 »
E. OURLIAC. **Le Prince Coqueluche** . . . . . 1 »
SAND (GEORGE). **Histoire du véritable Gribouille** . . . . 1 »
P.-J. STAHL. **Les Aventures de Tom Pouce** 1 »
VAN BRUYSSEL. ✳ **Les Clients d'un vieux Poirier** . . . . 1 »
JULES VERNE. ✳⁹ **Un Hivernage dans les glaces.** 1 »
—— **Christophe Colomb** . . . . 1 »
VIOLLET-LE-DUC. ✳ **Le Siège de la Rochepont.** 1 »

VOLUMES ILLUSTRÉS IN-8 CAVALIER

Chaque volume, toile tranches dorées, 7 fr. Broché, 5 fr.

ALDRICH (traduction BENTZON). Un Ecolier
américain...1 vol.
G. ASTON. L'Ami Kips.............................1 »
BENTZON. † Pierre Casse-cou....................1 »
BIART (LUCIEN). Voyages et Aventures de deux
enfants dans un parc............................1 »
A. DE BREHAT. Aventures de Charlot.......1 »
CAHOURS ET RICHE. ✳Chimie des Demoiselles. 1 »
CHAZEL (PROSPER). Le Chalet des Sapins.... 1 »
CRETIN-LEMAIRE. Les Expériences de la petite
Madeleine......................................1 »
A. DEQUET. Histoire de mon oncle et de ma
tante...1 »
ERCKMANN-CHATRIAN. Les Vieux de la
Vieille..1 »
M. GENIN. La Famille Martin......................1 »
A. KÆMPFEN. La Tasse à thé.....................1 »
NERAUD. La Botanique de ma fille..............1 »
RATISBONNE (LOUIS). Dernières scènes de la
Comédie enfantine..............................1 »
RECLUS (E.) Histoire d'une Montagne.......1 »
——   ✳ Histoire d'un Ruisseau.....1 »
REY (I.—A.). † Travailleurs et Malfaiteurs mi-
croscopiques..................................1 »
P.-J. STAHL. La Famille Chester (adaptation). 1 »
——   ✳*Mon premier voyage en mer. 1 »
P.-J. STAHL ET DE WAILLY (LEON). Contes
célèbres de la Littérature anglaise...........1 »
RENÉ VALLERY-RADOT. ✳*Journal d'un volon-
taire d'un an (ouvrage couronné)..............1 »

VOLUMES ILLUSTRÉS, GRAND IN-8 RAISIN et JÉSUS

BENTZON. *Yette, *Histoire d'une jeune Créole*, 1 vol.
in-8°, illustré par M. MEYER. Relié, tr. dorées, 11 fr.;
toile, tr. dorées, 10 fr.; broché..................... 7 »
BIART (LUCIEN). ✳ Aventures d'un jeune
Naturaliste, 1 beau vol. grand in-8°, orné de 156
dessins par BENETT. Relié, tr. dorées, 14 fr.; toile,
tr. dorées, 12 fr.; broché. .... 9 »
BIART (LUCIEN). ✳ Entre frères et sœurs,
1 beau vol. in-8°, ill. par LALAUZE. Relié, tranches
dorées, 11 fr.; toile tranches dorées, 10 fr.; broché. 7 »
——   Deux Amis, 1 beau vol. in-8°, ill.
par G. BOUTET. Relié, 11 fr.; toile, 10 fr.; broché.. 7 »

Les Voyages involontaires

*Monsieur Pinson, 1 vol. in-8° illustré, par H. MEYER. Relié, 11 fr.; toile, 10 fr.; broché . . . .   7 »

*La Frontière indienne, 1 vol. in-8°, illustré par H. MEYER. relié, 11 fr.; toile, 10 fr.; broché.   7 »

*Le Secret de José, 1 vol. in-8°, illustré par H. MEYER. Relié 11 fr.; toile, 10 fr.; broché.. . . . .   7 »

Lucia. 1 vol. in-8° ill. par H. MEYER. Relié, 11 fr.; toile, 10 fr.; broché.   7 »

BLANDY (S.).✻Le Petit Roi, 1 vol. in-8°, illustré par BAYARD. Relié, tr. dor., 11 fr.; toile, tr. dor., 10 fr.; br.   7 »

—— Les Epreuves de Norbert. 1 beau vol. in-8° illustré par A. BORGET et BENETT. Relié, tr. dorées, 14 fr.; toile, tr. dorées, 12 fr.; broché. . . .   9 »

Mᵐᵉ B. BOISSONNAS. ✻ *Une famille pendant la guerre 1870-71 *(ouvr. couronné par l'Académie française)*, 1 beau vol. in-8°, ill. par P. PHILIPPO-TEAUX. Relié, tr. dor., 11 fr.; toile, tr. dor, 10 fr.; br.   7 »

BRÉHAT (ALFRED DE). ✻Les Aventures d'un petit Parisien, 1 vol. in-8°, ill. par MORIN. Relié, tranches dorées, 11 fr.; toile, tr. dor., 10 fr.; br. . . . .   7 »

CANDÈZE (Dʳ). *La Gileppe, 1 vol. ill., par C. RENARD. Relié, tr. dorées, 11 fr.; toile, tr. dorées, 10 fr.; broché.   7 »

—— *Aventures d'un Grillon, 1 beau vol. in-8°, illustré par C. RENARD. Relié, tr. dorées, 11 fr.; toile, tr. dorées, 10 fr.; broché. . . . .   7 »

CAUVAIN (HENRI). Le Grand Vaincu, 1 beau vol. illustré, par MAILLART. Relié, 11 fr.; toile, 10 fr.; br.   7 »

CLÉMENT (CHARLES).✻Michel-Ange.—Raphaël. — Léonard de Vinci, 167 dessins d'après les grands maitres. 1 magnifique volume gr. in-8. Rel. tr. dorées, 15 fr., toile, tr. dorées, 13 fr., broché . . . .   10 »

DAUDET (ALPHONSE). Histoire d'un enfant (*le Petit Chose*), édition spéciale à la jeunesse. 1 beau vol. illustré par P. PHILIPPOTEAUX. Relié, tr. dor., 11 fr.; toile, tr. dor., 10 fr.; br. . . . .   7 »

—— † Contes choisis. (*Edition spéciale à l'usage de la jeunesse*). 1 vol. in-8° ill. par BAYARD et Ad. MARIE. Relié, tr. dor.; 11 fr. toile, tr. dor.; 10 fr., broché. . . . .   7 »

DESNOYERS (LOUIS). *Aventures de Jean-Paul Choppart, 1 vol. illustré de nombreuses vignettes par GIACOMELLI, nouv. édit. augmentée de gravures hors texte par CHAM. 1 vol. in-8°. Relié, tranches dorées, 11 fr.; toile, tranches dorées, 10 fr.; broché..   7 »

FATH (GEORGES). Un drôle de voyage, 1 beau vol. in-8° ill. Relié, tr. dor. 11 fr.; toile, tr dor., 10 fr.; br.   7 »

FLAMMARION (CAMILLE.✻*Histoire du Ciel, 1 vol. Nombreuses grav. et une carte sidérale par BENETT.

Gr. in-8°. Rel., tr. dor., 14 fr.; toile. tr. dor., 12fr.; br. 9 »

GENNEVRAYE. Théâtre de famille. 1 beau vol. in-8°, illustré par GEOFFROY. Relié, tr. dorées, 11 fr.; toile, tr. dorées, 10 fr.; broché. . . . . 7 »

—— † **La petite Louisette,** 1 vol. in-8° ill. par AD. MARIE. Rel., tr. dor., 11 fr.; toile, tr. dor., 10fr.; br. 7 »

GRAMONT (LE COMTE DE). Les Bébés, poésies de l'enfance, illustrées par OSCAR PLETSCH. 1 vol. in-8°. Relié, tr. dor., 11 fr.; toile, tr. dor., 10 fr.; br. 7 »

—— **Les bons petits Enfants** (volume en prose), vignettes par LUDWIG RICHTER. 1 vol. in-8°. Relié, tr.dorées, 11 fr.; toile, tr.dorées, 10 fr.; broché . . . . 7 »

GRIMARD (ED.). *La Plante, 1 vol. in-8°, illustré de nombreuses vignettes. Relié, tranches dorées, 11 fr.; toile, tr. dor., 10 fr.; broché. . . . . 7 »

—— ***Le Jardin d'Acclimatation** (*Le Tour du Monde d'un naturaliste*), 1 vol. grand in-8°, illustré de nombreux dessins par BENETT, LALLEMAND, etc. Relié, tr. dorées, 14 fr.; toile, tr. dorées, 12 fr.; broché... 9 »

HUGO (VICTOR).※*Le livre des Mères (*les Enfants*), la fleur des poésies de Victor Hugo ayant trait à l'enfance, illustré par FROMENT. 1 vol. in-8°. Relié, tr. dorées, 11 fr.; toile, tr. dorées, 10 fr.; broché. . . . . 7 »

LAPRADE (VICTOR DE). ※Le Livre d'un Père, 1 vol. in-8°, illustré par FROMENT. Relié, tranches dorées, 11 fr.; toile, tranches dorées. 10 fr.; broché. . 7 »

LAURIE (ANDRÉ). Mémoires d'un collégien. 1 vol. in-8° illustré par GEOFFROY. Relié, tr. dorées 11 fr.; toile tr. dorées, 10 fr.; broché. . . . . 7 »

—— **La vie de collège en Angleterre,** 1 vol. in-8°, illustré par PHILIPPOTEAUX. Relié, tr. dorées, 11 fr.; toile, tr. dorées, 10 fr.; broché. 7 »

—— **Une année de collège à Paris,** 1 vol. in-8° illustré par GEOFFROY. Relié, tranches dorées, 11 fr.; toile, tr. dorées, 10 fr.; broché. . . . . 7 »

—— † **Histoire d'un Ecolier hanovrien,** 1 vol. illustré par MAILLARD. Relié, tr. dor., 11 fr.; toile, tr. dor., 10 fr.; broché. . . . . 7 »

—— † **L'Héritier de Robinson.** 1 vol. illustré par BENETT. Relié, tr. dor., 11 fr.; toile, tr. dor., 10 fr.; broché . . . . 7 »

LEGOUVÉ (E.). La Lecture en famille. 1 vol. in-8°, illustré par BENETT, GEOFFROY, TONY JOHANNOT, etc. Relié, tr. dor., 11 fr.; toile, tr. dor., 10 fr.; broché 7 »

—— **※*Nos Filles et nos Fils,** 1 vol. in-8°, illustré par PHILIPPOTEAUX. Relié, tranches dorées, 11 fr.; toile, tranches dorées, 10 fr.; broché. 7 »

MACÉ (JEAN). ※* Histoire d'une Bouchée de pain, illustrée par FRŒLICH. 1 vol. in-8°. Relié, tr. dorées, 11 fr.; toile, tr. dorées, 10 fr.; broché.. . . 7 »

—— **※*Les Serviteurs de l'Estomac,** 1 beau

vol. in-8°, illustré par FRŒLICH. Relié, tr. dor., 11 fr.; toile, tr. dor., 10 fr.; broché   7   »

JEAN MACÉ ✳**Les Contes du Petit Château**, ill. par BERTALL. 1 beau vol. in-8°. Relié, tranches dorées, 11 fr.; toile, tranches dorées, 10 fr.; broché.   7   »

—— ✳**Le Théâtre du Petit-Château**, 1 beau vol. in-8° sur vélin, illustré par FROMENT. Relié, tr. dorées, 11 fr.; toile, tranches dorées, 10 fr.; broché. .   7   »

—— ✳**Histoire de deux petits marchands de pommes** (*Arithmétique du Grand-Papa*), illustrations de YAN'DARGENT. 1 vol. in-8°. Relié, tranches dorées, 11 fr.; toile, tranches dorées, 10 fr.; broché.   7   »

MALOT (HECTOR). ✳**Romain Kalbris**, dessins de E. BAYARD. 1 vol. in-8°. Relié, tr. dor., 11 fr.; toile, tr. dor., 10 fr.; broché   7   »

—— **Sans Famille**, *couronné par l'Académie française*, dessins de E. BAYARD, 1 vol. in-8° jésus. Relié, tr. dor., 15 fr.; toile, tr. dor., 13 fr.; broché   10   »

MARELLE (CHARLES). Le Petit Monde, 1 vol. in-8°, illustré de nombreux dessins et vignettes. Relié, tr. dor., 11 fr.; toile, tr. dor., 10 fr.; br. . . .   7   »

MAYNE-REID. (AVENTURES DE TERRE ET DE MER.) *Éditions adoptées pour la jeunesse.*

✳**Les Robinsons de terre ferme**, 1 vol. in-8°, ill. par H. MEYER. Rel., tr. dor., 11 fr.; toile, tr. dor., 10 fr.; broché   7   »

—— ✳**William le Mousse**, 1 vol. in-8°, illustré par RIOU. Relié, tr. dor., 11 fr.; toile, tr. dor., 10 fr.; br. .   7   »

—— ✳**Les Jeunes Esclaves**, 1 vol. in-8°, illustré par RIOU. Relié, tr. dor., 11 fr.; toile, tr. dor., 10 fr.; br.   7   »

—— ✳**Le Désert d'eau**, 1 vol. in-8°, illustré par BENETT. Relié, tr. dorées, 11 fr.; toile, tr. dor., 10 fr.; br.   7   »

—— ✳**Les Naufragés de l'île de Bornéo**, 1 vol. illustré par FÉRAT. Relié, tr. dorées, 11 fr.; toile, tr. dorées, 10 fr.; broché   7   »

—— ✳**La Sœur perdue**, 1 vol. in-8°, illustré par RIOU. Relié, tr. dor., 11 fr.; toile, tr. dor., 10 fr.; br. . . .   7   »

—— ✳**Les Planteurs de la Jamaïque**, 1 vol. in-8°, ill. par FÉRAT. Relié, tranches dorées, 11 fr.; toile, tranches dorées, 10 fr.; broché   7   »

—— ✳**Les deux Filles du squatter**, 1 vol. in-8°, ill. par JOHN DAVIS. Relié, tranches dorées, 11 fr.; toile, tranches dorées, 10 fr.; broché.   7   »

—— ✳**Les jeunes Voyageurs**, 1 vol. in-8°, ill. par JOHN DAVIS. Relié, tranches dorées, 11 fr.; toile, tr. dorées, 10 fr.; broché.   7   »

—— ✳**Les Chasseurs de chevelures**, 1 vol. in-8°, ill. par PHILIPPOTEAUX. Relié, tranches dorées, 11 fr.; toile, tranches dorées, 10 fr.; broché.   7   »

—— ✳**Le Petit Loup de Mer**, 1 vol. in-8°, illustré par BENETT, relié, tr. dor., 11 fr.; toile, tr. dor., 10 fr.; br.   7   »

—— **Le Chef au bracelet d'or**, 1 vol. in-8°, illust. par

BENETT. Rel., tr. dor., 11 fr.; toile, tr. dor., 10 fr.; br. . . **7** »

MAYNE-REID. Les Exploits des Jeunes Boërs, 1 vol. in-8 illustré par Riou. Relié tranches dorées, 11 fr.; toile, tranches dorées, 10 fr.; broché. . . . . **7** »

————— **La Montagne perdue.** 1 vol. in-8°, ill. par Riou. Rel. tr. dor., 11 fr.; toile, tr. dor., 10 fr.; br. **7** »

————— **†Les Emigrants du Transwall,** 1 vol. in-8° illustré par Riou, relié, tr. dor., 11 fr.; toile, tr. dor., 10 fr.; broché. . . . . **7** »

DE MEISSAS (L'ABBÉ), Chapelain de Sainte-Geneviève. **Histoire Sainte,** comprenant l'Ancien et le Nouveau Testament, avec nombreuses vignettes par GÉRARD SÉGUIN. 1 vol. gr. in-8°. Relié, tr. dorées, 14 fr.; toile, tranches dorées, 12 fr.; broché.. . . . . . **9** »

MULLER (EUGÈNE).※*La Jeunesse des Hommes célèbres, illustrations par BAYARD. 1 vol. in-8°. Relié, tr. dorées, 11 fr.; toile, tr. dor., 10 fr.; br. . . . **7** »

————— ※***La Morale en action par l'Histoire,** 1 vol. in-8°, illustrations par P. PHILIPPOTEAUX. Relié, tranches dor., 11 fr.; toile, tr. dor., 10 fr.; broché. . **7** »

————— **Les Animaux célèbres,** illustrations par GEOFFROY, 1 vol. in-8°. Relié, tr. dorées, 11 fr.; toile, tranches dorées, 10 fr.; broché. . . . . **7** »

RATISBONNE (LOUIS).※*La Comédie enfantine *(couronnée par l'Académie française).* PREMIÈRES ET DERNIÈRES SCÈNES, RÉUNIES EN UN VOLUME IN-8°, AVEC TOUTES LES GRAVURES DE FROMENT ET DE GOBERT de la première édition. Relié, tranches dorées, 11 fr.; toile, tranches dorées, 10 fr.; broché. **7** »

SAINTINE (X.-B.).※*Picciola, 47° édition, illustré à nouveau par FLAMENG. 1 vol. in-8°. Relié, tranches dorées, 11 fr.; toile, tranches dorées, 10 fr.; broché. **7** »

SANDEAU (J.). ※* La Roche aux Mouettes, illustré par BAYARD et FÉRAT. 1 vol. in-8°. Relié, tr. dorées. 11 fr.; cart. toile, tr. dor., 10 fr.; broché. **7** »

————— **Madeleine,** illus. par BAYARD, 1 vol. in-8°. Rel., tr. dor., 11 fr.; cart. toile, tr. dor., 10 fr.; broché **7** »

————— **Mlle de la Seiglière,** 1 beau vol. in-8°, ill. par BAYARD. Relié, tr. dor., 11 fr.; toile, tr. dor., 10 fr.; br. **7** »

SAUVAGE (ÉLIE). La Petite Bohémienne, illustrations par FRŒLICH. 1 vol. in-8°. Relié, tr. dor., 11 fr.; toile, tr. dorées, 10 fr.; br. . . . . **7** »

SÉGUR (LE COMTE ANATOLE DE). Fables, illustrées par FRŒLICH. 1 beau vol. in-8°. Rel., tr. dor., 11 fr.; cart. toile, tr. dor., 10 fr.; br. . . . . **7** »

P.-J STAHL. ※*Contes et Récits de Morale familière *(couronnés par l'Académie française),* 1 vol. in-8° illustré. Relié, tr. dor., 11 fr.; toile, tr. dor., 10 fr.; broché . . . . **7** »

————— ※***Histoire d'un Ane et de deux jeunes Filles** *(couronnée par l'Académie française).*

Vignettes par Th. Schuler. 1 vol. in-8°. Relié, tr. dorées, 11 fr.; toile, tranches dorées, 10 fr.; broché.   7   »

P.-J. STAHL. ✳Les Patins d'argent (Histoire d'une famille hollandaise), *ouvrage couronné par l'Académie française*, d'après M. Mapes Dodge. 1 vol. in-8°, illustré par Th. Schuler. Relié, tr. dor., 11 fr.; toile, tr. dor., 10 fr.; broché.   7   »

—— ✳* Maroussia *(ouvrage couronné par l'Académie française)*, d'après Markovohzog, 1 vol. in-8°, ill. par Th. Schuler. Relié tr. dorées, 11 fr.; toile, tr. dorées, 10 fr.; broché.   7   »

—— ✳Les Histoires de mon Parrain, 1 vol. in-8°, illustré par Frœlich. Relié, tr. dorées, 11 fr.; toile, tranches dorées, 10 fr.; broché.   7   »

—— Les Quatre Filles du docteur Marsch, 1 vol. in-8°, illustré par A. Marie. Relié, tr. dorées, 11 fr.; toile, tr. dorées, 10 fr.; broché.   7   »

—— Jack et Jane, 1 vol. in-8°, illustré par Geoffroy. Rel. tr. dor., 11 fr.; toile, tr. dor., 10 fr.; broché.   7   »

—— † Les quatre peurs de notre général, 1 vol. in-8°, illustré par Bayard et A. Marie. Relié, tr. dor., 11 fr.; toile, tr. dor., 10 fr.; broché.   7   »

P.-J. STAHL ET MULLER. ✳Le nouveau Robinson Suisse, revu et traduit par P.-J. Stahl et Muller, mis au courant de la science moderne par Jean Macé, environ 150 dessins de Yan'Dargent. 1 vol. gr. in-8°. Relié, tr. dorées, 14 fr.; toile, tr. dor., 12 fr.; broché.   9   »

LOUIS DU TEMPLE, capitaine de frégate. *Les Sciences usuelles et leurs applications mises à la portée de tous. 1 vol. gr. in-8° orné de 300 fig. Relié, tranches dorées, 11 fr.; toile, tr. dor., 10 fr.; broché.   7   »

——✳*Communications et transmissions de la pensée. 1 vol. in-8° orné de 180 fig. Relié, tranches dorées, 11 fr.; toile, tranches dorées, 10 fr.; broché. .   7   »

VIOLLET-LE-DUC. ✳*Histoire d'un Dessinateur, texte et dessins par Viollet-le-Duc, 1 vol. in-8°. Relié, tr. dorées, 11 fr.; toile, tr. dor., 10 fr.; broché.   7   »

—— ✳*Histoire d'une Maison. Texte et dessins par Viollet-le-Duc. 1 vol. in-8°. Relié, tranches dorées, 11 fr.; toile, tranches dorées, 10 fr.; broché.   7   »

—— ✳*Histoire d'une Forteresse. Texte et dessins par Viollet-le-Duc. 1 vol. in-8°. Relié, tr. dorées, 14 fr.; toile, tranches dorées, 12 fr.; broché   9   »

—— ✳*Histoire de l'Habitation humaine. Texte et dessins par Viollet-le-Duc. 1 vol. in-8°. Relié, tr. dorées, 14 fr.; toile, tr. dor., 12 fr.; broché   9   »

—— ✳*Histoire d'un Hôtel de ville et d'une Cathédrale. Texte et dessins par Viollet-le-Duc. 1 vol. in-8°. Relié, tranches dorées, 14 fr.; toile, tranches dorées, 12 fr.; broché.   9   »

BIBLIOTHÈQUE

3 Fr.
Broché

D'ÉDUCATION & DE RÉCRÉATION

4 Fr.
Cartonné

VOLUMES IN-18 ILLUSTRÉS

Brochés, 3 fr. — Cartonnés toile, tranches dorées, 4 fr.

ALDRICH.	†Un Écolier américain	1 v.
ANQUEZ.	※*Histoire de France	1 v.
ASTON (G.)	*L'Ami Kips	1 v.
AUDOYNAUD.	Entretiens sur la Cosmograph.	1 v.
BENTZON.	*Yette	1 v.
BERTRAND (Alex.).	※*Lettres sur les révol. du globe.	1 v.
BIART (Lucien).	※*Avent. d'un jeune naturaliste.	1 v.
—	※*Entre frères et sœurs.	1 v.
—	*Monsieur Pinson.	1 v.
— (Voyages involontaires)	*La Frontière indienne.	1 v.
—	*Le Secret de José.	1 v.
—	†Lucia Avila.	1 v.
BLANDY (S.).	※*Le petit Roi.	1 v.
—	†Les Épreuves de Norbert	1 v.
BOISSONNAS (B.)	※*Une famille pendant la guerre 1870-71 (ouc. cour.)	1 v.
—	※Un Vaincu	1 v.
BRÉHAT (de)	※*Aventures d'un petit Parisien.	1 v.
—	Aventures de Charlot.	1 v.
CANDÈZE (Dᶜ)	*Aventures d'un Grillon.	1 v.
—	*La Gileppe	1 v.
CHAZEL (Prosper)	Le Chalet des Sapins.	1 v.
CLÉMENT (Ch.)	※*M.-Ange, Raphaël, L. de Vinci	1 v.
DEQUET.	*Histoire de mon Oncle	1 v.
DESNOYERS (Louis)	*Jean-Paul Choppart	1 v.
ERCKMANN-CHATRIAN.	※*Le Fou Yégof ou l'Invasion.	1 v.
—	※*Madame Thérèse	1 v.
—	Les États généraux (1789).	1 v.
— (※*Histoire d'un Paysan.)	La Patrie en danger (1792).	1 v.
—	L'An I de la République (93).	1 v.
—	Le Citoyen Bonaparte (1794-1815).	1 v.
FARADAY (M.)	※*Histoire d'une Chandelle.	1 v.
FATH (G.)	Un drôle de Voyage	1 v.
FOUCOU.	*Histoire du travail.	1 v.
GÉNIN	La Famille Martin.	1 v.
GENNEVRAYE	†Théâtre de famille.	1 v.
GRATIOLET (P.)	※De la physionomie.	1 v.
GRIMARD.	Histoire d'une goutte de sève.	1 v.
—	*Le Jardin d'Acclimatation.	1 v.
HIRTZ (Mˡˡᵉ).	Méthode de coupe et de confection pour les vêtements de femmes et d'enfants. 154 gr.	1 v.

IMMERMANN.	La Blonde Lisbeth.	1 v.
LAPRADE (V. de)	✳Le Livre d'un père.	1 v.
LAURIE (André)	La Vie de collège en Angleterre	1 v.
—	†Mémoires d'un Collégien . . .	1 v.
LAVALLÉE (Th.).	Frontières de la France (*cour.*)	1 v.
LEGOUVÉ (E.)✳*Les Pères et les En-}	Enfance et Adolescence	1 v.
fants au xixᵉ siècle⁄	La Jeunesse	1 v.
—	✳*Nos Filles et nos Fils	1 v.
LOCKROY (Mᵐᵉ)	Contes à mes Nièces	1 v.
MACÉ (Jean).	*Arithmétique du Grand-Papa.	1 v.
—	✳*Contes du Petit Château	1 v.
—	✳*Histoire d'une Bouchée de pain.	1 v.
—	✳*Les Serviteurs de l'estomac..	1 v.
MAURY (commandant).✳*Géographie physique.		1 v.
—	✳Le Monde où nous vivons. . .	1 v.
MAYNE-REID.	✳*William le Mousse.	1 v.
—	*Les Jeunes Esclaves.	1 v.
—	✳*Le Désert d'eau	1 v.
—	Les Exploits des jeunes Boërs	1 v.
—	✳*Les Chasseurs de Girafes. . . .	1 v.
—	*Les Naufragés de l'île de Bornéo	1 v.
—	*La Sœur perdue.	1 v.
—	✳*Les Planteurs de la Jamaïque.	1 v.
—	✳*Les deux Filles du Squatter. .	1 v.
—	*Les Jeunes voyageurs.	1 v.
—	✳*Les Robinsons de Terre ferme.	1 v.
—	*Les Chasseurs de Chevelures.	1 v.
—	Le Chef au bracelet d'or. . . .	1 v.
—	*Le petit Loup de mer	1 v.
—	†La Montagne perdue.	1 v.
—	†La Terre de Feu..	1 v.
MORTIMER D'OCAGNE..	✳Les Grandes Écoles de France	1 v.
MULLER (Eugène). . . .	✳*Jeunesse des Hommes célèbres.	1 v.
—	✳*Morale en action par l'histoire.	1 v.
NODIER (Ch.).	Contes choisis.	2 v.
NOËL (Eugène).	La Vie des Fleurs.	1 v.
PARVILLE (de).	Un Habitant de la planète Mars.	1 v.
RATISBONNE (Louis) .	✳*Comédie enfantine (*ouv. cour.*).	1 v.
RECLUS (Elisée).	✳Histoire d'un Ruisseau.	1 v.
—	Histoire d'une Montagne . . .	1 v.
RENARD	✳*Le Fond de la Mer..	1 v.
SANDEAU (Jules) . . .	✳*La Roche aux Mouettes. . . .	1 v.
SILVA (de).	Le Livre de Maurice.	1 v.
SIMONIN..	✳Histoire de la Terre	1 v.
STAHL (P.-J.)..	✳*Contes et récits de Morale familière.	1 v.

(*Ouvrage couronné* adopté par les conférences
cantonales d'instituteurs et les commissions
départementales, et compris dans la circulaire ministérielle du 17 novembre 1883.)

—	✳*Histoire d'un Ane et de deux jeunes Filles (*ouor. cour.*) .	1 v.
—	✳Les Patins d'argent (*ouo. cour.*)	1 v.
—	La famille Chester, adaptation.	1 v.

STAHL (P.-J.)	✻Les Histoires de mon parrain.	1 v.
—	✻*Maroussia (*ouv. cour.*)	1 v.
—	Les 4 Peurs de notre général	1 v.
—	Les 4 Filles du Dr Marsch	1 v.
—	✻*Mon 1er Voyage en mer	1 v.
STAHL ET MULLER	✻Le nouveau Robinson suisse.	1 v.
STAHL et DE WAILLY	✻Les Vacances de Riquet	1 v.
—	*Mary Bell, William et Lafaine.	1 v.
TYNDALL	✻*Dans les Montagnes	1 v.
VALLERY-RADOT (René)	✻*Journal d'un Volontaire d'un an (*ouvr. couronné*)	1 v.
VERNE (Jules). ✻* Histoire des grands Voyages et des grands Voyageurs.	Découverte de la Terre	2 v.
	Les grands Navigateurs du XVIIIe siècle	2 v.
	Les Voyageurs au XIXe siècle	2 v.
ZURCHER et MARGOLLÉ	✻*Les Tempêtes	1 v.
—	✻*Histoire de la Navigation	1 v.
—	✻*Le Monde sous-marin	1 v.

VOLUMES IN-18

Brochés, 3 fr. — Cartonnés toile, tranches dorees, 4 fr.

AMPÈRE (A.-M.)	✻Journal et correspondance	1 v.
ANDERSEN	Nouveaux Contes suédois	1 v.
BERTRAND (J.)	*Les Fondateurs de l'astronomie	1 v.
BRACHET (A.)	✻*Grammaire historique (préface de LITTRÉ) (*ouv. couronné*).	1 v.
CARLEN	Un brillant Mariage	1 v.
DUBAIL	Cours classique de Géographie	1 v.
DURAND (Hip.)	Les grands Prosateurs	1 v.
—	Les grands Poëtes	1 v.
EGGER	*Histoire du Livre	1 v.
FRANKLIN (J.)	Vie des Animaux	6 v.
GRAMONT (Comte de)	Les Vers français (*ouv. cour.*).	1 v.
HIPPEAU (Mme)	✻*Cours d'économie domestique.	1 v.
HUGO (Victor)	✻*Les Enfants (Le Livre des Mères)	1 v.
LAVALLÉE (Th.)	Histoire de la Turquie	2 v.
LEGOUVÉ (E.)	✻*L'Art de la Lecture	1 v.
—	✻Conférences parisiennes	1 v.
—	La Lecture en action	1 v.
MACAULAY	✻Histoire et Critique	1 v.
MICKIEWICZS (Adam)	Histoire de la Pologne	1 v.
ORDINAIRE	Dictionnaire de mythologie	1 v.
—	*Rhétorique nouvelle	1 v.
ROULIN (F.)	✻*Histoire naturelle	1 v.
SAYOUS	✻*Conseils à une mère	1 v.
—	✻Principes de littérature	1 v.
STEVENSON	†L'Ile au Trésor	1 v.
SUSANE (général)	Histoire de la Cavalerie	3 v.
—	Histoire de l'Artillerie	1 v.
THIERS	✻Histoire de Law	1 v.

VERNE (Jules). **Voyages extraordinaires** (*couronnés*) :
—	※*Aventures de 3 Russes et de 3 Anglais.	1 v.
— Aventures du	(※*Les Anglais au pôle Nord. . .	1 v.
— capitaine Hatteras.	)※*Le Désert de Glace.	1 v.
—	※*Le Chancellor	1 v.
—	※*Cinq semaines en ballon (*ouvr. cour.*). .	1 v.
—	※*De la Terre à la Lune (*ouvr. cour.*) . .	1 v.
—	*Autour de la Lune (*ouvr. cour.*)	1 v.
—	※Le docteur Ox	1 v.
— Les Enfants	(※*L'Amérique du Sud.	1 v.
—	※*L'Australie	1 v.
— du capitaine Grant.	)※*L'Océan Pacifique.	1 v.
—	(※*Les Naufragés de l'air	1 v.
— L'Île Mystérieuse.	)※*L'Abandonné	1 v.
—	(※*Le Secret de l'île.	1 v.
—	※*Le Pays des Fourrures.	2 v.
—	※*Vingt mille lieues sous les Mers (*cour.*)	2 v.
—	※*Le Tour du Monde en 80 jours.	1 v.
—	※*Une Ville flottante	1 v.
—	※*Voyage au centre de la Terre (*ouv. cour.*)	1 v.
—	※*Michel Strogoff	2 v.
—	*Les Indes-Noires.	1 v.
—	*Hector Servadac.	2 v.
—	※*Un Capitaine de quinze ans	2 v.
—	*Les Cinq Cents Millions de la Bégum.	1 v.
—	※Les Tribulations d'un Chinois en Chine	1 v.
—	*La Maison à vapeur	2 v.
—	*La Jangada.	2 v.
—	L'Ecole des Robinsons.	1 v.
—	Le Rayon-Vert	1 v.
—	Kéraban-le-Têtu.	2 v.
—	†L'Archipel en feu.	1 v.
—	†L'Etoile du Sud.	1 v.
WENTWORTH-HIGGINSON.	Histoire des États-Unis . . .	1 v.

VOLUMES IN-18. — PRIX DIVERS
(Suite de la Collection *Éducation et Récréation.*)

A. BRACHET.	*Dictionnaire étymologique de la langue franç. (*ouv. cour.*).	8 fr.
CHENNEVIÈRES (de). . .	Aventures du petit roi saint Louis devant Bellesme . . .	5 fr.
CLAVÉ (J.).	Principes d'économie politique	2 fr.
DUBAIL.	※Géogr. de l'Alsace-Lorraine.	1 fr.
GRIMARD (Ed.)	※La Botanique à la campagne.	5 fr.
LEGOUVÉ (E.).	Petit Traité de la lecture. . .	1 fr.
—	L'art de la lecture (complément)	1 fr.
MACÉ (Jean).	※Théâtre du Petit-Château. . .	2 fr.
—	※Arithmétique du Grand-Papa	1 fr.
PETIT (A.)	Grammaire de la Ponctuation.	3 50
—	Extr. de la gram. de la Ponct.	» 50
SOUVIRON	*Dict. des termes techniques. .	6 fr.

LIBRAIRIE GÉNÉRALE

VICTOR HUGO

ŒUVRES COMPLÈTES *(Ne varietur)*
Édition définitive
SUR LES MANUSCRITS ORIGINAUX

DEVANT COMPRENDRE TOUTES LES ŒUVRES PARUES ET A PARAITRE

POÉSIE

I. *Odes et Ballades. (Préface inédite) 1 vol.*
II. *Les Orientales. — Les Feuilles d'automne. 1 vol.*
III. *Chants du Crépuscule. — Voix intérieures. — Rayons et Ombres. 1 vol.*
IV. *Les Châtiments. 1 vol.*
V.-VI. *Les Contemplations. 2 vol.*
VII.-X. *La Légende des Siècles. 4 v.*
XI. *Chansons des Rues et des Bois. 1 vol.*
XII. *L'Année Terrible 1 vol.*
XIII. *L'Art d'être grand-père. 1 vol.*
XIV. *Le Pape. — La Pitié suprême. — Religions et Religion. — L'Ane. 1 vol.*
XV.-XVI. *Les Quatre vents de l'Esprit. 2 vol.*

PHILOSOPHIE

I. *Littérature et Philosophie mêlées. 1 vol.*
II. *William Shakespeare. 1 v.*

VOYAGES

Le Rhin. 2 vol.

DRAME

I. *Cromwell. 1 vol.*
II. *Hernani. — Marion de Lorme. — Le Roi s'amuse. 1 vol.*
III. *Lucrèce Borgia. — Marie Tudor. — Angelo. (1 acte inédit.) 1 vol*
IV. *Ruy-Blas. — La Esmeralda. — Les Burgraves. 1 vol.*

ROMAN

I. *Han d'Islande. 1 vol.*
II. *Bug-Jargal. — Dernier jour d'un condamné. — Claude Gueux. 1 vol.*
III.-IV. *Notre-Dame de Paris. 2 vol.*
V.-IX. *Les Misérables 5 vol.*
X.-XI. *Les Travailleurs de la Mer (précédé de l'Archipel de la Manche.) 2 vol.*
XII-XIII. *L'Homme qui rit. 2 vol.*
XIV. *Quatre-vingt treize. 1 vol.*

HISTOIRE

I. *Napoléon le Petit. 1 vol.*
II.-III. *Histoire d'un crime. 2 vol.*

ACTES ET PAROLES

I. *Avant l'exil. 1 vol.*
II. *Pendant l'exil. 1 vol.*
III. *Depuis l'exil. 1 vol.*

VICTOR HUGO raconté. 2 vol.

46 VOL. IMPRIMÉS AVEC LE PLUS GRAND LUXE SUR PAPIER SPÉCIAL
Prix de chaque volume : 7 fr. 50 broché, 10 fr. relié.

L'ŒUVRE DE VICTOR HUGO
EXTRAIT
Édition du monument. Un volume in-18 de 252 pages. . . . . . **1 franc**

ÉDITIONS POPULAIRES ILLUSTRÉES

VICTOR HUGO

LES TRAVAILLEURS DE LA MER
70 DESSINS PAR CHIFFLART.
L'ouvrage complet : *Broché, 4 fr.; cartonné toile, 6 fr. 50 c.*

ROMANS ILLUSTRÉS
158 DESSINS DE BRION, GAVARNI, BEAUCE ET RIOU.
Un volume grand in-8⁰, contenant : **Notre-Dame de Paris. — Han d'Islande. — Bug-Jargal. — Dernier jour d'un Condamné et Claude Gueux.**
Broché, 9 fr.; toile, tr. dorées, 12 fr.

POÉSIES ILLUSTRÉES
ILLUSTRÉES PAR BEAUCÉ, E. LORSAY, GERARD SÉGUIN.
Odes et Ballades. 1 80. — **Voix Intérieures. Les Rayons et les Ombres.** 1 35. — **Les Orientales.** » 75. — **Les Feuilles d'automne. Les Chants du Crépuscule.** 1 35.
QUATRE SÉRIES RÉUNIES EN UN VOLUME CONTENANT 77 DESSINS
Br., 4 fr. 50; cart. toile, tr. dor., 7 fr.

LE RHIN
120 Dessins par BEAUCÉ et LANCELOT. — Un vol. gr. in-8 illustré
Br., 4 fr. 50; toile, tr. dor., 7 fr.

ŒUVRE POÉTIQUE ELZÉVIRIENNE
FORMANT 10 VOL. in-18 RAISIN
57 fr. 50 Édition elzévirienne sur papier vergé de Hollande **57 fr. 50**
Dessins et Ornements par E. FROMENT.
Chaque volume se vend séparément :

Odes et Ballades, 1 vol. 7 50
Orientales. 1 vol. .... 4 »
Feuilles d'automne. 1 vol. .... 4 »
Chants du crépuscule. 1 vol. .... 4 »
Voix Intérieures, 1 vol. .... 4 »
Rayons et Ombres. 1 vol. .... 4 »
Contemplations, 2 vol. à 7 fr. 50. .... 15 »
La Légende des siècles, 1 vol. 7 50
Les Chansons des rues et des bois, 1 vol. 7 50

Les 10 volumes : 57 fr. 50. — Reliure d'amateur : 97 fr. 50

J. MICHELET

HISTOIRE DE FRANCE

Complète en cinq Volumes grand in-8° illustrés

PAR

VIERGE, VIOLLET-LE-DUC, CLERGET, RIOU, ETC., ETC.

Chaque Volume, relié, tr. dorées, 12 fr.;
toile, tranches dorées, 10 fr., broché, 7 fr.

HISTOIRE DE LA RÉVOLUTION FRANCAISE

Complète en quatre Volumes grand in-8° illustrés

PAR

VIERGE, VIOLLET-LE-DUC, CLERGET, RIOU, ETC.

Chaque volume broché, 5 francs.

Les tomes I et II réunis en un volume, toilo, 13 fr.; relié, 15 francs.
  —   III et IV   —   — 13 — 15 —

PUBLICATION

FAITE PAR ORDRE DU MINISTRE DE LA MARINE

LA MARINE

A L'EXPOSITION FRANÇAISE DE 1878

Deux grands volumes in-8° accompagnés de leur Atlas

PRIX : 80 FRANCS

ERCKMANN-CHATRIAN

ŒUVRES COMPLÈTES parues : 43 fr. 20 BROCHÉES	ŒUVRES COMPLÈTES ROMANS NATIONAUX ILLUSTRÉS PAR TH. SCHULER, RIOU ET PUCHS.	ŒUVRES COMPLÈTES parues : 49 fr. CARTONNÉES

Le Conscrit de 1813............1 volume à 1 40
*Madame Thérèse................ — 1 40
✷*L'Invasion .... — 1 60
Waterloo .... — 1 80
L'Homme du peuple.............. — 1 70
La Guerre...................... — 1 40
✷*Le Blocus .... — 1 60

Un très beau volume grand in-8° illustré de 182 dessins.

Broché, 10 fr.; toile, tr. dor., 13 fr.; relié, tr. dor., 15 fr.

CONTES ET ROMANS POPULAIRES

Illustrés par BAYARD, BENETT, GLUCK et TH. SCHULER.

Maître Daniel Rock..................	1 volume à	1 20
L'illustre docteur Matheus	—	1 40
Hugues le Loup...................	—	1 40
Contes des bords du Rhin...........	—	1 30
Joueur de clarinette...............	—	1 60
Maison forestière	—	1 20
L'ami Fritz......................	—	1 30
Le Juif polonais..................	—	1 50

Un très beau volume grand in-8° illustré de 171 dessins.

Broché, 10 fr.; toile, tr. dor., 13 fr.; relié, tr. dor., 15 fr.

✱ HISTOIRE D'UN PAYSAN

La Révolution française racontée par un paysan

Illustrations de Théophile SCHULER. L'ouvrage complet, en 1 volume,
broché, 7 fr.; toile, tr. dor., 10 fr.; relié, 12 fr.

CONTES ET ROMANS ALSACIENS

Illustrés par SCHULER.

Histoire du Plébiscite............	1 volume à	2 »
Les Deux frères..................	—	1 50
Histoire d'un sous-maître	—	1 30
✳✱Le brigadier Frédéric...........	—	1 20
Une campagne en Kabylie.........	—	1 40
Maître Gaspard Fix	—	2 »
Souvenirs d'un ancien Chef de chantier	—	1 10

Un très beau volume grand-in-8° illustré de 133 dessins par Schuler.

2 figures allégoriques par MATTHIS, 4 cartes par SÉDILLE.

Broché, 10 francs; toile, tr. dor., 13 francs; relié, 15 francs.

Contes Vosgiens, illustrés par PHILIPPOTEAUX, ... 1 fr. 30

Le Grand-Père Lebigre, illustré par LALLEMAND et BENETT. 1 fr. 30

Les Vieux de la Vieille, illustré par LIX. .... 1 fr. 40

LE BANNI, illustré par LIX .... 1 fr. 20

Quelques mots sur l'esprit humain, 1 vol. in-8°, non illustré. 1 fr.

Les œuvres d'ERCKMANN-CHATRIAN sont publiées aussi en 31 volumes in-18
à 3 fr. chacun et 2 volumes in-18 à 1 fr. 50. — Voir p. 28.

OUVRAGES DIVERS :

GAVARNI-GRANDVILLE

Le Diable à Paris, *Paris à la plume et au crayon,*
1,508 dessins, dont 600 grandes scènes et types avec
légendes de GAVARNI et 908 dessins par GRAND-
VILLE, BERTALL, CHAM, DANTAN, etc.; texte par
BALZAC, ALFRED DE MUSSET, VICTOR HUGO,
GEORGE SAND, STAHL, BARBIER, SUE, LAPRADE,
SOULIÉ, NODIER, GOZLAN, GUSTAVE DROZ,
ROCHEFORT, VILLEMOT, Mme DE GIRARDIN, etc.
L'ouvrage complet forme 4 beaux volumes grand
in-8°. Relié, tranches dorées, 44 fr.; toile, tranches
dorées, 40 fr.; broché.................... 28 »

Prix de chaque vol.: relié, tranches dorées,
11 fr.; toile, tranches dorées, 10 fr.; broché..... 7 »

GRANDVILLE

Les Animaux peints par eux-mêmes, scènes de
la vie privée et publique des animaux, sous la
direction de P.-J. STAHL, avec la collaboration de
BALZAC, GUSTAVE DROZ, BENJAMIN FRANKLIN,
JULES JANIN, ALFRED DE MUSSET, EUGÈNE SUE,
CHARLES NODIER, GEORGE SAND, P.-J. STAHL.
1 vol. grand in-8°, contenant 320 dessins. Chef-
d'œuvre de Grandville. Relié, tr. dor., 14 fr.; cartonné toile, tr. dor., 12 fr.; broché. . . . .   9 »

GŒTHE (KAULBACH)

Le Renard, traduit par E. GRENIER, illustré de
60 compositions par KAULBACH. 1 vol. gr. in-8°.
Relié, tr. dor., 11 fr.; toile, tr. dor., 10 fr.; broché.   7 »
   Le même ouvrage, en édition populaire grand
in-8°. Toile, tranches dorées, 5 fr.; broché. 2 50

GEORGE SAND

Romans champêtres. — 2 beaux vol. in-8°, illus-
trés par T. JOHANNOT. *La petite Fadette, la
Faucette du Docteur, André, la Mare au Diable,
François le Champi, Promenades autour d'un
Village.* Chaque vol., rel. tranches dorées, 15 fr.;
toile, tranches dorées, 13 fr.; broché . . . .   10 »

TOUSSENEL

L'Esprit des bêtes, 1 vol. toile, tr. dor., 7 fr.; broché.   5 »

HISTOIRE, POÉSIE, VOYAGES, ROMANS, LITTÉRATURE FRANÇAISE ET ÉTRANGÈRE

VOLUMES IN-18 A 3 FR.

AUDEVAL.	Les Demi-Dots	1 v.
—	La Dernière	1 v.
BADIN (Adolphe)	Marie Chassaing	1 v.
BENTZON (Th.).	Un Divorce	1 v.
LUCIE B..	Une maman qui ne punit pas.	1 v.
—	Aventures d'Edouard et justice des choses.	1 v.
BIART (Lucien)	Le Bizco	1 v.
—	Benito Vasquez.	1 v.
—	La Terre chaude.	1 v.
—	La Terre tempérée.	1 v.
—	Pile et Face	1 v.
—	Les Clientes du Dr Bernagius.	1 v.
BIXIO (BEPPA).	Vie du Général Nino Bixio. Traduction de l'italien. . . .	1 v.
CERVANTES	Don Quichotte (trad. nouvelle par Lucien Biart)	4 v.

CHAMFORT..	(Édition Stahl)	1 v.
DARYL (Ph.). . . .	La Vie publique en Angleterre.	1 v.
— La Vie	†Signe Meltroë.	1 v.
— partout.	†En Yacht.	1 v.
—	Lettres de Gordon à sa sœur.	1 v.
DAUDET (Alphonse). . .	Le Petit Chose.	1 v.
—	Lettres de mon moulin.	1 v.
DOMENECH (l'abbé). . .	La Chaussée des Géants	1 v.
—	Voyages et avent. en Irlande.	1 v.
DURANDE (Amédée). .	Carl, Joseph et Horace Vernet.	1 v.
ERCKMANN-CHATRIAN.	✳*Le Blocus.	1 v.
—	✳*Le Brigadier Frédéric	1 v.
—	Une Campagne en Kabylie. .	1 v.
—	Joueur de clarinette.	1 v.
—	Contes de la montagne.	1 v.
—	Contes des bords du Rhin. . .	1 v.
—	Contes populaires.	1 v.
—	Contes Vosgiens	1 v.
—	✳*Le Fou Yégof	1 v.
—	La Guerre	1 v.
—	✳*Histoire d'un Conscrit de 1813.	1 v.
—	Hist. d'un homme du peuple.	1 v.
—	✳*Hist. d'un paysan, compl. en	4 v.
—	✳*Histoire d'un sous-maitre . . .	1 v.
—	L'illustre docteur Mathéus . .	1 v.
—	✳*Madame Thérèse.	1 v.
—	— Edition allemande avec les dessins hors texte, 1 v., 3 fr.	
—	✳*Maitre Gaspard Fix.	1 v.
—	Le Grand-Père Lebigre	1 v.
—	La Maison forestière	1 v.
—	*Maitre Daniel Rock	1 v.
—	*Waterloo	1 v.
—	✳*Histoire du plébiscite	1 v.
—	✳Les Deux Frères	1 v.
—	Souv. d'un chef de chantier.. .	1 v.
—	L'ami Fritz, pièce.	1 v.
—	*Alsace	1 v.
—	Les Vieux de la Vieille	1 v.
—	Le Banni.	1 v.
—	†L'Art et les Grands Idéalistes.	1 v.
—	†Quelques mots sur l'esprit humain (nouvelle édition). . .	1 v.
ESQUIROS (Alph.) . . .	L'Angleterre et la vie anglaise.	5 v.
FAVRE (Jules).	Discours du bâtonnat.	1 v.
FLAVIO.	Où mènent les chemins de traverse	1 v.
GENEVRAY	Une Cause secrète.	1 v.
GORDON (Lady)	Lettres d'Egypte	1 v.
GOURNOT.	Essai sur la jeunesse contemporaine.	1 v.

GOZLAN (Léon).	Émotions de Polyd. Marasquin	1 v.
GRAMONT (comte de). .	Les Gentilshommes pauvres .	1 v.
—	Les Gentilshommes riches . .	1 v.
JANIN (Jules).	La Fin d'un monde. Le Neveu de Rameau.	1 v.
—	Variétés littéraires	1 v.
KŒCHLIN-SCHWARTZ. .	Un Touriste au Caucase . . .	1 v.
LADREYT (M.-Casimir).	†L'instruct. publique en France	1 v.
LAVALLÉE (Théophile).	Jean sans Peur.	1 v.
MORALE UNIVERSELLE.	Esprit des Allemands	1 v.
—	— Anglais.	1 v.
—	— Espagnols.	1 v.
—	— Grecs	1 v.
—	— Italiens	1 v.
—	— Latins.	1 v.
—	— Orientaux.	1 v.
OFFICIER EN RETRAITE (un).	L'Armée française en 1879.	1 v.
OLIVIER (Juste).	Le Batelier de Clarens.	2 v.
PICHAT (Laurent)	Gaston.	1 v.
—	Les Poètes de combat	1 v.
—	Le Secret de Polichinelle . . .	1 v.
POUJARD'HIEU	Les Chemins de fer	1 v.
—	Liberté et intérêts matériels .	1 v.
QUATRELLES.	Les 1001 Nuits matrimoniales.	1 v.
—	Voyage autour du grand monde	1 v.
—	La Vie à grand orchestre. . .	1 v.
—	Sans Queue ni Tête	1 v.
—	L'Arc-en-ciel.	1 v.
—	Petit Manuel du parfait Causeur parisien.	1 v.
—	Casse-Cou.	1 v.
—	Tout feu tout flamme	1 v.
—	Les Amours extravagantes de la princesse Djalavann. . .	1 v.
—	†Mon petit Dernier	1 v.
RIVE (DE LA).	Souvenirs sur M. de Cavour..	1 v.
ROBERT (Adrien). . . .	Le Nouveau Roman comique.	1 v.
ROLLAND (A.).	Mendelssohn (Lettres).	1 v.
SAND (George)	Promenades autour d'un vill.	1 v.
SOURDEVAL (DE)	Le Cheval à côté de l'homme et dans l'histoire.	1 v.
STAHL (P.-J.).	LES BONNES FORTUNES PARISIENNES :	
	— Les Amours d'un pierrot..	1 v.
	— Les Amours d'un notaire .	1 v.
—	Histoire d'un homme enrhumé. Voyage d'un étudiant . . . . }	1 v.
—	Histoire d'un Prince et Voyage où il vous plaira. . . . . . }	1 v.
STAHL (P.-J.)	L'Esprit des Femmes et les Femmes d'esprit . . . . . . }	1 v.
—	De l'Amour et de la Jalousie }	

Texier et Kæmpfen	Paris capitale du monde	1	v.
Tourguéneff (J.)	Dimitri Roudine	1	v.
—	Fumée (préface de Mérimées	1	v.
—	Une Nichée de gentilshommes	1	v.
—	Nouvelles moscovites	1	v.
—	Histoires étranges	1	v.
—	Les Eaux Printanières	1	v.
—	Les Reliques vivantes	1	v.
—	Terres vierges	1	v.
—	†Souvenirs d'Enfance	1	v.
—	†Œuvres dernières	1	v.
Trochu (Général)	Pour la vérité et pour la justice	1	v.
—	La politique et le siège de Paris	1	v.
Vallery Radot (René)	L'Étudiant d'aujourd'hui	1	v.
Vilars (François)	Un homme heureux	1	v.
Wilkie Collins	La Femme en blanc	2	v.
—	Sans Nom	2	v.
H. Wood (Mᵐᵉ)	Lady Isabel	2	v.

LIVRES IN-18 EN COMMISSION (3 FR.)

Anonyme	Mary Briant	1	v.
Arago (Etienne)	Les Bleus et les Blancs	2	v.
Baignières	Histoires modernes	1	v.
—	Histoires anciennes	1	v.
Bastide (A.)	Le Christianisme et l'esprit moderne	1	v.
Berchère	※L'Isthme de Suez	1	v.
Boullon (E.)	Chez nous	1	v.
Carteron (C.)	Voyage en Algérie	1	v.
Chauffour	Les Réformateurs du xvıᵉ siècle	2	v.
Dollfus (Charles)	La Confession de Madeleine	1	v.
Duvernet	La Canne de Mᵉ Desrieux	1	v.
Favier (F.)	L'Héritage d'un misanthrope	1	v.
Grenier	Poèmes dramatiques	1	v.
Habeneck (Ch.)	Chefs-d'œuvre du théâtre espagnol	1	v.
Huet (F.)	Histoire de Bordas Dumoulin	1	v.
Lancret (A.)	Les Fausses Passions	1	v.
Lavalley (Gaston)	Aurélien	1	v.
Laverdant (Désiré)	Don Juan converti	1	v.
—	La Renaissance de don Juan	2	v.
Lefèvre (André)	La Flûte de Pan	1	v.
—	La Lyre intime	1	v.
—	Les Bucoliques de Virgile	1	v.
Lesaack (Dʳ)	Les Eaux de Spa	1	v.
Nagrien (X.)	Prodigieuse Découverte	1	v.
Réal (Antony)	Les Atomes	1	v.
Simonin (Louis)	Les Pays lointains	1	v.
Steel	Haôma	1	v.
Vallory (Mᵐᵉ)	A l'aventure en Algérie	1	v.
Worms de Romilly	Horace (traduction)	1	v.

LIVRES EN COMMISSION
Prix divers

ANONYME	Le Prisme de l'âme	6 fr.
—	Mademoiselle Segeste	2 fr.
—	Rome	6 fr.
ANTULLY (Albéric d') .	Fantaisie	2 fr.
BRUIÈRE (S.)	Une Saison en Allemagne . . .	1 fr.
GUIMET (Émile)	L'Orient d'Europe au fusain, in-18	2 fr.
—	Esquisses scandinaves, 1 vol. in-18	3 fr.
—	Aquarelles africaines	2 50
LAVERDANT (Désiré) . .	Appel aux artistes	1 fr.
PAULTRE (E.)	Capharnaüm	6 fr.
PIRMEZ	Jours de solitude, 1 vol. in-8 .	6 fr.
RAYNALD	✻Histoire de la Restauration . .	5 fr.
RIVE (DE LA)	Souvenir de M. de Cavour . .	6 fr.
SCHNÉEGANS (A.)	Contes. 1 vol. in-18	2 fr.

VOLUMES IN-18 A PRIX DIVERS

ARAGO (E.)	L'Hôtel de Ville et le Gouvernement du 4 septbre 1870-71 .	3 50
L. AUBERT	Lettres sur l'instruct. oblig. .	» 50
BERTHET (André)	Mes Lunes	2 »
CHEVREUX (Mme)	André Marie et J.-J. Ampère. 2 vol. à 3 fr. 50	7 »
CHARRAS (colonel)	Hist. de la Guerre de 1815. 2 vol. avec atlas	7 »
A. DECOURCELLE	Les Formules du docteur Grégoire (Diction. du Figaro) .	2 »
ERCKMANN-CHATRIAN . .	Juif polonais, pièce en 3 actes.	1 50
— —	Lettre d'un élect. à son député.	» 50
— —	Quelques mots sur l'esprit humain	1 50
— —	†Les Rantzau, comédie	1 50
FAVRE (Jules)	*Conférences et mélanges . . .	3 50
FERRY (Jules)	Les affaires de Tunisie	2 »
J. HETZEL	Aux députés, sur la reprise des échéances	» 50
HUGO (Victor)	Les Châtiments. 1 vol. in-18 . .	2 »
—	Napoléon le Petit. 1 vol. in-18.	2 »
—	†L'Œuvre complète. Extraits. Édition du monument	1 fr.
JAUBERT	Souvenirs de Me Jaubert	3 50
LEGOUVÉ (E.)	Samson et ses Élèves	2 »
—	Lamartine	1 50
—	Maria Malibran	» 75
—	La question des femmes . . .	1 »
—	†Une éducation de jeune fille.	1 »

Macé (Jean)	Morale en action	1	»
—	Anniv. de Waterloo. 1 v. in-32.	»	15
Macé (Jean)	Une carte de France; le Gulf-Stream. 1 vol. in-32	»	25
Merson (Olivier)	Ingres, sa Vie et ses Œuvres, 1 vol. in-32	1	50
Nadar	Le Droit au vol	1	»
Proudhon	La Guerre et la Paix. 2 vol.	2	»
Quatrelles	Une date fatale	1	»
Sée (C.)	La loi Camille Sée	3	50
Stahl (P.-J.)	Entre bourgeois	»	50
Susane (Général)	L'artillerie av. et dep. la guerre.	»	50
Un ignorant	†Histoire d'un savant par un ignorant	3	50
Verne (Jules)	Neveu d'Amérique, comédie en 3 actes	1	50
Viollet-le-Duc	Exposé des faits relatifs au Musée de Pierrefonds	»	50

VOLUMES IN-8, A PRIX DIVERS

About (Edmond)	Rome contemporaine	5	»
—	La Question romaine	4	»
Anonyme	Vingt mois de présidence	5	»
Bertrand (J.)	Arago et sa vie scientifique	1	»
—	Fondateurs de l'astronomie	6	»
—	*L'Académie et les Académiciens	7	50
Blanc et Artom	Œuvre parlementaire du comte de Cavour	7	50
Charras (Colonel)	Histoire de la guerre de 1813	7	50
Delahante (A.)	Une famille de finance au xviiiᵉ siècle, 2 vol.	20	»
Erckmann-Chatrian	Le Fou Chopine (pièce)	»	50
Lafond (Ernest)	Contemporains de Shakspeare: Ben Johnson (2 vol.)	6	»
—	Massinger —	6	»
—	Beaumont et Fletcher	6	»
—	Webster et Ford	6	»
Pallain	Traité de la Législation du Trésor (épuisé)	8	»
Richelot	Gœthe, ses Mém. et sa Vie (4 vol.) à	6	»
Strauss (D.-F.)	Nouv. Vie de Jésus (traduite par Ch. Dollfus et A. Nefftzer), 2 vol. à	6	»
Trochu	L'Empire et la Défense de Paris	8	»
Verne (Jules)	Le Tour du Monde en 80 jours (pièce)	»	50
—	*Les Enfants du capitaine Grant (pièce)	»	50
—	*Michel Strogoff (pièce)	»	50

ENSEIGNEMENT PROFESSIONNEL
Bibliothèque des Professions
INDUSTRIELLES, COMMERCIALES
ET AGRICOLES

Le cartonnage de chaque volume se paye 0 50 c. en sus des prix marqués

SÉRIE A. — SCIENCES EXACTES

SÉRIE B. — SCIENCES D'OBSERVATION
CHIMIE — PHYSIQUE — ÉLECTRICITÉ

SÉRIE C. — ART DE L'INGÉNIEUR
PONTS ET CHAUSSÉES — CONSTRUCTIONS CIVILES

SÉRIE D. — MINES & MÉTALLURGIE
GÉOLOGIE — HISTOIRE NATURELLE

Landrin. ✳Traité de l'acier. 1 vol. . . . . 5 »
C. et A. Tissier. Aluminium et métaux alcalins. 1 vol. . . 3 »
Guettier. Alliages métalliques. 1 vol. . . . . 3 »
Drapiez. Minéralogie usuelle. 1 vol. . . . . 3 »
Malo. Asphalte et bitumes. 1 vol. . . . . 4 »

SÉRIE E. — PROFESSIONS COMMERCIALES

Emion. La liberté et le courtage des marchandises (*épuisé*). » »

SÉRIE F.—PROFESSIONS MILITAIRES & MARITIMES

Doneaud. Droit maritime, 1 vol. . . . . 3 »
Bousquet. Architecture navale. 1 vol. . . . . 2 »
Tartara. Code des bris et naufrages. 1 vol. . . . . 7 »
Steerk. Poudres et salpêtres. 1 vol. . . . . 6 »

SÉRIE G. — ARTS & MÉTIERS
PROFESSIONS INDUSTRIELLES

Basset. Culture et alcoolisation de la betterave. 1 vol. . . . 3 »
Rouland. Nouveaux barêmes de serrurerie. 1 vol. . . . . . 4 »
Dubief. Guide du féculier et de l'amidonnier. 1 vol. . . . . 4 »
Souviron. *Dictionnaire des termes techniques. 1 vol. . . . 6 »
Dromart. Carbonisation des bois. 1 vol. . . . . 4 »
A. Ortolan.✳Guide de l'ouvrier mécanicien.1 vol. avec atlas 12 »
Jaunez. Manuel du chauffeur. 1 vol. . . . . 2 »
Violette. Fabrication des vernis. 1 vol. . . . . 6 »
Th. Chateau. Corps gras industriels. 1 vol. . . . . 5 »
Mulder. Guide du brasseur. 1 vol. . . . . 4 »
Houzé (J.-P.). Le livre des *Métiers manuels*, 1 vol. . . . 5 »
J.-F. Merly. ✳Livre du charpentier. 1 vol. . . . . 5 »
Fol. Guide du teinturier. 1 vol. . . . . 8 »
Leroux. Filature de la laine. 1 vol. . . . . 15 »
De Courten. Collodion sec au tannin. 1 vol. . . . . 4 »
Prouteaux. Fabrication du papier et du Carton. 1 vol . . 4 »
Berthoud. La Charcuterie pratique. 1 vol. . . . . 4 »
Moreau, L. du Guide bijoutier. 1 vol. . . . . 2 »
Dᵣ Lunnel. Guide du parfumeur. 1 vol. . . . . 4 »
    —   Guide de l'épicerie. 1 vol. . . . . 3 »
Monier. Essai et analyse des sucres. 1 vol. . . . . 3 »
Dubief. Fabrication des liqueurs. 1 vol. . . . . 4 »
    —   Vinification. 1 vol. . . . . 6 »
Barbot. Guide du joaillier, 1 vol. . . . . 4 »

SÉRIE H. — AGRICULTURE
JARDINAGE, HORTICULTURE, EAUX ET FORÊTS, CULTURES INDUSTRIELLES, ANIMAUX DOMESTIQUES, APICULTURE, PISCICULTURE, ETC.

Grimard. Manuel de l'herboriseur. 1 vol. . . . . 5 »
Laffineur. Guide de l'ingénieur agricole. 1 vol. . . . . . . 3 »
Gayot.✳Habitations des animaux. Écuries et étables. 1 vol. 3 »
    —   —   ✳Bergeries, porcheries. 1 v. 3 »
Pouriau. Sciences physiques appliquées à l'agriculture.
    2 vol. . . . . 14 »
Kielmann. Drainage. 1 vol. . . . . 2 »
Gobin. Entomologie agricole. 1 vol. . . . . 4 »
Serigne. La vigne et ses maladies. 1 vol. . . . . 3 »

Gossin. Conférences agricoles. 1 vol. . . . . 1 »
Bourgoin-d'Orli. Cultures exotiques, 1 vol. . . . . 4 »
Dubos. Choix de la vache laitière. 1 vol. 2 50
Dubief. Le trésor des vignerons et marchands de vins. 1 v. 3 »
Canu et Larbalétrier. Manuel de météorologie agricole. 1 vol. 2 »
Mariot-Didieux. ✳L'Educateur de lapins. 1 vol. 2 50
    —   Education des poules. 1 vol. . . . . . 4 »
    —   —   Oies, canards. 1 vol. . . . 2 50
    —   Le chasseur médecin. 1 vol. . . . . 2 »
Courtois-Gérard. ✳Culture maraîchère. 1 vol. . . . . . . 5 »
Gobin. Culture des plantes fourragères. 2 vol. . . . . . 6 »
Fleury-Lacoste. ✳Le Vigneron. 1 vol. . . . . 3 »
Courtois Gérard. ✳Jardinage. 1 vol. . . . . 5 »
Koltz. Culture du saule et du roseau. 1 vol. . . . . 2 »
Sicard. Culture du cotonnier. 1 vol. . . . . 2 »
Lunel. Acclimatation des animaux domestiques. 1 vol. . . . 3 »
F. Fraîche. Guide de l'ostréiculteur. 1 vol. . . . . 3 »
Touchet. Vidange agricole. 1 vol. . . . . 1 »
Pouriau. Chimiste agriculteur. 1 vol. . . . . 6 »
Lerolle. Botanique appliquée. 1 vol. . . . . 6 »

SÉRIE I. — ÉCONOMIE DOMESTIQUE
COMPTABILITÉ, LÉGISLATION, MÉLANGES

Dubief. Fabrication des vins factices. 1 vol. . . . . 2 »
Lunel. Economie domestique. 1 vol. . . . . 2 »
Germinet. Chauffage par le gaz. 1 vol. . . . . 4 »
Dubief. Le liquoriste des dames. 1 vol. . . . . 3 »
Hirtz. Coupe et confection des vêtements de femmes et
  d'enfants. 1 vol. . . . . 3 »
Dufréné. Droits des inventeurs. 1 vol. . . . . 3 »
Baude. Calligraphie. 1 vol. . . . . 5 »
Lescure. Traité de géographie. 1 vol. . . . . 3 »
Block (Maurice). Premiers principes de législation pra-
  tique, 1 vol. 4 »
Emion. Manuel des expropriés. 1 vol. . . . . 1 »
Lunel. Hygiène et médecine usuelle. 1 vol. . . . . 2 »
J. d'Omalius d'Halloy. Manuel d'Ethnographie. 1 vol. . . . 4 »

SÉRIE J. — FONCTIONS
EMPLOIS DE L'ÉTAT, DÉPARTEMENTAUX ET COMMUNAUX, SERVICES PUBLICS

Mortimer d'Ocagne. ✳Les grandes écoles de France. 1 v. 3 »
J. Albiot. (*Code départemental.*) Manuel des conseillers
  généraux. 1 vol. . . . . 4 »
Lelay. Lois et règlements sur la douane. 1 vol. . . . . . . 4 »
Lafolay. Nouveau manuel des octrois. 1 vol. . . . . 4 »

SÉRIE K. — BEAUX-ARTS, DÉCORATION
ARTS GRAPHIQUES, ETC.

Viollet-le-Duc. ✳Comment on devient un dessinateur.
  1 vol. orné de 110 dessins par l'auteur. . . . . 4 »
Pellegrin. Perspective. 1 vol. . . . . 4 »

LIVRES D'AMATEURS

GRAND LUXE
ÉDITIONS ILLUSTRÉES

Contes de Perrault, illustrés par GUSTAVE DORÉ, la grande édition in-folio. Cartonnage riche .... 70 »

Daphnis et Chloé. Traduction d'AMYOT, complétée par P.-L. COURIER. 42 compositions au trait, en couleur dans le texte, par BURTHE. Préface par AMAURY DUVAL. Magnifique édition in-folio en deux couleurs, imprimée par CLAYE. Cartonnage riche. .... 50 »

Lemercier (ALFRED) **et Bocquin.** — GAVARNI, aquarelles fac-similé (chromolithographies), album en feuilles composé de 6 planches. Prix. .... 30 »

Gavarni.—Œuvres CHOISIES, album in-folio. Cartonné. Quelques exemplaires seulement. ...... 22 »

Grandville et Kaulbach. — Œuvres CHOISIES, album in-folio. Broché. .... 20 »

—   Cartonné. .... 22 »

L'Oraison dominicale, dessins de FRŒLICH. Album in-4°, contenant 10 planches à l'eau-forte, relié, toile. 18 »

Sept Fables de La Fontaine, dessins de FRŒLICH. Album in-4°, illustré de 10 planches, broché ...... 5 »

Les Richesses gastronomiques de la France — LORBAC (CH. DE), texte.—LALLEMAND (CH.), illustrations : LES VINS DE BORDEAUX, 1re partie. *Généralités, cultures, vendanges, classification, châteaux vinicoles,* CRUS CLASSÉS. Broché.. .... 25 »

— SAINT-EMILION, *son histoire, ses monuments et ses vins.* Broché .... 8 »

IMPRIMERIES RÉUNIES, C., 4073. — MOTTEROZ, DIRECTEUR

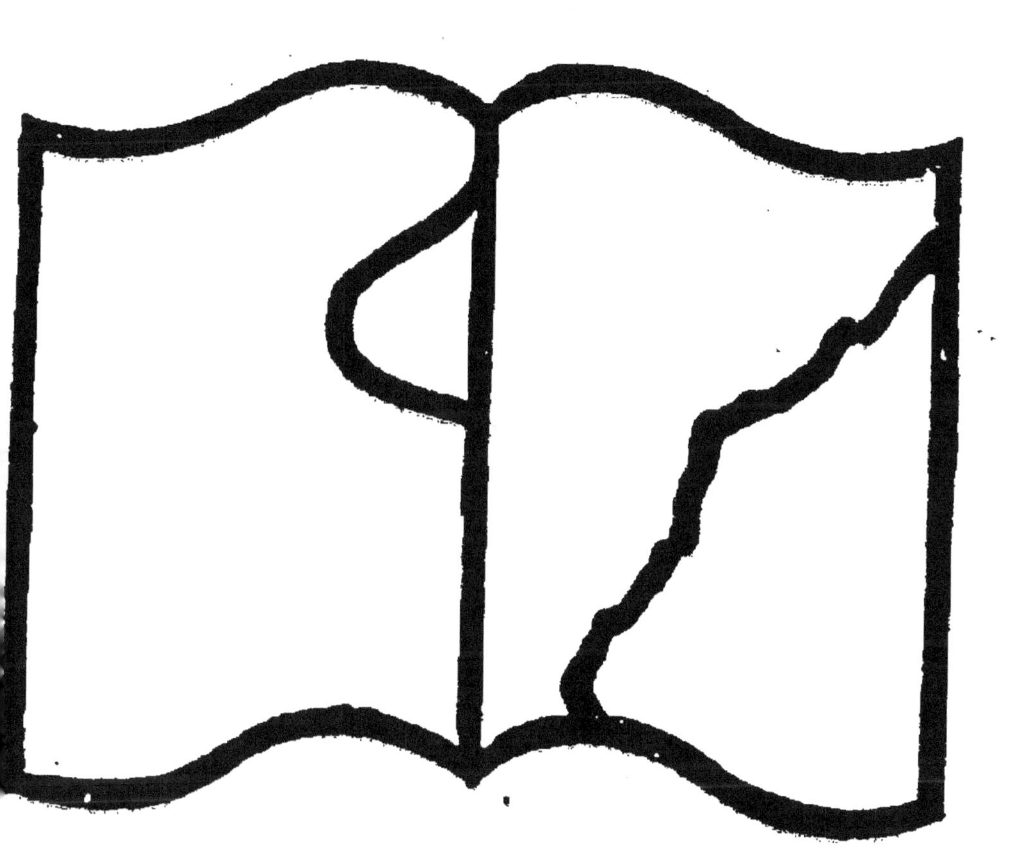

Texte détérioré — reliure défectueuse